山东省重点马克思主义学院建设经费资助

教育部 2016 年度高校示范马克思主义学院和优秀教学科研团队建设项目"'四个全面'战略布局融入本科思想政治理论课教学研究"(16JDSZK067)成果

加强社会建设 创新社会治理

王在亮　张慎霞　房晓军　主编

中国海洋大学出版社

·青岛·

图书在版编目(CIP)数据

加强社会建设 创新社会治理 / 王在亮,张慎霞,
房晓军主编. —青岛:中国海洋大学出版社,2018.10
ISBN 978-7-5670-2019-1

Ⅰ.①加… Ⅱ.①王…②张…③房… Ⅲ.①高等学
校—思想政治教育—社会实践—研究报告—中国 Ⅳ.
①G641

中国版本图书馆 CIP 数据核字(2018)第 238865 号

出版发行	中国海洋大学出版社		
社　　址	青岛市香港东路 23 号	邮政编码	266071
出 版 人	杨立敏		
网　　址	http://www.ouc-press.com		
电子信箱	cbsebs@ouc.edu.cn		
订购电话	0532—82032573(传真)		
责任编辑	郭周荣	电　话	0532—85902469
印　　制	淄博新海教育印务有限公司		
版　　次	2018 年 10 月第 1 版		
印　　次	2018 年 10 月第 1 次印刷		
成品尺寸	185 mm×260 mm		
印　　张	10.75		
字　　数	250 千		
印　　数	1~1000		
定　　价	69.00 元		

目 录

上篇 学生优秀调研报告

学前教育发展现状调研——以淄博市九级村幼儿园为例 …………………… 程丽荣团队(2)

推动农村儿童素质教育发展调研——以山西省运城市临猗县为例 ………… 李朝辉团队(9)

留守儿童隔代教育问题调研——以德州市武城县祥和社区为例 …………… 刘子林团队(14)

服刑人员未成年子女的生存发展现状调研——以北京太阳村为例 …… 刘孟辉团队(23)

自闭症儿童的认知、防治与安置问题调研——以山东省淄博张店区为例

………………………………………………………………………… 程梦团队(34)

留守老人收养脑瘫儿童的家庭寄养新模式调研——以山西省西张吴村为例

………………………………………………………………………… 王亚迪团队(40)

大学生短期支教的影响调研——以临沂市玉山镇水官新村为例 ………… 张守萍团队(47)

关于大学生短期支教问题的调研 …………………………………………… 李兆杰团队(56)

淄博市大学生创新创业情况调研 ……………………………………………… 王莉团队(62)

农村校园欺凌现象及预防研究——以滕州市东郭镇为例 ………………… 李亮团队(70)

乡村医生福利体系建构路径探究——基于对沂源县"赤脚医生"群体现状的调研

………………………………………………………………………… 张旭团队(75)

超体重儿童现象调研——以淄博市张店区为例 …………………………… 吴树滨团队(88)

老龄化背景下养老院发展状况调研——以淄博市、徐州市两市为例 …… 陈茂龙团队(97)

农村空心化现象及其治理调研——以淄博市房镇、石桥镇、路山镇、罗村镇为例

………………………………………………………………………… 谢华彬团队(104)

推动社会主义新农村建设的有益探索——山东省青岛市8个村庄社会主义新农村

    建设的调研 ………………………………………………………… 王名扬团队(110)

深入推动精准扶贫 如期实现脱贫攻坚——以济南市龙山街道为例…… 王倩倩团队(117)

农村生活垃圾治理调研——以泰安市大洼村为例 ………………………… 刘磊团队(122)

城市农民工生存状态调研——以淄博市张店区为例 ……………………… 余航团队(128)

淄博市张店区食品安全情况调研 …………………………………………… 杨光平团队(134)

下篇　指导教师教研论文

整合两支队伍 强化学生体验 构建思政课实践教学新模式——以山东理工大学为例
　　　…………………………………………… 王环　张慎霞　房晓军(142)
中外合作办学模式下加强爱国主义教育的路径研究 ……………… 刘兴清　牛凤燕(146)
儒家德育思想融入思想道德修养教学的思考——以《论语》为中心的考察
　　　……………………………………………………………………… 关利平(150)
利用微信公众平台改进高校思想政治理论课教学的策略研究 ……………… 岳松(154)
地方志编纂与社会建设——以王树楠为例 ……………………………………… 刘芹(159)
激活高校思想政治理论课实践教学"微模式" ………………………………… 张文卿(166)

上篇

学生优秀调研报告

学前教育发展现状调研

——以淄博市九级村幼儿园为例

程丽荣团队　　指导老师：鹿锦秋　　王丽

摘　要：调研团队成员通过在幼儿园担任助教、与幼儿相处互动交流、向老师提问交流、对家长家访并做调查问卷、开设讲座等方式方法，全面了解该幼儿园儿童在生活、学习、心理、安全等方面的状况，对这些状况做出分析，对幼儿教育存在的问题提出有针对性的建议，帮助家长更好地培养自己的孩子，也为这些儿童未来的道路做好铺垫。

关键词：幼儿园；学前教育；二胎政策；幼儿教师

一、调研项目概述

《国家中长期教育改革和发展规划（2010—2020 年）》中提出，更加大力度发展学前教育，鼓励个人及企业等社会力量创办优秀的幼儿园，民办幼儿园也正如雨后春笋般纷纷涌出。随着二胎政策的开放，学前教育再次被推上风口浪尖。学前教育是基础教育的奠基阶段，且幼儿教师的专业素质水平对孩子受教育的质量也有着很大影响。那么目前民办幼儿园的师资力量、教学质量及发展状况到底如何，民办幼儿园存在着哪些问题，它们能否得到广大家长的认可？

为了更清楚地了解目前民办幼儿园的发展状况，"学前教育发展现状"调研团队成立，以山东省淄博市张店区马尚镇代表性幼儿园九级村幼儿园为例，展开了社会实践调查。该幼儿园位于山东省淄博市张店区马尚镇九级村。园内设有大、中、小、托 10 个教学班，在园幼儿 300 余名，共有教职工 43 人，师资雄厚，保教质量一流，系"省级示范类幼儿园""市十佳幼儿园""国家课题实验先进集体""省教科研先进单位"。调研团队通过在幼儿园担任助教的方式与幼儿相处互动交流，通过问卷调查深入了解儿童与家长之间的纽带关系及情感互动交流和育儿心得，并充分利用专业知识，应用 SPSS、Excel 等软件，对调查问卷进行整理、统计、分析，使调研报告的结果更具理论性和客观性；通过采访得知父母对孩子的教育态度和学习能力的培养情况；通过与幼儿老师的交流，摸清当前教育形势，了解孩子们所学课程。在此基础上，调研团队全面了解了该幼儿园儿童在生活、学习、心理、安全等方面的状况，对这些状况做出分析，对幼儿教育存在的问题提出有针对性的建议，帮助家长更好地培养自己的孩子，也为这些儿童未来的道路做好铺垫。

二、调研初步结果及分析

（一）幼儿教育现状分析——以淄博市九级村幼儿园为例

参与本次调查的共 100 人，其中有效问卷共 83 份，有效回收率为 83％。

（1）幼儿的班级分布以中班为主，大班次之，小班最少。调查问卷第 1 个问题"您的宝宝目前所在班级"的回答结果显示,有19％的幼儿在小班阶段;有45％的幼儿在中班阶段;有36％的幼儿在大班阶段(见图1)。此次参与调查的家长中,中班幼儿的家长偏多。

(2)家长年龄范围大多在30～39岁。调查问卷第2个问题"您的年龄范围"的回答结果显示,小于30岁的家长有10％;30～39岁的家长有50％;40～49岁的家长有29％;50岁以上的有11％(见图2)。这说明接送孩子的家长以父母居多,祖辈偏少,可见父母对子女的教育比较关心。

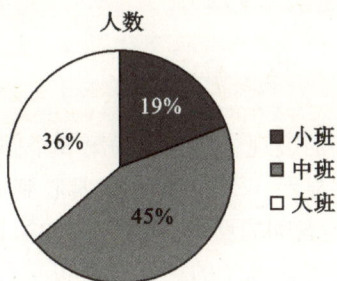

图1

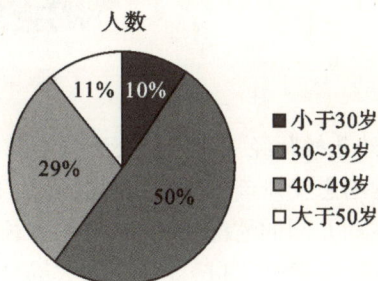

图2

(3)家长选择这家幼儿园的最主要原因是他们的学前教育理念比较先进,受到家长们的一致欢迎。调查问卷第3个问题"您选择这所幼儿园的理由是什么"的回答结果显示,54％的家长因教育理念选择这所学校;24％的家长因就近原则选择这所学校;22％的家长因同事朋友的推荐选择这所学校(见图3)。这说明大多数家长是因为看中这所学校的先进教育理念。

(4)多数家长和幼儿教师的沟通比较频繁,能够及时了解幼儿的思想和行为动向,有助于幼儿的健康成长。调查问卷第4个问题"您经常和孩子的老师沟通吗"的回答结果显示,63％的家长经常和老师沟通;31％的家长偶尔和老师沟通;6％的家长从来不和老师沟通(见图4)。这说明,大多数的家长会经常向老师了解自己孩子的状况。

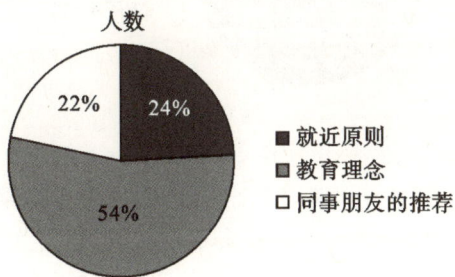

图3

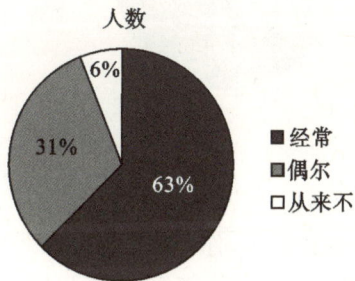

图4

(5)绝大部分家长对幼儿园环境满意。调查问卷第5个问题"您对幼儿园的环境满意程度"的回答结果显示,78％的家长对幼儿园环境非常满意;18％的家长对幼儿园环境基本满意;3％的家长对幼儿园环境不太满意;1％的家长对幼儿园环境很不满意(见图5)。这说明,绝大多数家长都对幼儿园的环境满意。

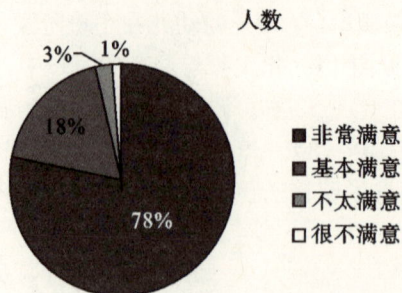

图 5

　　(6)幼儿教师经常和家长交流关于孩子在幼儿园的表现。调查问卷第 8 个问题"老师是否经常向您反馈孩子在幼儿园的情况"的回答结果显示,62％的家长经常收到老师对自己孩子在幼儿园的情况反馈;31％的家长有时候收到老师的反馈;也有 7％的家长没有收到过老师的反馈(见图 6)。这说明大部分的老师和幼儿园孩子的家长有密切联系,经常沟通和交流。

　　(7)多数家长会经常参加幼儿园举行的各种亲子活动。调查问卷第 9 个问题"您经常和孩子一起去幼儿园参加亲子活动吗"的回答结果显示,59％的家长只要幼儿园有活动就会去参加;35％的家长会考虑自己的时间问题,偶尔去参加;而 6％的家长从来都不去幼儿园参加亲子活动(见图 7)。这说明大部分的家长比较注重和孩子的相处时间,也有小部分家长认为没必要和孩子去参加亲子活动。

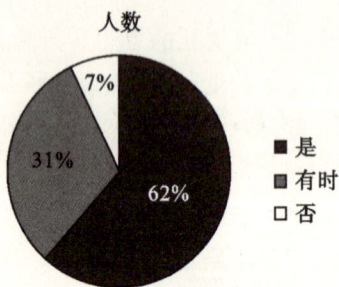

图 6

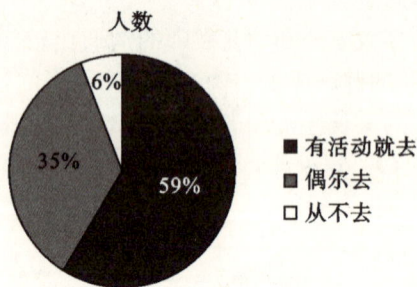

图 7

　　(8)多数家长会坚持每天给孩子讲故事。调查问卷第 10 个问题"假如晚上您累了,孩子缠着您讲故事,你会怎么做"的回答结果显示,有 29％的家长会不顾劳累,坚持为孩子讲故事;25％的家长会请家中的其他人来讲;22％的家长选择讲一个故事,应付过去;13％的家长会敷衍孩子说明天再讲;11％的家长会责怪孩子影响休息,不讲故事(见图 8)。这说明,不管家长有多累,大多数家长都会为孩子讲故事。

　　(9)多数家长认为幼儿教育的最大目的是让他们获得良好的性格和快乐的心情。调查问卷第 11 个问题"您认为对孩子的教育最重要的是让他们获得了什么"的回答结果显示,42％的家长认为重要的是获得了友谊和快乐;29％的家长认为培养良好的性格比较重要;22％的家长认为身心健康比较重要;7％的家长选择幼儿园的教育能让孩子们获得知识(见图9)。这说明大部分的家长让自己孩子在幼儿园学习是为了让孩子获得友谊、快乐和培养良好的性格。

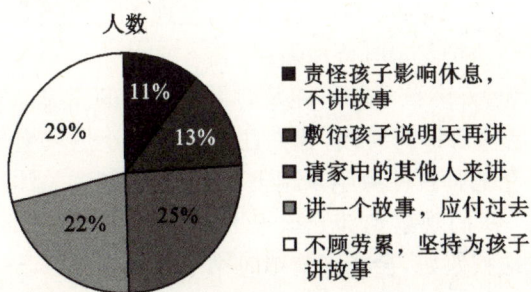

图 8

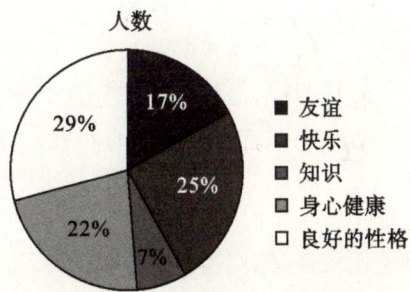

图 9

通过以上调查问卷分析和对九级村幼儿园的实地考察,调研团队看到了幼儿园的许多优势和家长与幼儿以及老师和幼儿之间关系的良好发展。

就幼儿园优势来说,该幼儿园地处九级村小区当中,地理位置很占优势,是九级村孩子上幼儿园的第一选择。在幼儿园为期13天的实地考察中,调研团队发现,幼儿园园内设施齐全,有滑梯、攀岩墙等娱乐设施,屋内环境优美,有空调、电视等设施,教室内有益智玩具和画板等,走廊中有书橱、消防设施等。孩子们在幼儿园中可以劳逸结合,享受孩童的乐趣。

通过亲自参与授课,调研团队发现幼儿很有礼貌,善于交谈,活泼好动,可见,幼儿把幼儿园当成自己的家一样,更是把同学老师看作亲人一般,他们才愿意敞开心扉,分享自己的一切。调研团队对老师进行了访问,发现老师对大多数孩子的情况都很了解,他们的教学方式也十分新颖,因为现在的孩子思维方式等都不同于以前的孩子,所以教学方式要不断更新才能带动他们学习的兴趣。

通过对幼儿家长所做的调查问卷分析,调研团队发现很多家长对幼儿园各方面都很满意,他们也比较认同幼儿园老师的教学理念和教学方式。在亲子关系这方面,由于大多数家庭都是独生子女,他们对孩子的教育十分关心,会抽出尽量多的时间参加园内组织的活动并定期询问老师孩子的情况。

总的来看,该幼儿园具有很好的发展优势以及先进的教学水平,对幼儿未来的发展能够打下坚实的基础。

(二)幼儿教育存在问题及成因分析——以九级村为例

尽管幼儿园在许多方面都比较完善,但仍然存在一定的问题,以九级村为例。

(1)环境是重要的教育资源。幼儿园设施十分齐全,但由于建园时间久,有些设施略微老旧,可能会存在一定的安全隐患;在课外活动时孩子们有玩水这项活动,我们发现水中杂质较多,且水中玩具较脏,可能存在卫生问题;由于孩子们都热衷于玩水,经常因为抢玩具发生争执,甚至出现哭闹现象,希望予以改进。

(2)幼儿身上存在的问题。幼儿的安全是幼儿身心健康发展的基础,而幼儿园的孩子由于年纪小,自我保护意识差,因此,加强安全教育,对培养幼儿的安全意识以及自我保护能力具有重要意义。孩子的安全问题是在防火演习中发现的,导致这些问题的根本就是幼儿安全防护意识薄弱。在演习开始前教师已经讲好了演习时间和逃生时的步骤,但在演习中幼儿听到火警预报铃时仍在玩耍,没有马上做出反应;下楼梯时,幼儿们争先恐后,嬉戏打闹,没有意识到演习的重要性和"火灾"的严重性。演习结束后,发现教室内仍有个别孩子逗留,这让我们意识到了孩子们的安全防护意识有待加强。

在授课时,提到关于安全意识方面的知识,许多孩子都不能及时做出正确的反应。幼儿还有一些课堂学习方面的问题。在旁听老师讲课的时候,我们注意到很多小朋友会出现不专注听课的现象,甚至有些小朋友还会在老师授课时跑来跑去,希望老师能多关注这些孩子。除了以上问题,在和幼儿的相处中,我们观察到部分孩子不够独立,对家长的依赖性比较强,他们经常在午睡起床后不自觉地找妈妈,会在闹情绪时第一时间想到自己的父母而不是老师,对家长的依赖性过强不利于他们的发展,这个问题不容忽视。

(3)老师和家长存在的问题。老师的问题主要在于经验不足,尽管幼儿园老师都是大专以上学历,理论知识完备,但是,在和部分幼儿的相处过程中存在一些问题。由于很多老师比较年轻,在和幼儿的相处方面缺乏经验,会出现照顾不到个别幼儿情绪的情况,有时幼儿哭闹会出现不耐心的现象。家长的问题是在分析调查问卷时发现的,一些家长存在从来不和老师沟通的问题,无法及时得到孩子的在校情况,对孩子的教育和发展有不利的影响;还有部分家长与孩子之间缺乏娱乐互动,这对亲子关系的发展可能起到阻碍作用;在幼儿园举办的亲子活动中,少部分家长会因没时间等理由拒绝,这种做法可能会让孩子产生心理问题。在讲故事问题的调查中,只有一少部分家长愿意花心思为孩子讲故事,绝大多数家长则为了休息选择敷衍了事,这种做法会导致孩子在家长面前"不敢言不敢做"的现象产生。

总之,在幼儿园、幼儿、家长、老师方面都或多或少存在一定的问题,这些问题看起来都是小问题,但如果不及时解决,会产生不利的后果,希望家长、老师、幼儿园能重视这些问题,确保在幼儿教育的基础阶段不出大的差错。

(三)幼儿教育存在问题的解决对策和建议分析

为了使幼儿园建设更加完善,团队社会实践活动更加圆满,调研团队经过查阅资料、组内讨论和询问老师等方法,提出了以下解决方案。

(1)针对幼儿园设施陈旧及存在部分安全隐患问题,调研团队建议幼儿园负责人向相关部门申请资金,用于完善园内设施;对于活动区游戏设施的卫生安全问题,调研团队建议幼儿园内计划地进行清理和消毒,及时预防细菌感染而产生的疾病;针对活动期间秩序过乱、不好管理、易发生危险的问题,调研团队建议在班级内分组进行活动,组内设置轮流负责人,一方面可以增加安全性,减少意外的发生,另一方面可以锻炼小朋友们的担当意识和责任心。

(2)针对幼儿自身缺乏安全意识的问题,《幼儿园教育指导纲要》中明确提出:"幼儿教育必须将保护幼儿生命和加强健康教育放在工作的首要位置。"可见,在幼儿园工作中,安全教育是重中之重。幼儿园教师必须针对幼儿的身心特点,就学习或者生活中可能遇到的安全问题,对幼儿进行提高自身保护意识的教育。调研团队建议老师在课程设置上多渗入自身安全防范类知识,并希望老师在此方面与家长多做交流沟通,使家长注意在此方面对孩子的教育和引导;针对幼儿上课缺乏注意力的问题,根据科学调查研究,幼儿的专注力停留在 15 分钟左右,为此调研团队建议老师将一种课种的时间设置在 20 分钟左右,及时更换课程,在课程方面,老师应及时总结反思,使课堂保持新鲜感,更加生动有趣,精彩的课程会使小朋友们安静地进入上课状态;针对小朋友不独立、过分依赖家长的问题,我们建议家长多培养孩子的独立意识,不要过分溺爱孩子,因为溺爱会使孩子们丧失独立性,产生依赖心理,导致任性、淘气、爱哭爱闹等缺点,所以不能让孩子们迟迟"不断奶"、长不大,不能让他们做温室里的花朵,调研团队建议老师多设置一些训练孩子独立性的课程,多讲一些此方面的故事。

(3)针对老师理论知识过硬、教学实战经验缺乏等问题,调研团队建议年轻老师多和资质老、经验丰厚的老师交流学习,注意日常总结,改正错误;针对家长因为工作等问题而忽略了对幼儿的关爱和教育问题,家人是孩子的第一任老师,我们建议家长应适当放下工作,将注意力多转移到孩子身上,以身作则,为孩子树立榜样,多与孩子进行沟通交流,了解孩子的想法和最近动态,尽量避免将孩子交给长辈照料。

结语

众所周知,孩子是祖国的花朵,他们每个方面的发展都对祖国的未来起到了不可忽略的作用,要想培养好孩子,就要从娃娃抓起,我们要从小就对他们的生活态度、学习态度和心理健康等各个方面进行教育,引领他们走上正确的道路。在为期十来天的社会实践中,调研团队发现现在儿童的生活条件较好,幼儿园的设施十分齐全,在我们访问家长时发现,孩子们与家长关系十分融洽,老师与学生之间的关系更是像朋友一般,大部分学生在课堂上与老师积极互动,只有个别同学会走神。孩子们活泼好动,愿意与老师家长交流,基本不存在心理问题。总的来说,目前幼儿园儿童状况十分良好。经过这次社会实践,调研团队也了解了想要培养一个孩子的不容易和艰辛,更加体会到了父母的不容易,我们只有奋发图强,用优异的成绩和辉煌的未来报答父母的养育之恩。

参考文献

[1] 王伟. 民办幼儿园教育质量保障的政府治理研究[D]. 西南大学,2015.
[2] 贾婷婷. 农村幼儿教育发展问题及对策[D]. 中国海洋大学,2011.
[3] 段希娟. 民办幼儿园教师流失问题研究[D]. 山东师范大学,2017.
[4] 殷旭贞. 当前民办幼儿教育发展中存在的问题及对策研究[D]. 山东师范大学,2007.
[5] 陶萍. 幼儿园主题课程生活化的实践研究[D]. 山东师范大学,2016.

"学前教育发展现状"调研团队基本信息

团队指导老师:鹿锦秋、王丽
团队队长:程丽荣
团队成员:赵泽玲、李晓彤、顾欣、孟祥瑞、刘品阳

附录:

学前教育发展现状调查问卷(家长卷)

尊敬的家长,您好! 为了解幼儿园儿童的教育情况和与家长的关系等问题,我们开展了此项调查,希望您能抽出宝贵时间来认真完成此次问卷,以方便您更好地了解自己的孩子,谢谢!

Q1. 您的宝宝目前所在班级(　　)

　　A. 小班　　　　　　B. 中班　　　　　　C. 大班

Q2. 您的年龄范围(　　)

　　A. 小于 30 岁　　　　　　　　　　B. 30 岁~39 岁

　　C. 40 岁~49 岁　　　　　　　　　　D. 50 岁以上

Q3. 您选择这所幼儿园的理由是什么?(　　)

　　A. 就近原则　　　B. 教育理念　　　C. 同事朋友的推荐

Q4. 您经常和孩子的老师沟通吗?(　　)

　　A. 经常　　　　　　B. 偶尔　　　　　　C. 从来不

Q5. 您对幼儿园的环境满意程度(　　)

　　A. 非常满意　　　B. 基本满意　　　C. 不太满意　　　D. 很不满意

Q6. 您和孩子在一起的时候主要是做什么?(　　)

　　A. 一起看书　　　　　　　　　　B. 和他一起做游戏

　　C. 带他去公园、游乐场玩　　　　D. 什么也不干

Q7. 教师接到您的孩子时是否面带微笑,态度热情?(　　)

　　A. 是　　　　　　B. 否

Q8. 老师是否经常向您反馈孩子在幼儿园的情况?(　　)

　　A. 是　　　　　　B. 有时　　　　　　C. 否

Q9. 您经常和孩子一起去幼儿园参加亲子活动吗?(　　)

　　A. 有活动就去　　　B. 偶尔去　　　C. 从不去

Q10. 假如晚上您累了,孩子缠着您讲故事,你会(　　)

　　A. 责怪孩子影响休息,不讲故事　　B. 敷衍孩子说,明天再讲

　　C. 请家中的其他人来讲　　　　　　D. 讲一个故事,对付过去

　　E. 不顾劳累,坚持为孩子讲故事

Q11. 您认为对孩子的教育最重要的是让他们获得了什么?(　　)

　　A. 知识　　　　　　　　　　B. 快乐

　　C. 身心健康　　　　　　　　D. 良好的性格

　　E. 友谊

Q12. 您认为教师应该培养孩子哪方面的能力? _____

推动农村儿童素质教育发展调研

——以山西省运城市临猗县为例

李朝辉团队　指导老师：白云　王晓冬

摘　要：调研团队发现，当前城乡素质教育差距较大，农村儿童素质教育存在以下问题：教学设备简陋，经济支持不足；音体美师资力量薄弱，整体教学水平低；教育思想保守，"艺术无用论"盛行；评价体系不科学，激励机制不健全；留守儿童数量增多，家庭教育缺失。要解决这些问题，政府要发挥主导作用，各级政府加强重视，加大财政投入，狠抓基础建设、改善办学条件；加强农村师资建设，推广教师流动制度；留守儿童家庭应担起责任。社会、学校、家庭共同促进儿童素质教育全面发展。

关键词：农村；儿童素质教育；城乡差距；支教

一、调研项目概述

《中华人民共和国国民经济和社会发展第十一个五年规划纲要》强调了普及和巩固农村九年制义务教育。农村教育要发展，义务教育是重点；义务教育要进步，素质教育是关键。当前，建设社会主义新农村，构建和谐社会，不能忽视农村教育的发展。然而，我国广大农村义务教育中的素质教育现状却仍然有许多问题亟待解决。当前城乡素质教育差距较大，农村儿童素质教育明显落后于城市；农村儿童音体美教育贫乏，形式单一；有组织的课外活动少且场所简陋；农村学生艺术课程刻板单一，艺术创造能力较差；家长老师对音体美重视程度低且经济承受能力低，"艺术无用论"盛行。

基于以上考虑，"心向阳光——推动农村儿童素质教育发展"调研团队远赴山西，以"关怀农村素质教育，启蒙儿童兴趣梦想"为主题，关注农村儿童素质教育，尤其是音体美兴趣爱好培养，在临猗县王申村村小学开办支教夏令营，免费教授竖笛、水粉、陶艺、天文科学、健美操等兴趣课程，同步进行村镇美化墙绘工程，让孩子们被艺术包围，丰富孩子们的精神世界，鼓励孩子们树立自己的兴趣爱好，起到兴趣启蒙作用。

二、调研初步结果及分析

临猗县共有 8 个镇和 5 个乡。本文采用目的性随机抽样法，选择王申村村小学和县城双语学校的学生和家长进行问卷调查。问卷调查发放和回收情况如下。

（1）学生问卷：发放 200 份，回收 166 份，回收率 83％；有效样本 166 份，有效率 100％。

（2）学生家长：发放 100 份，回收 87 份，回收率 87％；有效样本 87 份，有效率 100％。

（3）访谈数量：1 名团县委书记，1 名小学校长，4 名小学老师。

（一）农村儿童素质教育发展存在的问题——以临猗县为例

（1）城乡家长对音体美教育重视度差距明显。调查问卷第 5 个问题"请问您觉得兴趣爱好类的教育(音体美)对孩子将来的发展重要吗"的回答结果显示,在农村43％的家长认为音体美教育对孩子发展重要,28％的家长表示音体美等兴趣爱好类教育不重要;在城市65％的家长认为兴趣爱好类教育重要,只有11％的家长认为音体美教育不重要(见图1)。调查问卷第3个问题"在课余时间您会让您的孩子参加兴趣特长培训班吗(如舞蹈、书法、武术等)"的回答结果显示,在城市有87％的家长会让自己的孩子参加兴趣班,觉得没用的家长只有5％;而在农村,只有14％的家长会让自己的孩子参加兴趣班,觉得没用的家长高达57％(见图2)。此外,从对临猗县王申村小学音体美教育现状访谈中也可以看出,该村学生音体美素质教育开展较差,学生没有受过专业的体育教育,许多孩子概念中的体育课等于"玩耍课"。临近期中期末考试,音体美课程时常被语数外课程占用,教学课时不足。课堂内容古板单一,学生的创新能力和创新积极性低,对待音体美课程学习带有一定的盲从性和随意性。

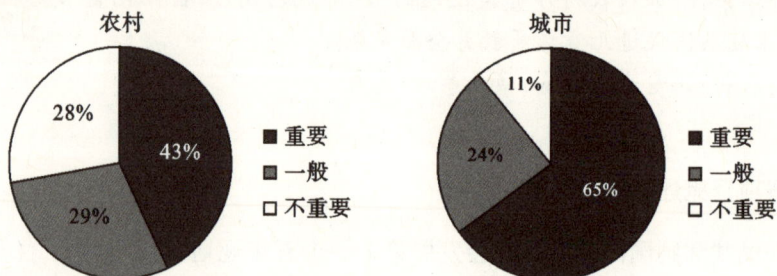

图1

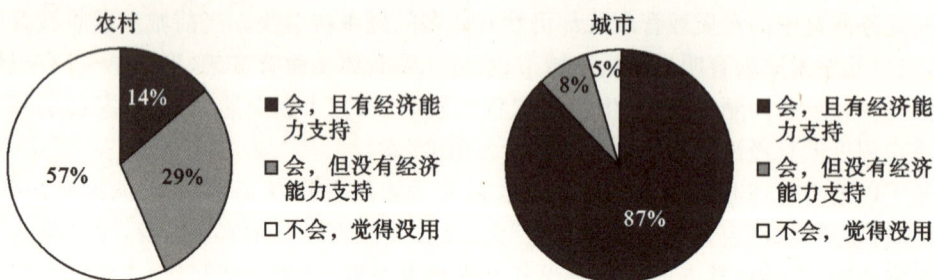

图2

(2)大多数学校音体美专职教师配备不齐不足。据相关数据表明,临猗县19所农村中心小学,有单科美术老师的只占21％(见图3),有单科音乐老师的占26.3％,有单科体育老师的占68.4％。根据以上比例,小学音体美专职教师缺口大,许多学校音体美老师身兼数职,且文化水平不高。特别是音乐和美术学科,大多数学校音体美专职教师配备不齐不足。

大部分学校担任音体美教学任务的是兼职教师,一个老师身兼数职,学生接受的音体美教学绝大部分是非专业的。音体美教学效果不理想,学生很难学到专业知识,教学质量不高,老师与学生数量比例失衡,老师任务大,上课也是心有余而力不足,难以完成规定课时。在我们对王申村村小学的访谈中得知,音体美兼职老师说到专业教学时感觉很无力,体育课趋于形式,简单地列队,然后自由活动,有时因为老师人员不足,缺乏监管,怕孩子出危险而取消课外活动,音乐课和美术课更多的是随意地唱一唱、比着模板画一画,学生学不到相应的专业知识,难以培养创新能力,阻碍学生全面发展。

(3)临猗县多数农村学校音体美器材配备达不到国家规定的相关标准。据相关数据表明,临猗县 19 所农村小学音乐器材配备中有 7 所学校达到标准,占 36.8%,有 12 所学校不达标,占 63.2%;体育器材配备有 7 所学校达到省二类标准,占 36.8%,有 12 所学校不达标,占 63.2%;美术器材配备有 4 所学校达到省二类标准,占 21.1%,有 15 所学校不达标,占 78.9%(见图 4)。

教学设备是实施教学的必要保障,特别是音体美学科教学,没有一定的教学设备,是很难有完成教学任务,巧妇难为无米之炊,没有多媒体、琴类、球类、画板等器材,老师的教学很难施展开来,所以,必要的教材器材是前提。临猗县农村学校音体美器材配备只有少部分学校达到标准,不管是小学还是中学,有百分之六七十不达标,没有相应的音体美器材,很多教学是无法落实,教学的效果必然会大打折扣。

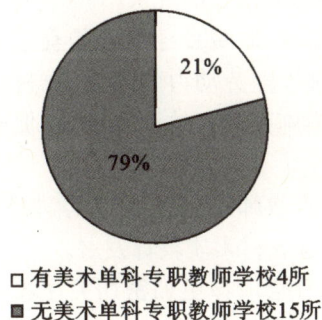

图 3

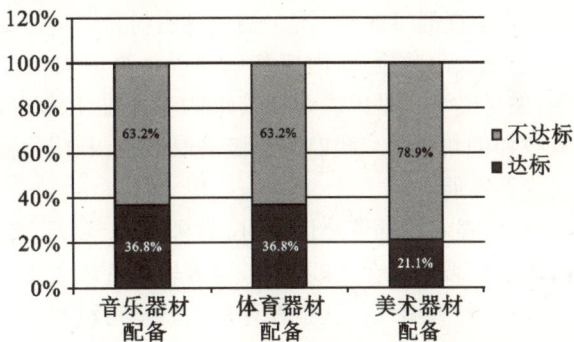

图 4　临猗县 19 所农村小学音体美器材配备

(二)造成农村儿童素质教育落后的原因分析——以临猗县为例

(1)教学设备简陋,经济支持不足。许多学校缺少基本的音体美教学场地、设施和器材,学生家庭经济条件普遍偏低,不愿承担音体美教学所需的材料费用,制约了孩子的音体美学科发展。

(2)音体美师资力量薄弱,整体教学水平低。农村因地理、交通、经济、社会生活等诸多因素的制约,许多优秀的乡村教师被城镇重点学校挖走,导致农村音体美教师数量不足,教学实力不强。许多村小学只有一名美术老师或音乐老师,学生和老师比例严重失衡,这也增加了乡村音体美老师的工作压力,导致教学水平偏低、教学效率不高的被动局面长期难以缓解。

(3)教育思想保守,"艺术无用论"盛行。广大农村由于交通、信息闭塞,农民群众对未来社会人才素质的较高要求了解不多,片面关注文化课成绩,意识不到孩子全面发展的重要性。在很多人眼里,与"填饱肚子"的营养餐相比,"启迪心灵"的音体美教育的需求似乎并没有那么迫在眉睫,常常成为"被遗忘的角落"。音体美教育的匮乏,导致德育、美育的滞后,在很大程度上制约了学生的成长进步和全面发展。

(4)评价体系不科学,激励机制不健全。受根深蒂固的老旧思想影响,农村父母和老师致力于让孩子通过学习大量课本知识去实现自己的人生价值。学校也是片面关注学生的升学率,没有精力或财力再去发展素质教育。没有评价和激励机制去激发孩子的艺术思维,开发大脑创造力。没有全面关注孩子的成长,导致农村学生缺乏音体美素质,会导致农村学生创造力下降,心理健康水平不高等问题。音体美成绩不计入期末成绩,学生也渐渐习惯于"艺术无用论"从而对待音体美课程态度不端正,阻碍了自己的全面发展。

(5)留守儿童数量增多,家庭教育缺失。由于留守儿童临时监护人多数是祖辈,他们的能力有限,在面对当下流行的微信布置作业、微信群下达通知等教学方式力不从心,这也制约了农村教育的发展。

(三)推动农村儿童素质教育发展的对策分析——以临猗县为例

究其原因,当地最基本音体美用品的缺失、音体美教育形式和内容的简单化、音体美教育投入的捉襟见肘,以及全社会对这种现状某种程度上的漠视等诸多问题。为破解城乡教育资源差距这一问题,首先要解决农村音体美教师短缺问题,关键在于整合农村教育资源。教育主管部门首先要充分意识到农村音体美师资短缺以及课程缺位的现状。

(1)加大财政投入,狠抓基础建设。当前农村经济快速发展,但城乡经济还是有很大差距,农村经济还是以农业和简单的工业加工为主,加之农村年轻劳动力的外流,农村缺乏科技和创新氛围。政府应积极采取措施,利用优惠政策等措施吸引人才返乡创业,促进农村经济发展。

(2)加强农村师资建设,推广教师流动制度,城乡共享优秀教师,提高整体教学水平。利用大学生暑期社会实践机会,招募暑期音体美支教老师,促进农村素质教育发展。

(3)充分利用现代远程教育资源。坚持科教兴国,政府和社会应该更加密切关注农村学生的音体美素质教育发展。充分利用现代远程教育的方式,利用互联网的便利性,缩短城乡音体美教育的差距,让音体美教育资源更加均衡。政府应加大对农村学校的基础设施投入,普及多媒体教学。农村小学教师应该努力学习多媒体教学方式,提升教学水平,让多媒体和教学结合,加强学生音体美素质教育,助力学生成长成才。利用网络课程的形式分享优秀教师资源,规避了农村音体美教师短缺的问题,

(4)留守儿童家庭应承担起教育责任。良好的儿童教育需要学校、家庭以及社会的配合,留守儿童家长要加强对儿童全面发展重要性的认识,为儿童全面发展创造良好的成长环境。

参考文献

[1]查玉良.发达地区农村初中推进素质教育的现实化路径研究[D].辽宁师范大学,2015.

[2]苗蔚林.困扰当前农村中小学素质教育的四大问题[J].西部素质教育,2015(4):11-14.

[3]王文保.加强农村中小学音体美教师配备[N].人民政协报,2010-09-01,第A03版.

[4]彭艳.农村小规模学校音体美教育化难[J].人民教育,2016(12):37-39.

[5]冉怀敏、罗月念.贵州省农村"音体美"学科教师教育技术能力培养研究[J].教学与管理,2010(12):47-48.

[6]骆小芳.革命老区——百色农村山区中小学音乐教育现状分析与对策[J].大众文艺,2012(13):241-242.

"心向阳光——推动农村儿童素质教育发展"
调研团队基本信息

团队指导老师：白云、王晓冬

团队队长：李朝辉

团队成员：王建炜、苏杭、王宁、张永东、赵东芳、樊颖、刘淑婷、高榕悦、蔡豆、孙交燕、张博惠、邱红林

附录：

"心向阳光——推动农村儿童素质教育发展"调查问卷

　　您好，我们是来自山东理工大学的"心向阳光——推动农村儿童素质教育发展"调研团队，为促进农村儿童素质教育更好发展，特别开展此次调查，您的建议将会成为我们调研报告的宝贵信息，我们只做学术研究之用，所填信息会为您严格保密。非常感谢您在百忙之中填写这份调查问卷！

1. 请问你的孩子上几年级了？
   A. 小学　　　　　　B. 初中　　　　　　C. 高中

2. 请问您的孩子在哪儿上学？
   A. 农村　　　　　　B. 乡镇　　　　　　C. 城市

3. 在课余时间您会让您的孩子参加兴趣特长培训班吗？（如舞蹈、书法、武术等）
   A. 会，且有经济能力支持　　　　　　B. 会，但没有经济能力支持
   C. 不会，觉得没用

4. 请问您在哪些情况下会让孩子参加兴趣特长班？
   A. 孩子自己想去　　　　　　B. 家长觉得有必要
   C. 看到其他孩子参加　　　　　　D. 没有参加特产班

5. 请问您觉得兴趣爱好类的教育（音体美）对孩子将来的发展重要吗？
   A. 重要　　　　　　B. 一般　　　　　　C. 不重要

6. 请问您知道您孩子就读的学校有哪些教学设备呢？（多选）
   A. 篮球、足球　　B. 多媒体电脑、投影仪　C. 实验室
   D. 展厅　　　　　E. 活动礼堂

7. 您家附近有孩子方便参加的特长班吗？
   A. 有　　　　　　B. 没有

8. 您认为哪些因素导致城乡素质教育（音体美）差距？（多选）
   A. 学校硬件设施　B. 学校师资水平　　C. 学校重视程度
   D. 学校课程安排　E. 家长重视程度

9. 您希望自己的孩子学习什么特长？
   A. 美术　　　　　　B. 体育　　　　　　C. 音乐　　　　　D. 其他_____

10. 您对当下素质教育有什么建议？

————————————————————————————————

　　再次感谢您的合作！

留守儿童隔代教育问题调研

——以德州市武城县祥和社区为例

刘子林团队　指导老师:周静　朱艳红　曲东

摘　要:为了认真学习贯彻习近平总书记系列重要讲话和对山东工作的重要指示精神,进一步树立和培养大学生的历史使命感和社会责任感,本调研团队通过入户调研、入户访谈、问题答疑、问卷调查等形式了解了当地有关留守儿童隔代教育的现状,分析其问题,探究其原因,讨论其对策,同时希望在一定程度上降低隔代教育带来的负面影响,切实做到关爱留守儿童。

关键词:留守儿童;隔代教育;关爱儿童

一、调研项目概述

进入 21 世纪以来,留守儿童的隔代教育问题就备受关注。留守儿童,是指不在父母身边生活的儿童。他们的父母为了生计远走他乡,离开年幼的孩子;或一方外出务工另一方无监护能力不满 16 周岁的未成年人。隔代教育,是指一些年轻家长或者因为自己的工作繁忙,或者因为离婚等而把孩子的教育、生活等责任全部交给了爷爷、奶奶、外公、外婆,这些祖父母们自觉地成为全面照顾第三代的"现代父母",这种由祖辈对孙辈的抚养和教育称之为隔代教育。"留守踏歌——关于留守儿童隔代教育问题"调研团队的主要调研内容包括:关爱留守儿童、进行入户调研、开展文化活动等。在关爱留守儿童方面,伴随着城市化水平的不断提高,城乡差距也日益加大,为寻求更高质量的生活,越来越多的年轻人进入城市打拼,留守儿童隔代教育的问题随之而来。国家一直在鼓励倡导"关爱留守儿童"。为了解农村留守儿童隔代教育的现状,进一步关注农村留守儿童的教育,了解农村文化建设情况,同时提高大学生的个人能力和实践素质,"留守踏歌——关于留守儿童隔代教育问题"调研团队集中走访山东省德州市武城县祥和社区进行调研并进行分析总结。本调研团队以问卷调查、深度访谈、文献研究、比较分析作为主要调研方式和方法,通过前期实践调研、电话了解和实地采访,对当地学生、老师、学校领导、教育部门工作人员进行了调查,调研团队发现,该地区留守儿童现象普遍存在,且均由爷爷奶奶教育,隔代教育产生的影响较明显。留守儿童的教育和成长问题较为突出。村民日常娱乐活动较少,文化建设相对落后,此次调研重在了解当地有关留守儿童隔代教育的现状,分析其问题,探究其原因,讨论其对策,同时在一定程度上降低隔代教育带来的负面影响,切实做到关爱留守儿童。

二、调研初步结果及分析

(一)调研样本基本情况

随机抽取的调查样本,其基本情况比例分配符合正态分布原理,抽样方法科学。

（1）从性别看，被调查者中，男性所占比重为 42％，女性为 58％。

（2）从年龄分布看，被调查者中，年龄在 12～18 岁的占 53％（中学生），30～50 岁的占 40％，51～60 岁的占 4％，61 岁以上的占 3％（家长和老师）。

（3）从学历状况看，被调查者中，文化程度是小学及以下的占 29％，初中文化程度的占 65％，中专及高中文化程度的占 10％，大专文化程度及以上的占 6％。

（二）留守儿童隔代教育现状分析——以武城县祥和社区为例

通过调研，可以发现武城县祥和社区留守儿童数量比较多，大约占 1/5，造成他们留守的原因有很多。关于留守儿童隔代教育问题的调查问卷（儿童）中第 2 个问题"父母把你交给爷爷奶奶（外公外婆）的原因是"的回答结果显示，高达 75％的留守儿童是由于父母双方或一方外出工作；9％的孩子因为父母离异，双亲各自生活，将他们留与祖父辈一起生活而成了留守儿童；8％的孩子因为父母一方或者双方离世；还有 8％的留守儿童因为其他原因（见图 1）。留守儿童们的隔代教育问题比较突出。

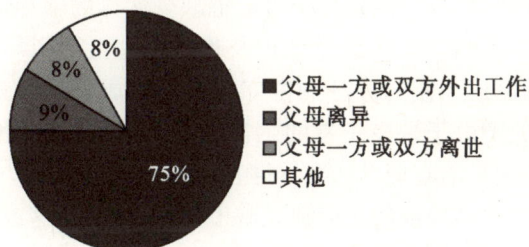

图 1　留守儿童留守原因情况

1. 隔代教育手段单一，有效性值得怀疑

中国人民大学人口与发展研究中心的杜鹏教授针对流动人口的外出对其家庭的影响进行了一项调查，该调查显示，在被调查的留守子女中，以隔代抚养比例最高，为 48％，表明隔代教育成为农村留守儿童主要的教育方式。祖父母辈成为留守儿童教育的传授主体，关于留守儿童隔代教育问题的调查问卷（儿童）第 6 个问题"你的爷爷奶奶（外公外婆）的年龄是"的回答结果显示，52％的留守儿童的祖父母辈年纪在 60～70 岁区间，32％处于 50～60 岁区间，还有 16％在 70～80 岁区间（见图 2）。由此可见，留守儿童的祖父母辈的年龄普遍偏大，由于祖父母的年龄问题，他们不易接受新事物，与此同时，留守儿童对于自身的学习发展情况并没有详细的规划，基本上是听从家中祖父母辈的安排。这使得隔代教育的形式过于单一，意味着留守儿童不能得到形式多样的、高质量的教育，因而留守儿童隔代教育的有效性有待商榷。为什么这么说呢？第一，家中祖父母辈虽能满足他们吃饱穿暖的基本需求，但不能完全满足他们在精神方面的需要。第二，留守儿童隔代教育具有日趋普遍的特点，随着城市化趋势的快速发展，外来务工人员数量剧增，导致留守儿童数量相应增加。第三，留守儿童隔代教育存在落后性，关于留守儿童隔代教育问题的调查问卷（儿童）第 5 个问题"你的爷爷奶奶（外公外婆）的受教育程度"的回答结果显示，39％的留守儿童祖父母辈的受教育程度在初中水平，34％的在小学水平，16％的祖父母辈从未上过学，11％的祖父母辈受教育程度在高中及以上（见图 3）。对于这个数据，我们认为该地区留守儿童祖父母辈家长的受教育程度不高,教育意识不强,无法及时解决孩子存在的问题并与孩子及时沟通,一定程度上导致留守儿童的心理不健全,容易形成悲观的性格特点。

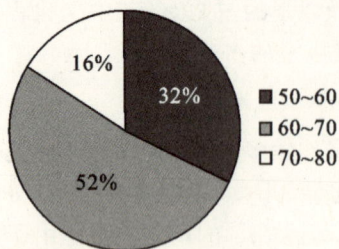

图 2　留守儿童祖父母辈年龄情况分析　　　图 3　祖父母辈受教育程度情况

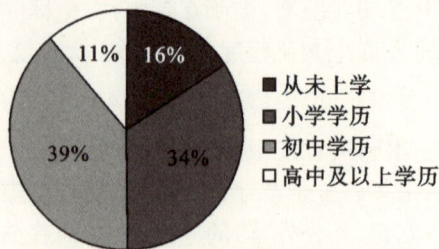

2. 留守儿童隔代教育的普遍性和其影响的深远性

留守儿童在生活上缺少父母的照料,学习上也缺少父母的辅导,而他们正处于成长发育的关键时期,却无法享受到父母在思想认识及价值观念上的引导和帮助。心理上缺乏比较及时的疏导等原因已成为制约和影响留守儿童健康成长的因素。有关专家表示,在隔代教育背景下,留守儿童由于缺少正常的感情交流,以致形成一种孤僻的性格,甚至有些留守儿童产生了敌视父母的心理,认为父母抛弃了自己;也有一些儿童因是女孩子而被父母留在老家,而自己的弟弟却被父母带到大城市去一起生活,这或将成为影响未来家庭生活和谐程度的一个潜在制约因素。

3. 隔代教育背景下,部分留守儿童向极端发展

留守儿童在很小的时候与父母分离,缺乏父母的关爱,以致部分留守儿童有自我封闭、自我逃避的倾向。这类未成年人由于心理发展的异常,加之对信息社会中大量良莠不齐的资讯缺乏自主的辨识力,也没有双亲提醒,一些未成年人甚至会因此而走上犯罪道路。

(二)留守儿童隔代教育问题的原因分析——以武城县祥和社区为例

1. 城乡间经济、社会、教育发展不平衡

改革开放以来,随着我国城市化进程的加快,农村剩余劳动力大量流入城市。由于各种条件所限,绝大部分进城务工人员把自己的子女留在原籍所在地,由此留守儿童产生。由于留守儿童主要集中在较偏远的地区,这些地区的教育水平相对于城市存在较大的差距,主要体现在学校基础设施配备与师资配备等方面。调研团队发现,城乡差距在教育方面还体现在师资配备上。城市的师资配备水平整体优于县城师资配备水平,主要体现在城市在编教师比重(84%)大大高于县城在编教师比重(62%),县城代课教师比重(38%)较城市(16%)高,而且城市代课教师主要集中在辅导机构当中(见图4、图5)。而且,县城代课老师主要在正规学校工作,这就在一定程度上又加大了城乡教育水平差距。

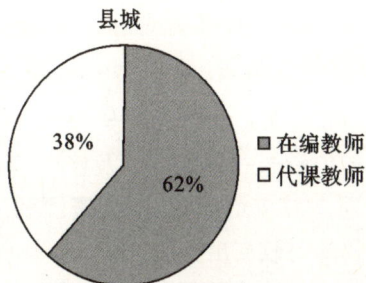

图4 县城学校教师配备情况　　　图5 城市学校教师配备情况

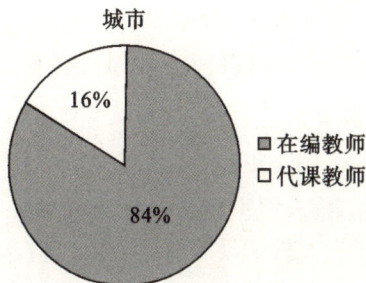

2. 不健全的家庭环境和结构影响了留守儿童成长

第一，留守儿童主要与祖父母辈一起生活，而祖父母辈由于年龄相对较大、沟通能力有限等一系列原因，在留守儿童的学习指导方面力不从心，由于相对缺乏科学教育知识，对留守儿童易产生溺爱行为，易导致留守儿童性格畸形。第二，留守儿童与父母长期分离，相对缺乏沟通，因而情感上交集过少，易与父母产生矛盾、发生冲突，在一定程度上影响家庭和谐。

3. 祖辈的自身条件严重限制了优质教育的形成

第一，据我们调查显示，留守儿童基本上来自经济水平不高的家庭，因此，他们的祖辈由于受到经济条件的影响，不管是在受教育方面还是对孙辈的教育意识方面都十分欠缺，以至于抑制了优质教育的形成和进一步的发展。第二，长期高强度的工作严重影响了祖父母辈自身的身体状况，不管是在体力上还是精力上，因而对于留守儿童的教育力不从心。第三，祖父母辈们一直以来深受生活环境的影响，大多没有足够的耐心和毅力去指导孩子们学习，同时也会因为农活繁忙，很少有祖父母辈能够挤出时间来细心地教导孩子。

4. 政府对于留守儿童的关注度不够，监管力度不大更增加了隔代教育的难度

第一，留守儿童正处于快速成长时期，因而心智上仍不够成熟，易受外界因素的影响，同时由于"留守儿童"这种个人认知，心理上本就自卑，极易因外界的刺激而作出叛逆的反应，而政府对于留守儿童隔代教育方面的关注度显然不够。第二，如今，广大农村地区出现了"黑网吧""黑游戏厅"等违法娱乐场所，宣传暴力的甚至色情的文化，而政府在这方面的监管力度远远不够，一定程度上增加了祖辈对于留守儿童隔代教育的难度。

三、解决留守儿童隔代教育问题的调研建议

（一）建立健全对农村留守儿童的相关法律保护制度

目前，国内方面的相关法律主要是《中华人民共和国教育法》《中华人民共和国义务教育法》，而很少有直接针对留守儿童教育的相关法律法规。留守儿童的隔代教育是随着社会发展而长期存在的问题，要想真正帮助孩子们，最终还是要通过法律政策途径，从机制、体制的层面来解决。

（二）优化成长环境，提供平等、公正的教育条件

由于"撤点并校"政策的实施，很多农村地区出现了寄宿制学校，但教学条件、寄宿条件还是相对落后，因而为保障农村留守儿童平等的受教育权，政府应该加强财政上的支

持,优化留守儿童的成长环境,推动教育均衡发展。树立整体教育观念,促进城乡义务教育共同发展。改革高线招生制度,缩小城乡高等教育机会差别。

(三)提升师资力量,延伸教育服务,给予农村留守儿童更多的关爱与帮助

第一,学校应积极响应国家政策,多方面调节校内资金的分配比率及校内基础设施的分配,例如,提升教室内多媒体的安装比例,做到凡是教室均配置,达到资源利用的最大化,资金优先向教学设施匮乏方面倾斜,减少不必要的财政支出。

第二,积极发挥幼儿园及中小学的师资教育力量。学校以及老师应在留守儿童的生活、学习及心理方面给予更多的关心和帮助,时刻关注留守儿童的情绪变化。例如,开展定期家访,及时了解留守儿童的家庭情况、成员变化情况等;定期举行监护人座谈会,及时反馈学生在学校的学习情况,让家长了解儿童的实时情况;引入心理辅导师及心理咨询师,及时安抚有情绪问题的留守儿童。

第三,完善基层社会寄宿制学校的管理模式。学校内部应定期组织教师培训,提升教师的教学能力和教学素质;科学合理地核定和分配教师编制;保证骨干教师的编制,不能一味地抽调教师,改"锦上添花"为"雪中送炭";提升寄宿制宿舍的环境条件,加大宿舍文化建设,减少宿舍安全隐患的发生,使留守儿童感受到宿舍也有家的温暖。

(四)家庭物质生活条件的提高与后代的教育要双管齐下

1.换位思考,学会沟通、理解

隔代教育背景下成长的留守儿童都存在与父母沟通甚少的现象,久而久之易造成亲子关系的疏远。我们在调查过程中发现,一些外出务工的父母只是定期给孩子寄生活费,但是基本很少与孩子沟通,从而导致双方相互不理解。经研究发现,双亲与留守儿童之间的换位思考、互相理解有利于双方的共同发展。对于外出的双亲来说,定期的交流沟通能够促进双方感情,同时缓解外出务工的父母沉重的社会压力;对于留守儿童来说,适当的沟通有助于孩子的健康成长与长期发展。倡导并督促父母保持一定频度的电话联系或网络沟通,积极创造条件,让父母定期回家探望孩子,及时了解孩子的学习、生活及心理问题。

2.要不断强化监护人的家庭教育意识,改革创新、与时俱进

留守儿童绝大多数集中于乡县等较落后地区,监护人的受教育程度相对较低,相应地他们的家庭教育意识和责任意识相对也较低。因而我们要在思想层面上强化留守儿童父母依法监护孩子成长的责任意识和家庭教育意识,开拓思维,与时俱进,要求进步。不能一味地安于现状、不思进取,学习城市家庭教育模式,缩小自身与城镇居民教育质量的差距,但也要针对具体的家庭情况,改变教育模式,减小城乡教育差距。

3.协调物质追求与家庭教育

留守儿童父母主要由于想要给孩子提供更好的物质生活而离开家庭外出务工,而在此过程当中,监护人往往过度地追求物质生活的提高,而忽略了孩子的家庭教育问题。如果在物质条件基本满足的情况下,应多为下一代的成长考虑。

结束语

留守儿童由于长期缺乏父母的陪伴,与祖辈一起生活,容易形成自卑、胆怯的性格。

老人的很多思想过于保守陈旧,不适用于这个新时代,影响了孩子们的全面发展。有很多孩子过于内向,不敢直视他人的眼睛,在与人的沟通交流上有一定的困难。通过我们一系列的趣味课堂、心理健康教育、素质拓展小游戏等活动,曾经自卑胆怯的孩子也积极地融入课堂中,露出开心的笑容,不再躲闪而能主动地跟老师们聊天,我们感到非常满足。爱和陪伴是培育健康心灵最好的养料,也许我们给予他们的东西并不多,但相信孩子们会带着这份殷切的厚望继续前行,一直阳光乐观地成长生活。

他们对新事物有着浓厚的兴趣,热爱学习新知识。支教课堂上,一双双渴望知识的眼睛注视着老师,竖着耳朵认真听讲,很少有做小动作的孩子。孩子们的学习成果也让我们感到弥足欣慰,折纸课上学会的蝴蝶和领结、美术课上的贴画作品,还有孩子们一笔一画认真完成的书法作品,那是在辛苦耕种忙碌后收获的沉甸甸的果实,是对我们劳动的认可。他们的条件比较艰苦,所以更加珍惜受教育的权利。相比城里的孩子,他们很少买新的学习用品,手中的铅笔只要还能握住写字,就不会丢掉。所以我们经常看到有的孩子紧握着一根短小的铅笔头写字。我们拥有相对优越的条件,不更应该珍惜受教育的机会吗?如果你没有机会去亲自帮助他们,那就努力学习,不要浪费了你所拥有的资源。

调研过程中,在村民身上我们感受到了淳朴善良。每份问卷都被认真填写,很多村民即使不识字也热心地想要帮助我们完成问卷调查。老人们表示他们也希望外出打工的孩子能回来自己照看小孩,但是本地经济相对落后,工作机会少、工资待遇低,迫于生活压力,只得留下孩子外出打工。留守儿童是随着社会发展而长期存在的问题,要想真正帮助到孩子们,最终还是要从机制、体制的层面来解决。政府应尽快解决进城务工人员的户口问题,从而解决他们买房难、受教育难等问题。

通过本次调研实践,团队队员之间也建立了深厚的情谊,这必将成为彼此生命中的财富。从实践中我们还明白了"众人拾柴火焰高"的道理,体会到了团结合作的重要。劲往一处使,复杂的事情就会变得容易很多。团结协作、互帮互助、不推诿、不偷懒,才能够共同把任务出色地完成。

参考文献

[1] 阳辉、陈新明. 农村留守儿童"隔代教育"问题探析[J]. 文史博览(理论),2008(10):69-70.

[2] 祝畅. 浅析农村留守儿童隔代教育问题[J]. 科教导刊(中旬刊),2014(01):169-170.

[3] 杨旭东. 一个隔代抚养的农村留守儿童家庭教育的叙事研究[D]. 西南大学,2013.

[4] 邹秋月、康钊. 隔代监护对义务教育阶段留守儿童学习管理的影响研究[J]. 现代教育科学,2015(02):62-64.

[5] 张苗苗、邓李梅. 我国农村留守儿童隔代教育的困境、原因及出路[J]. 江苏第二师范学院学报,2016,32(07):85-88.

"留守踏歌——关于留守儿童隔代教育问题"
调研团队基本信息

团队指导老师:周静、朱艳红、曲东

团队队长:刘子林

团队成员:吴金超、唐仪、邢悦、王慧、沈安琪、彭利、张小利

附录一：

<h2 style="text-align:center">关于留守儿童隔代教育问题的调查问卷(教师)</h2>

亲爱的老师：

　　您好！我们是"留守踏歌——关于留守儿童隔代教育问题"调研团队。现就留守儿童隔代教育问题展开调研,重在了解当地有关留守儿童隔代教育的现状,分析其问题,探究其原因,讨论其对策,同时在一定程度上降低隔代教育带来的负面影响,切实做到关爱留守儿童。此问卷采用匿名方式且保证填写信息严格保密,非常感谢您对本次调研活动的参与和支持!

一、基本情况(在相应项上直接填写即可)

家长:1.性别:　　　　　　　2.年龄:

您的孩子:1.性别:　　　　　2.年级:

二、问卷主体(在相应选项上划对号即可)

1.您是来自(　　)[单选题]

　　A. 城市　　　　　　B. 农村

2.您现在教学的学业阶段(　　)[单选题]

　　A. 小学　　　　　B. 初中　　　　　C. 高中　　　　　D. 大学

3.以下教育不公平的现象,您觉得哪个最不能接受?(　　)[多选题]

　　A. 城乡差距大,农村地区学校条件差

　　B. 招生录取过程中的舞弊现象

　　C. 各省之间的高考录取分数线不一样

　　D. 重点和非重点学校之间的资源不公平

4.爷爷奶奶(外公外婆)平时督促您学生学习吗?(　　)[单选题]

　　A. 经常督促　　　　B. 偶尔督促　　　　C. 从不督促

5.您所在地学校基本配备了以下哪些教学设备?(　　)[多选题]

　　A. 基本教学用品　　　　　　　B. 实验室、音乐美术专用教室

　　C. 基本齐全的体育设施　　　　D. 电脑

　　E. 空调　　　　　F. 电扇　　　　　G. 投影仪

6.以上教学设备的使用情况怎么样?(　　)[单选题]

　　A. 正常使用　　　　B. 基本不用　　　　C. 没用过

7.您平均每天晚上要给学生布置多长时间的家庭作业?(　　)[单选题]

　　A. 一般没有家庭作业　　　　　B. 1 小时以下

　　C. 1~2 个小时　　　　　　　　D. 2 小时以上

8.您的学生一般看哪类课外书籍?(　　)[多选题]

　　A. 科普类　　　　　　　　　　B. 名著

　　C. 漫画　　　　　　　　　　　D. 杂志

　　E. 武侠言情类小说　　　　　　F. 从来不看课外书

9. 您学生的家长会的主体人员是(　　)[单选题]

　　A. 父母　　　　　　　B. 爷爷奶奶　　　　　　C. 其他

10. 您觉得城乡学校之间师资力量存在差距吗? (　　)[单选题]

　　A. 没有差距　　　　B. 差距不大　　　　　　C. 差距较大

11. 在您看来,在各教育阶段城乡教育差异是否存在程度上的不同? (　　)[单选题]

　　A. 不同阶段城乡差异不一样　　　　　B. 没有发觉不同教育阶段有差异

12. 你的学生参加过乐器、舞蹈、绘画等兴趣培训班吗? (　　)[单选题]

　　A. 参加过　　　　　　　　　　　　B. 没参加过

13. 爷爷奶奶经常向您反映学生最近的学习状态吗? (　　)[单选题]

　　A. 经常　　　　　　B. 很少　　　　　　　　C. 从不

14. 您认为城乡教师教学水平差距如何? (　　)[单选题]

　　A. 没有差距　　　　B. 差距不大　　　　　　C. 差距较大

15. 您对城乡教育资源差距有什么看法及建议? [问答题]

附录二:

关于留守儿童隔代教育问题的调查问卷(儿童)

亲爱的同学:

　　您好! 我们是"留守踏歌——关于留守儿童隔代教育问题"调研团队。现就留守儿童隔代教育问题展开调研,重在了解当地有关留守儿童隔代教育的现状,分析其问题,探究其原因,讨论其对策,同时在一定程度上降低隔代教育带来的负面影响,切实做到关爱留守儿童。此问卷采用匿名方式且保证填写信息严格保密,非常感谢您对本次调研活动的参与和支持! 此问卷采用匿名方式且保证填写信息严格保密,非常感谢您对本次调研活动的参与和支持!

一、基本情况(在相应项上直接填写即可)

1. 性别:　　　　　　2. 学校:　　　　　　3. 年级:

二、问卷主体(在相应选项上划对号即可)

1. 你的家庭情况是? (　　)[单选题]

　　A. 父母都在家

　　B. 父母一方外出打工

　　C. 父母均不在家,跟爷爷奶奶(外公外婆)一起生活

　　D. 其他情况

2. 父母把你交给爷爷奶奶(外公外婆)的原因是? (　　)[单选题]

　　A. 外出工作　　　　　　　　　　B. 父母离婚

　　C. 父母离世(一方或双方)　　　　D. 其他情况

3. 父母(一方或双方)在你几岁时外出工作? (　　)[单选题]

　　A. 小于 5 岁　　　　　　　　　　B. 5～10 岁

　　C. 10～18 岁　　　　　　　　　　　D. 其他

4. 父母多久回家一次?(　　)[单选题]

　　A. 经常回家　　　　　　　　　　　B. 几个月一次

　　C. 一年一次　　　　　　　　　　　D. 几年一次

5. 你的爷爷奶奶(外公外婆)的受教育程度是(　　)[单选题]

　　A. 未上过学　　　　　　　　　　　B. 小学

　　C. 初中　　　　　　　　　　　　　D. 高中及以上

6. 你的爷爷奶奶(外公外婆)的年龄是(　　)[单选题]

　　A. 小于 50 岁　　　　　　　　　　B. 50～60 岁

　　C. 60～70 岁　　　　　　　　　　D. 70～80 岁

7. 你假期上过辅导班吗?(　　)[单选题]

　　A. 经常　　　　　　B. 一般　　　　　　C. 很少　　　　　　D. 从没上过

8. 当你犯错误时,爷爷奶奶(外公外婆)会以哪种方式教育你?(　　)[单选题]

　　A. 打骂　　　　　　　　　　　　　B. 严厉训斥

　　C. 耐心教育　　　　　　　　　　　D. 管不了便不管了

9. 与爷爷奶奶(外公外婆)在一起生活的困扰是什么?(　　)[多选题]

　　A. 无法辅导作业　　　　　　　　　B. 没有共同语言

　　C. 陪伴自己的时间太少　　　　　　D. 教育方式不好

　　E. 其他原因

10. 课堂上是否有采取多媒体教学?(　　)[单选题]

　　A. 有　　　　　　　　　　　　　　B. 没有

11. 爷爷奶奶(外公外婆)平时督促你学习吗?(　　)[单选题]

　　A. 经常督促　　　　　B. 偶尔督促　　　　　C. 从不督促我的学习

12. 自己对知识的主要获取途径?(　　)[多选题]

　　A. 课堂　　　　　　　　　　　　　B. 课外书

　　C. 以课堂为主,课外书为辅　　　　D. 以课外书为主,课堂为辅

　　E. 电视、网络等多媒体资源

13. 你认为老师安排的作业量是否适合?(　　)[单选题]

　　A. 适合　　　　　　　　　　　　　B. 稍多

　　C. 很多　　　　　　　　　　　　　D. 多得完成不了

14. 你想对外出打工的父母说些什么?[问答题]

服刑人员未成年子女的生存发展现状调研

——以北京太阳村为例

刘孟辉团队　指导老师：王绍芳

摘　要：调研团队通过调研认为，太阳村的发展存在运行机制老化、受社会关注程度低、法律政策缺失、资金补助匮乏、孩子受教育程度低等诸多困难和问题。应该通过重点关注法律文献、寻访民政保障部门、自发筹募善款、广泛发动媒体、提议建立新的自营创收模式等形式为太阳村的未来发展提供新思路。

关键词：服刑人员未成年子女；太阳村；无偿代养代教；非政府慈善组织

一、调研项目概述

监狱服刑人员的未成年子女，是在社会变革中逐渐衍生和趋成的一个特殊的弱势群体。2015年司法部调查报告显示，服刑人员未成年子女九成以上没有得到任何形式的救助，七成和父母走上相同的犯罪道路，半数孩子完全没有生活保障，75%的服刑人员家庭月收入低于1000元。有相关数据显示，服刑人员未成年子女中辍学的人数占被调查服刑人员未成年子女总数的13.1%，服刑人员未成年子女中的辍学群体在其父（母）亲入狱后显著增大。被调查的服刑人员中，其未成年子女在父（母）入狱前就已经辍学的占未成年子女辍学总人数的17.56%，在父（母）入狱后辍学的为82.43%。由此可见，服刑人员未成年子女的生存发展问题正在成为这个社会不得不面临的巨大问题，其生活、学业、心理状况亟须社会帮助。中国服刑人员子女近百万，但其生存状态一直少获关注。而且，中国目前针对这一群体的救助政策尚不完善，当前的社会救助制度和法律法规还存在很多缺位现象。

调研团队通过查阅相关文献资料发现，现今国内对于服刑人员未成年子女的主要救助模式制度，主要分为以下四种：家庭寄养制度、民间慈善机构代养制度、经济救助制度、儿童权利监察官制度。太阳村便是采取民间慈善机构代养制度的典型代表。太阳村（也称儿童村）作为非政府的慈善组织，十几年来以无偿代养代教服刑人员未成年子女为己任，对服刑人员无人抚养的未成年子女开展特殊教育、心理辅导、权益保护及职业培训服务，以使他们在一个相对安定温馨的大家庭里像其他孩子一样受到保护，得到教育，健康快乐地成长。

太阳花是太阳村的村花，是太阳村和孩子的象征。它的生命力极其顽强，就如同太阳村，十多年来经历了无数风雨，在夹缝中不断地生存发展和壮大，也如同太阳村的孩子们，能够勇敢面对生活、面对现实，健康快乐地成长。

"太阳花——服刑人员未成年子女的生存发展现状"调研团队成立以来，以关爱特殊群体子女为理念，以服刑人员未成年子女的支农帮扶、教育关爱、心理问题矫正为主要内容，到北京市太阳村进行志愿服务调研，以社会学研究方法为基础，利用问卷调查的方法向太阳村工作人员及北京市不同地区的人员发放问卷,同时进行访谈,与北京市太阳村的工作人员、各年龄段的孩子进行交谈,倾听孩子们的需求和工作人员对某些孩子的看法,访问工作人员的工作流程以及探讨太阳村运行中存在的困境和问题。

综上,这次调研的意义主要体现在以下三个方面。

首先,从社会人员方面了解了太阳村在社会中的受重视程度,及时将信息反馈给太阳村,并为太阳村在宣传方面的发展出谋划策。

其次,从太阳村的调查中了解到体制运行中所存在的问题和不足,及时反馈后协助太阳村的管理人员积极解决,充分了解了这些服刑人员未成年子女的心理状态,以合适的方式与他们相处。

最后,充分利用调研的成果,呼吁社会人员去关注并关爱他们,消除社会歧视,为服刑人员未成年子女未来的发展奠定良好基础。

二、调研初步结果及分析

(一)公众对服刑人员未成年子女的认知看法分析

1. 调研样本基本情况

调研团队采取随机调查、简单采访等方式对公众进行抽样调查。

调研范围涉及清华大学、北京科技大学、北京林业大学、中国地质大学等高校,繁华的北京王府井、奥林匹克公园,北京市怀柔区和顺义区的街道、小镇及大型商场。

调研对象涉及不同年龄层、不同阶层的公众,总计投放调研问卷 300 份,回收有效问卷 260 份,有效回收率达到 87%。

在性别上,男性占 68%,女性占 32%,男性多于女性。在年龄上,处于 20～29 岁年龄区间的受访者占 25%,30～39 岁年龄区间的占 17%,40～49 岁年龄区间的占 25%,其他年龄区间段的占 30%。在职业上,退休人员占 25%,行政、科研人员占比均为 25%,务工人员占 17%,农民占 17%,学生占 16%。总体而言,无论是在性别上、年龄上、还是职业上,调研样本的选择还是比较合理。

2. 公众对服刑人员未成年子女的基本看法

(1)多数被调研者认为作为父母的服刑人员对其子女,尤其是未成年子女的负面影响是存在的。太阳村生存发展现状调查问卷(社会人群卷)第 3 个问题"您对服刑人员的未成年子女有什么看法"的回答结果显示,42% 的被调研者认为,服刑人员的行为和部分不良生活习惯会影响其子女,所以其子女必定在性格和生活习惯方面存在较大缺陷;25% 的被调研者认为,该群体受家庭背景和社会环境的影响,其性格发展具有极大不确定性,难以论断;8% 的被调研者认为,该群体虽具有特殊背景,但是贫苦环境更能磨炼他们的优秀品质;10% 的被调研者认为,该群体与普通孩子没有什么区别;还有 25% 的被调研者有其他看法(见图 1)。

(2)绝大部分受访者不知道太阳村的存在,以及太阳村为服刑人员未成年子女的代养代教所做出的巨大努力。太阳村生存发展现状调查问卷(社会人群卷)第 2 个问题"您之前了解太阳村吗"的回答结果显示,75% 的被调研者表示完全不了解,从来没听说过;13% 的被调研者表示不太了解,只知道有这个组织,并不知道其具体功能;只有 10% 的被调研者表示比较了解,曾经通过媒体或周围人口述等形式听说过太阳村;2%的被调研者表示很了解,或多或少曾经和太阳村有过接触(见图2)。这是令调研团队比较意外的结果。由此,调研团队认为,应该让更多的公众、媒体了解太阳村及其付出的努力,让更多的服刑人员未成年子女获得更好的生活和教育环境。

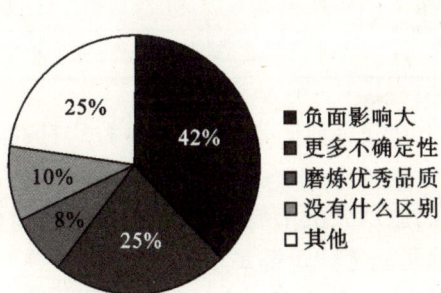

图1　您对服刑人员的未成年子女有什么看法?

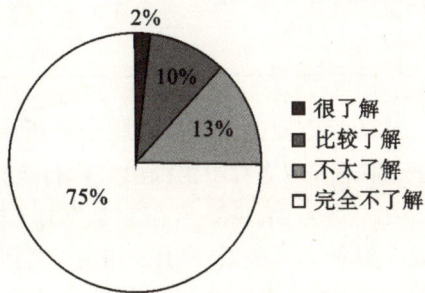

图2　您之前了解太阳村吗?

(3)绝大部分受访者对于服刑人员子女并无太大的偏见和歧视,而且愿意在自己能力范围内帮助太阳村的孩子。太阳村生存发展现状调查问卷(社会人群卷)第4个问题"如有合适的机会,您愿意为抚养服刑人员未成年子女的太阳村提供一定的帮助吗"的回答结果显示,50%的被调研者非常愿意,他们比贫困、留守和失独儿童更需要社会的关爱;42%的被调研者比较愿意,对于社会中的弱势群体需要一视同仁;当然也有8%的被调研者不太愿意,内心对于此类群体还是存有芥蒂(见图3)。

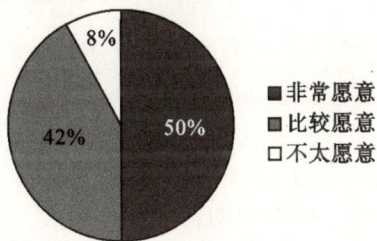

图3　如有合适的机会,您愿意为抚养服刑人员未成年子女的太阳村提供一定的帮助吗?

(二)太阳村内部对服刑人员未成年子女的管理现状分析

(1)太阳村的服刑人员未成年子女约有70名,从小学一年级到初中三年级共九个年级都有覆盖,还有一个职高班。这些学生独立自主、乐观勇敢,调研团队具体从教育、医疗、生活、心理辅导四方面分别进行了调研。

①在教育方面。他们都在公办学校上学,教育机会得来不易,截止到2017年7月,太阳村服刑人员未成年子女就读一年级的有4人,二年级的有9人,三年级的有8人,四年级的有1人,五年级的有5人,六年级的有3人;初一的有8人,初二的有7人,初三的有6人,职高的有7人(见表1)。这是太阳村负责人多次与北京市各级教育部门进行充分沟通交流后才获得的名额。太阳村孩子70%以上都是外地户口,学费分别为300元(小学),800元(初中),1000～3000元(高中),大学3000～6000元,最多8000元,出国留学10000元左右。这些费用全都由太阳村负担。在这种环境下,太阳村的服刑人员未成年子女特

别懂事,具有独立自主、吃苦耐劳、不浪费粮食、勤俭节约的良好品质。

表1

太阳村服刑人员未成年子女各学年具体人数(数据截止到2017年7月)

年级	一年级	二年级	三年级	四年级	五年级	六年级	初一	初二	初三	职高
人数	4	9	8	1	5	3	8	7	6	7

②在医疗方面。太阳村的服刑人员未成年子女和普通的未成年一样,看病打针吃药都在公立医院,这笔费用也都由太阳村负担。

③在生活方面。第一,在穿衣方面,太阳村的服刑人员未成年子女不挑拣,太阳村管理人员分给什么衣服,就穿什么衣服,尤其是领取每一笔物资都要走程序,打单子领取,用多少打多少,由孩子们自己估算,老师审核上报,从小教会他们什么是勤俭节约。第二,太阳村的服刑人员未成年子女统一到餐厅集体吃饭,不能挑食。第三,在住宿方面,太阳村只有一个砖瓦房,其余都是彩钢房,条件相对比较艰苦,但是孩子们都很理解,不会有抱怨,而且排好值日表,自己打扫卫生。第四,在出行交通方面,外出去监狱探监,所花费的路费都由太阳村负担,每年的夏令营和冬令营费用也都由太阳村负担,满足了孩子们经常见父母的权利,有利于从小培养他们良好的综合素质。

④在心理辅导方面。鉴于心理辅导的专业性,太阳村专门和当地政府、热心企业以及专业的心理辅导机构进行合作,由当地政府出人力、企业出资,或者政府派心理辅导师,或者企业自己请心理辅导师,一年进行两次心理辅导。及时掌握这些孩子的心理状态,尤其是进入到青春期的孩子们的心理状态是需要重点了解的。经过大家的共同努力,太阳村的孩子们心理水平还是比较好的,在平均水平以上。

(2)太阳村的管理人员面临收入来源单一、被外界误解等困扰,但一直坚持下来了,做到问心无愧是他们的底线。

调研团队发现,北京太阳村是所有太阳村中的主要收入来源地。爱心农场中设有蔬菜大棚,还包括草莓和葡萄采摘园,太阳村蔬菜销售渠道主要为超市供货、个人收购以及内部流通销售。有限的销售范围导致销售渠道的欠缺,产品无法及时销售出去,由于产品本身的属性,随之而来就是蔬菜瓜果的腐烂变质导致产品的浪费和无法销售,对销售利润来说是一笔巨大的损失。另外,由于成本所需人力、物力较高,而销售单价不高,所以销售利润很少,暂时无法成为太阳村的主要收入来源。由此看来,太阳村蔬菜销售方面还存在很多不足,包括销售渠道的短缺、销售利润低以及销售方式单一。如何形成良好的销售模式是太阳村当下急需解决的问题之一。

在工作体会方面,通过调研团队成员与工作人员交流得知,被外界诟病和误解,一直是太阳村管理人员的一块心病。一开始他们也很失落,但后来当越来越多的志愿者和爱心人士来帮助太阳村的时候,他们觉得一切付出都值了。做一些事总会被人误解,只要心中做到无愧、保持真我就够了。

(3)太阳村的外来志愿者为太阳村的日常管理解决了很多困难,提供了很大的帮助。

太阳村经常有一些社会上的爱心人士和志愿者来访,我们调研团队也属于志愿者的范围。在调研过程中,调研团队正好遇到了其他两批志愿者,并对他们进行了现场访问,直接地了解了部分志愿者们的想法。

访问谈话一

2017年7月11日,北京某国际广告有限责任公司的领导带领自己的员工来到太阳村,为太阳村捐赠急需的打印设备,给孩子们献上爱心。

提问:请问贵公司为什么会想到来这儿捐赠打印设备呢?

回答:首先是我们公司有这么一个来太阳村的活动,常年给太阳村捐赠短缺物资。最近听说太阳村的打印设备已经无法使用了,我们公司主营业务就是广告宣传,了解打印设备的重要性,于是公司派我们特地过来帮助太阳村。

访问谈话二

2017年7月15日,北京市某小学的学生在老师的带领下前来参观学习,了解太阳村孩子们的生长环境和日常生活,学习他们身上坚强勇敢的品格。

提问:请问您为什么会想到带着自己的学生来到这儿呢?

回答:首先是我们学校开展了一个教育活动,然后大家就想带着学生来这儿锻炼一下,体会一下另一种生活。

提问:和这儿的孩子经过一天的相处后,那您觉得他们和你们的学生有什么不同呢?

回答:我的学生和他们一般大,他们太懂事了,作为一位老师,看到他们这样很心疼。

提问:现在很多服刑人员未成年子女需要帮助,您怎么看待这个问题? 您觉得最主要的是什么?

回答:首先是政府要重视这个问题,据我所知,法律上关于这类未成年群体的保护有些缺失;其次就是需要社会各界人士的帮助,希望他们能注意到这群可怜的孩子。

从与以上两批志愿者的访谈中不难看出,一方面,越来越多的志愿者和爱心人士关注到了服刑人员未成年子女这个特殊的群体,以及太阳村的存在;另一方面,志愿者和爱心人士的帮助,只能是暂时的、短暂的,从长远来看,得有制度上的保障,就像有志愿者所说的那样,父母犯错,与孩子无关,希望政府能够在保障服刑人员未成年子女的生活质量和受教育权方面,尽快出台更加完善的法律法规。

三、太阳村服刑人员未成年子女的生存发展存在的问题分析

(一)太阳村服刑人员未成年子女存在的问题

1.太阳村服刑人员未成年子女的心理健康问题

众所周知,太阳村的孩子是服刑人员子女,所以这个特殊身份而给他们带来的心理健康问题如自卑心理等不容忽视。当调研团队与太阳村的工作人员谈及这个问题,他们只说"我们会有心理老师做志愿者来这里给孩子们做心理辅导"这样模糊的回答,但是,心理健康老师毕竟是每隔一段时间才来进行心理辅导。平时,如果孩子们之间出现了一些心理健康问题,没有专业的心理老师对太阳村的孩子们做及时的、专业的心理辅导,从这个意义上说,太阳村孩子们的心理健康没有充分的、足够的保障,对孩子们将来的成长发展可能会有一定的不利影响。

2. 太阳村服刑人员未成年子女之间相处方式的问题

男孩子之间的相处难免会有一些打打闹闹,但在调研过程中,我们发现太阳村的男孩子之间虽有打闹,但他们下手没有轻重之分,也可能与处于青春期有关系,毕竟亲生父母都不在身边,他们的一些不良行为不能得到及时纠正。因此,孩子们之间的相处行为与方式缺乏良好的引导与管教,需要进一步引起重视。

3. 太阳村服刑人员未成年子女的学习问题

调研团队成员在辅导孩子们功课时发现,孩子们的文化课基础不扎实,学习水平偏低。大部分孩子没有形成良好的学习习惯,学习的积极主动性并不强。

4. 太阳村服刑人员未成年子女的安全保障问题

太阳村规定晚9点闭村,所有太阳村的孩子不允许离开宿舍。但还是有太阳村孩子晚9点以后未归宿舍或者离开宿舍的现象存在,管理人员的这些疏忽都有可能导致一些安全事故的发生。

5. 太阳村服刑人员未成年子女的饮食问题

在调研过程中,调研团队队员陪同孩子一起在太阳村食堂就餐。经过我们观察发现,太阳村除了开放日的时候伙食会有改善之外,平常的伙食单一、质量不高,这个问题不容忽视,太阳村目前的伙食标准不能满足孩子们成长过程中需要的营养摄入量。

(二)太阳村管理人员存在的问题

太阳村建立20多年来虽然已为数万名孩子的生活和教育提供了保障,但它自身的运行发展也存在诸多弊病,需要进一步完善。

1. 专业管理人员数量不足且专业性不强

太阳村缺乏年轻有活力的专业社会工作人员,面对孩子们的变化特点和种种问题,不能够及时以专业的知识加以解决。工作人员的一言一语、一举一动都会影响孩子,应该进行规范,毕竟孩子们每天接触最多的人就是这些管理人员,为了给孩子营造一个良好的生活环境,每一位工作人员都应当自觉规范自己的言行举止。

2. 对外宣传力度不足

在此次调研活动中我们发现,太阳村的宣传力度不够全面,从到太阳村进行捐助的爱心人士来看,大部分是企业、公司以及各个组织的相关人员,我们在外进行的调研数据分析结果表明,普通老百姓大多都不了解太阳村,有的人也仅仅只是知道或者听说过。此外,北京太阳村没有相应的宣传部门以及工作人员,只有靠线上微博微信在运营推广,所以宣传力度不够。应招募一些具有专业宣传能力的志愿者或者工作人员来加大对太阳村的宣传,可以在各大平台上不定期地推送自己的宣传视频和公益广告。在这个全民公益的时代,让各个阶层、每个老百姓都参与进来,帮助太阳村,帮助这些孩子们。

3. 受助物资缺乏有效管理,未实现其最大化的功能

太阳村在对外来捐助物资上缺乏有效管理。首先,很多物资都没有分门别类,只是杂乱地堆放在一起,这对后期的使用及处理造成很大的困扰。对于食品以及日用品等有保质期的物品也没有相应的记录,很容易造成安全隐患。其次,对外来捐助物资应和爱心人士达成共识,虽然太阳村是个慈善组织,但是由于其特殊性不同于一般的慈善机构,在物资方面最好能和外界形成一种供需关系。例如,在某一段时间内,孩子们急缺一些生活用

品,可以联系想要来捐助的爱心人士定向捐助,以此来避免资源的浪费,还能切实帮助到太阳村,帮助到孩子们。现在全国已经有 10 家太阳村,那么就可以联系一些物流公司进行资源整合,而不是让物资堆在仓库里闲置。

四、太阳村服刑人员未成年子女的未来发展建议

(一)针对太阳村服刑人员未成年子女的建议

(1)在学习方面,从以下五个方面采取措施,能够进一步提升太阳村服刑人员未成年子女的生活和学习质量。

第一,太阳村要重视孩子们的学习,尤其是低年级学生基础知识的学习,为他们未来的学习打下良好的基础。第二,尝试和前来的志愿者商议,制定出寒暑假的特色课程,进一步丰富太阳村服刑人员未成年子女的课外学习和生活。第三,注重引进先进的教育理念和教育方法,对孩子们进行启蒙教育,饭前读诗就是很好的方式。第四,现在低年级的孩子完成作业不善于思考,更多的是直接寻求答案。可以在作业监管上加大力度,培养孩子们独立思考的能力。第五,开设图书角,增大孩子们的阅读量和知识储备。

(2)在娱乐方面。第一,对公共娱乐设施定期维护,保证孩子和志愿者、爱心人士的安全。第二,体育和文艺器材可以让专人管理(例如让高年级孩子参与),以免造成不必要的损坏。第三,每天可以设定一个小时的运动时间(若安排活动,则当天可除外),排练啦啦操等团体运动项目,既锻炼身体又可以向外界展现风貌。

(3)在生活方面。第一,食堂的饭菜尽量保证营养均衡。第二,培养孩子们的良好习惯,包括卫生习惯和文明习惯。

(二)针对太阳村管理人员的建议

管理人员长期和孩子们长期在一起,既是一个管理者的角色,也同时承担着孩子们"爸爸妈妈"的角色,一定程度上还扮演老师的角色,因此,太阳村的管理者应当更加专业化,更有亲和力,具备更高的知识水平。

第一,管理人员统一培训,让管理者的言行更加规范化。第二,不定期召开会议,反映近期孩子们的情况并做出及时调整。第三,物资的管理要分明,太阳村虽然无法选择物资的来源,但是可以选择自己的需求,太阳村不是垃圾回收站,应当将不需要的物资都处理掉(如卖给回收废品站、爱心义卖),剩下的进行分类摆放便于管理。第四,对太阳村的宣传不能断,可考虑与专业宣传机构合作,或者从大学生志愿者中挑选有此特长的人将太阳村的宣传不断完善。

(三)针对志愿者和爱心人士的建议

志愿者和爱心人士是太阳村和服刑人员未成年子女成长不可缺少的力量源泉之一。不过,为了太阳村的可持续发展和服刑人员未成年子女有一个良好健康的生活学习和成长环境,对于志愿者和爱心人士也需要做出改进。

第一,与大学生志愿者提前沟通好,将给大学生的志愿任务以计划表的形式提前告知,让志愿者提前安排相关活动。第二,太阳村分配爱心任务时应合理分配,使一个团队的能力最大化。第三,太阳村提前告知所需资源(微博、微信、电话预约时透露),让大家可

以有目的的准备,以免造成资源浪费。第四,志愿者方面制定出管理制度(类似于高校联盟制度),让志愿者的行为更加规范。

结语

调研团队通过对社会公众、太阳村内部工作人员、生长在太阳村内的服刑人员未成年子女们的初步采访调查,了解到公众对于北京太阳村的运行机制、经济来源以及服刑人员未成年子女们的未来发展等问题都不甚了解,更有甚者从未听说过太阳村这一组织。这反映出公众对于服刑人员未成年子女的忽视以及公益意识薄弱的一面。因此,加大对北京太阳村的宣传力度是刻不容缓的,是调研团队必须要努力的方向。通过这次调研,希望让更多的人了解太阳村和太阳村里的服刑人员未成年子女们,才会有更多的爱心人士和社会大众的力量来共同帮助社会公益事业,改良太阳村的运行模式,进一步改善太阳村孩子们的生活环境。积极宣传公益事业,提高自身公益意识是每一位公民应具有的优秀意识,体现了助人为乐的高贵品质,通过奉献自己力所能及的事情为构建和谐社会助力,让中国的明天更加美好。

参考文献

[1] 王清. 服刑人员未成年子女救助方式探析[J]. 云南警官学院学报,2011(05):115-121.

[2] 林东京、刘旭刚、徐杏元. 服刑人员未成年子女的现状及救助体系[J]. 中国司法,2011(04):100-102.

[3] 刘红霞. 在押服刑人员未成年子女救助体系的构建与完善[J]. 法学杂志,2016(04):125-132.

[4] 张丽君、江勇、易榆杰. 服刑人员未成年子女情况的调查和思考——基于 A 省 B 市的实证分析[J]. 预防青少年犯罪研究,2014(05):31-36.

[5] 范斌、童雪红. 慈善法制化背景下服刑人员未成年子女的合作救助研究[J]. 贵州大学学报(社会科学版),2017(05):115-119.

[6] 张铮、段志远. 多中心治理视角下社会弱势群体救助模式研究——以服刑人员未成年子女为例[J]. 管理世界,2015(07):176-177.

[7] 陈鹏. 社会工作介入服刑人员未成年子女帮扶研究[J]. 社会科学战线,2017(11):203-209.

“太阳花——服刑人员未成年子女的生存发展现状”
调研团队基本信息

团队指导老师:王绍芳

团队队长:刘孟辉

团队成员:刘硕、王畅、杨国庆、闫瑞、刘自强、郭坤、杨金鑫、刘中乾、王纪衡、马英博、赵姣姣、聂婉纯、刘祯、尹丽娟

附录一:

太阳村生存发展现状调查问卷(社会人群卷)

亲爱的调查问卷参与者:

您好!我们是“太阳花——服刑人员未成年子女的生存发展现状”调研团队,很感谢

您能参与此次关于太阳村相关情况的问卷调查。

太阳村是一个非政府的慈善组织,成立至今一直以助养代教服刑人员未成年子女为己任,20多年来已经无偿抚养了上万名孩子。迄今为止,包括位于崇明县向化镇北岗村的上海太阳村在内,全国已经建成十个太阳村。我们本着关注太阳村、关心太阳村孩子的目的设计了此份调查问卷,希望为太阳村的建设发展和服刑人员未成年子女的健康成长提供力所能及的帮助。

问卷采用匿名方式且保证填写信息严格保密!

非常感谢您对本次调研活动的参与与支持!

一、基本情况(请直接填写)

1.性别:　　　　　2.职业:　　　　　3.年龄:

二、问卷主体(请在相应的选项上划对号或直接填写)

1.您是否知道有服刑人员未成年子女这个特殊团体的存在?

　　A.知道　　　　　　　　B.不知道

2.您之前了解太阳村吗?

　　A.很了解,或多或少曾经和太阳村有过接触

　　B.比较了解,曾经通过媒体或周围人口述等形式听说过太阳村

　　C.不太了解,只知道有这个组织,并不知道其具体功能

　　D.完全不了解,从来没听说过

3.您对服刑人员的未成年子女有什么看法?

　　A.服刑人员的行为和部分不良生活习惯会影响其子女,所以其子女必定在性格和生活习惯方面存在较大缺陷

　　B.该群体受家庭背景和社会环境的影响,其性格发展具有极大不确定性,难以论断

　　C.该群体虽具有特殊背景,但是贫苦环境更能磨炼他们的优秀品质

　　D.该群体与普通孩子没有什么区别

　　E.其他

4.如有合适的机会,您愿意为抚养服刑人员未成年子女的太阳村提供一定的帮助吗?

　　A.非常愿意,他们比贫困、留守和失独儿童更需要社会的关爱

　　B.比较愿意,对于社会中的弱势群体需要一视同仁

　　C.不太愿意,内心对于此类群体还是存有芥蒂

　　D.很不愿意,感觉他们会浪费我的爱心,将来他们也并不能为社会做出贡献

5.您怎样看待服刑人员未成年子女的心理问题?

　　A.特殊的家庭和社会环境对孩子的心理具有极大的影响,他们的心理问题应当尤为引起重视

　　B.每个孩子在成长的特定阶段都会伴随着一定的心理问题,自然疏导即可

　　C.心理问题不会对孩子的人生轨迹产生过多影响,所以无须太过投入精力关注

　　D.其他

6.目前中国涉及服刑人员未成年子女的法律,仅在《预防未成年人犯罪法》中提及"服刑人

员不可携带子女入狱",您怎样看待政府对于服刑人员未成年子女监护机制的空白?

A. 政府和法律之于此特殊群体具有相当大的机制监管缺陷,由此引起的社会问题异常
　棘手,亟待解决

B. 政府和法律对于特殊群体的监管做不到照顾周全,将其统筹划归贫困群体方便监管

C. 目前的法律已经比较完善了,没有必要单独注重服刑人员未成年子女等群体

D. 无所谓

三、畅所欲言

7. 您对太阳村的发展有哪些建议?

8. 您对太阳村的孩子有哪些想说的话吗?

附录二:

关于太阳村部分受资助成年人情况调查(太阳村大孩子卷)

　　太阳村成立 20 多年来,受资助的孩子万人有余,其中最大的孩子已经 30 多岁。现在一些 20 多岁的孩子重新回到了太阳村,参与到上海新太阳村的建设中去。本问卷调研对象为曾经在太阳村生活过的已经长大的"大孩子"们。

问卷主体:

1. 您在太阳村生活了多久?(××年—××年)

2. 你们在太阳村生活过程中遇到过哪些问题?(心理或其他)

3. 你们现在有什么工作?方便说一下你的收入情况吗?

　A. 2000 元以下　　　B. 2000~3000 元　　　C. 3000~4000 元　　　D. 4000 元以上

4. 你为什么要再次回到太阳村?

　A. 主动为太阳村建设献力　　　　　　B. 作为一项普通的工作完成

　C. 其他

5. 可不可以说一下您离开太阳村后的一些故事?

6. 支撑您在太阳村贡献的动力是什么?谈一下您对未来生活的展望。

7. 您认为太阳村的发展是否已然成熟?

　A. 很成熟　　　　B. 基本完善　　　　C. 一般　　　　D. 缺陷很多

8. 您认为现在太阳村发展面临的最大问题是什么?

　A. 资金问题　　　　　　　　　　B. 孩子成长教育问题

C. 官方承认问题

9. 举例说明一下太阳村发展中的小问题。（例:捐赠物资的清查问题）

10. 对于来一次就走的献爱心志愿者你们怎么看？会造成哪些负面的影响？（例如:对孩子们的某些伤害）

11. 说一下你心目中的张淑琴奶奶;形容一下你对张奶奶的感情:在你成长的过程中,你觉得张奶奶对你最大的影响是什么？或者对你触动最深的是什么？（举例说明为宜）

附录三:

关于太阳村部分未成年人情况调查(太阳村小孩子卷)

1. 年龄:＿＿＿＿＿＿＿

2. 性别:＿＿＿＿＿＿＿

3. 在太阳村生活开心吗？＿＿＿＿＿
   A. 开心　　　　　B. 不开心　　　　　C. 没有在家开心　　　D. 比在家开心

4. 在太阳村最不满意的是？＿＿＿＿＿
   A. 劳动量大　　　　　　　　　　　B. 对自己关心度不够
   C. 特殊身份标签的顾虑　　　　　　D. 不自由
   E. 其他

5. 目前就读的是？＿＿＿＿＿
   A. 幼儿园　　　　B. 小学　　　　　C. 初中　　　　　D. 高中

6. 有什么课余爱好？＿＿＿＿＿
   A. 绘画　　　　　B. 体育活动　　　C. 书法　　　　　D. 舞蹈
   E. 唱歌　　　　　F. 做手工艺品　　G. 其他

7. 多长时间参加一次集体活动？
   A. 一周　　　　　B. 一个月　　　　C. 三个月　　　　D. 一年

8. 喜欢学校还是太阳村？＿＿＿＿＿
   A. 学校　　　　　B. 太阳村
   为什么？＿＿＿＿＿＿＿＿＿＿＿＿＿＿＿＿＿＿＿＿＿＿＿＿＿＿＿＿＿＿＿

9. 每年大概看望父母几次？＿＿＿＿＿

10. 当遇到困难时,通常找谁帮忙？＿＿＿＿＿
    A. 父母　　　　B. 亲人、朋友或同学　　C. 爱心妈妈　　　D. 社会工作者

11. 最渴望得到的是？＿＿＿＿＿＿＿＿＿＿＿＿＿＿＿＿＿＿＿＿＿＿＿＿＿＿＿

自闭症儿童的认知、防治与安置问题调研

——以山东省淄博张店区为例

程梦团队　指导老师:张钟月　于珊

摘　要: 在我们身边,有一群这样的儿童,他们被称之为"星星的孩子"。他们仿佛住在遥远的星球上,只在自己的世界里闪烁,承受着旁人无法探知的内心孤独,他们就是自闭症儿童。为了认真落实此次思政课实践,"点亮心窗 让爱起航"关爱自闭症儿童社会实践调研团队在山东省淄博市张店区进行了关于关爱自闭症儿童的社会实践调研,主要以淄博张店区自闭症儿童以及张店区市民为主要调研对象,为了便于分析,针对不同的调研对象,我们设计了不同的调查问卷。希望通过本次调研活动,对自闭症的防治与安置问题以及政策的推广提出一点建议,让更多的人了解、接纳和帮助他们。

关键词: 自闭症儿童;认知;防治;安置

一、调研项目概述

儿童孤独症(自闭症)是广泛性发育障碍的一种亚型,以男性多见,起病于婴幼儿期,主要表现为不同程度的言语发育障碍、人际交往障碍、兴趣狭窄和行为方式刻板。约有3/4的患者伴有明显的精神发育迟滞,部分患儿在一般性智力落后的背景下某方面具有较好的能力。自闭症又被称之为"阿斯博格综合征",患者可能表现出怪异的行为,但这并不意味着患者的能力低下。通过研究发现,历史上其实有许多思想家如牛顿、爱因斯坦等人都患有不同程度的自闭症,同时,这也激发了人们对于研究自闭症与超常智力之间关系的好奇心。越来越多的学者和组织加入了相关研究。

近年来,有关儿童自闭症病例的报道逐渐增多,引起了全社会的广泛关注。2007年12月,联合会大会通过决议,从2008年起,将每年的4月2日定为"国际自闭症关注日",以提高人们对自闭症和相关研究与诊断以及自闭症患者的关注。从2010年上映的由李连杰、文章、桂纶镁主演的电影《海洋天堂》到一些公益宣传片,自闭症这一特殊的群体逐渐进入社会大众的视线。2013年,全球约有2170万人患自闭症,比例为千分之一到千分之二。目前,我国自闭症儿童约有164万人。在我国,每约166名儿童中就有1名是自闭症儿童。

保护自闭症儿童权益的政策和法律法规从一开始的空白到之后笼统模糊的规定,最后到逐步定义明确,经历了一段漫长的时期。目前,我国障碍儿童的教育方面虽然有政策可循、有法可依,但是法律法规还需系统完善,政策仍然需要不断改进。如何落实政策、依法办事,仍然是一大难题。值得欣喜的是,社会各方面的认识在提高、投入在增大。国家和政府给予自闭症儿童康复与教育越来越多的关注。在2006年《中国残疾人事业"十一五"发展纲要》中,自闭症首次被列为精神残疾类别;2008年,重新修订的《中国残疾人保障法》已然表明,国家保障包括了自闭症在内的广大残疾人士的康复、教育、就业与参与社会

生活的权利。由此,政府在政策法规方面对自闭症儿童的重视程度可见一斑。尽管如此,自闭症患者的权益保障仍严重缺失。我国各地经济、文化、教育发展水平并不均衡,甚至有较大差距,导致各个地区对自闭症的了解、重视和服务水平也参差不齐,甚至相差悬殊。

作为新时代的大学生,我们有义务和责任帮助社会上的弱势群体,尤其是自闭症儿童。希望通过我们的努力,积极地宣传国家关于弱势群体的帮扶政策,在培养当代大学生担当精神的同时加强社会责任感。这次"点亮心窗 让爱起航"关爱自闭症儿童社会实践调研,不仅帮助了自闭症儿童接触社会,同时也让当代大学生进一步接触社会、了解社会,增强社会实践经验。

二、调研初步结果及分析

(一)样本基本情况介绍

本次调研,电子版调查问卷共填写并收回 162 份,受访者中 18 岁以下占 9.26%,18~34 岁占 86.42%,35~50 岁占 2.47%,50 岁以上占 1.85%。发放调查问卷 200 份,收回 200 份,回收率 100%,有效问卷 200 份,其中,发放青年人 90 份,中年人 100 份,老年人 10 份。

针对自闭症儿童家长版的调查问卷共发放 50 份,收回 48 份。

此外,在调研时,我们还与自闭症儿童家长进行直接受访式访谈。通过与自闭症儿童家长的交流,可以获得第一手的、最真实、最有价值的资料。在访谈的过程中,调研队员都做好了记录,事后细心整理,为调研报告的分析提供可靠的、有价值的资料。

从调研对象对自闭症群体的了解程度看,绝大部分人都听说过自闭症,但是人们对自闭症的认识存在很大的不足,"关于关爱自闭症儿童的调查问卷(大众版)"第 4 个问题"您是否了解自闭症"的回答结果显示,有 52.47% 的受访者表示听说过但不了解,有 46.3% 的受访者表示了解一些,仅仅有 1.23% 的受访者表示没有听说过。第 6 个问题"您接触过自闭症儿童吗"的回答结果显示,只有 22.22% 的人接触过自闭症儿童。第 7 个问题"您对自闭症儿童的态度"的回答结果显示,48.77% 表示同情并愿意给予帮助,46.91% 表示不知道如何给予帮助,只有 4.32% 的人仅限于同情。以上数据结果表明当前人们对自闭症儿童十分关心,但对自闭症的科学认识还远远不够,宣传自闭症知识,帮助自闭症儿童群体,是刻不容缓的任务。

(二)当前自闭症儿童防治与安置问题及原因分析

(1)自闭症教育康复机构数量特别少,康复人员缺乏系统培训,专业水平参差不齐,运作资金也十分短缺,难以高效地为自闭症儿童康复提供更有效的保障。

(2)自闭症干预手段不权威、不统一。我国目前还没有专业机构给家长提供正确的或相对客观的指导和建议,很多家长只是道听途说,盲目尝试并不科学的治疗方法,更难以根据孩子的实际情况合理选择训练模式和方法。有些机构仍然在宣传和使用已经证实没有效果甚至有负面影响的手段。如何推进科学方法的引入和实践,是当前我国自闭症干预领域面临的首要问题。

(3)自闭症师资队伍有待提高。目前,我国自闭症机构师资队伍的稳定性、专业能力和职业满意度水平都在持续提高,但还需要国家加大对专业师资力量的投入,培养高水平的自闭症教育人才；建立对自闭症教师的资格认证体系；提高对自闭症教师的管理和待遇水平。

（4）大龄自闭症儿童安置问题。目前很多教育机构在招收学生的时候都有年龄的限制，稍微大一点年龄的自闭症儿童无处可去。

（5）特教学校和普通学校差异大，不同程度的自闭症儿童接受教育的程度不一样，有部分自闭症儿童会陷入选择特教学校还是普通学校的两难局面，难以得到适当的教育。

（三）自闭症儿童防治与安置的解决方案

（1）各地区应根据该城市自闭症儿童数量的需求建立自闭症教育康复机构中心。同一城市的同类机构可以联合起来，致力于开办大型的专业学校，扩大招生人数，同时也容易形成比较系统的教育培训机构。

（2）需要进一步加大救助资金的投入，充分挖掘现有社会资源，提高对自闭症患者的救助能力。同一地区或者同一城市的同类机构联合起来，这样可以解决小机构的资金问题，也可以解决患者上学难的问题。

（3）挖掘社会资源，设法增加自闭症救助机构。政府应该加大学龄前自闭症儿童教育的投入，加强对民办机构的管理，从整体上提高早期干预水平。

（4）探索多种救助方式，为自闭症患者提供多种不同方式的救助选择。政府应尽快加大自闭症干预工作的投入，制定相关目标、政策、法规，逐步完善自闭症的医疗、教育、康复体系，树立自闭症的正确观念。

（5）促进自闭症人士终身服务体系的建立和实施，完善大龄自闭症患者的养护工作。对大龄自闭症患者急需建立专门的福利体系。

（6）加强对自闭症的科学研究，联合民政及残联等部门对于经济困难的自闭症儿童家庭在康复过程中予以适当的经济补助。社会福利部门要根据自闭症患者的人员数量、分布状况和救助机构的承受能力等实际情况，制定相关救助计划和相应的法律法规。

（7）建议建立行业管委会，对我国当前从事自闭症康复教育工作的专业人员进行正规的资格认定、管理和监督，规范自闭症服务行业，引导其健康发展。

（8）应该健全干预体系、提高整体干预水平、加强机构管理、加强各相关行业有效衔接、建立行业统筹管理部门。

结束语

通过这次实践，团队不仅帮助了自闭症儿童接触社会，也能够让更多的人了解、接纳和帮助他们。实践中我们用爱心来帮自闭症儿童找回小朋友应有的烂漫笑容，让自闭症儿童对社会生活有初步的认识。这次社会实践让我们感触很深刻，长期以来，自闭症儿童是一个被边缘化的群体，人们对于自闭症缺乏了解，我们应正视这个群体，给予他们更多的关爱，让自闭症儿童感受到社会大家庭的温暖，并鼓励他们好好学习，让这些"星星的孩子"不再孤单。我相信命运在给这些"星星的孩子"关上一扇门的同时一定会开启另一扇窗，这些可爱的孩子们，在父母与社会的无尽关爱下，一定会有更加美好的明天。

参考文献

[1] 熊絮茸、孙玉梅.自闭症儿童融合教育现状调查、困境分析及家庭参与的探索[J].内蒙古师范大学学报(教育科学版),2014(04):54-58.

[2] 五彩鹿自闭症研究院编著.中国自闭症教育康复行业发展状况报告(Ⅱ)[R].华夏出版社,2017.

[3] 张继华.自闭症儿童发展的重要环节[J].儿童大世界(上半月),2017(6):17-19.

[4] 苏敏、倪赤丹.深圳自闭症者家庭社会排斥现状研究[J].深圳职业技术学院学报,2015,14(03):54-60.

[5] 五彩鹿儿童行为矫正中心.中国自闭症儿童的发展与现状报告:中国自闭症教育康复行业发展状况报告[R].北京师范大学出版社,2015.

"点亮心窗 让爱起航"

关爱自闭症儿童社会实践调研团队基本信息

团队指导老师:张钟月、于珊

团队队长:程梦

团队成员:刘春生、张金龙、鲁阳、林悦涵、张彭菲、盛敏、于燕珂、艾照静、张亚迪

附件1:调查问卷

关于关爱自闭症儿童的调查问卷(大众版)

您好:

感谢您抽出时间来完成本次调查活动以及对大学生社会实践的支持,本调查不需要填写姓名,请在下列问题中选择您认为最合适的答案即可,调查问题如下。

1. 您的性别(单选)

　　A. 男　　　　　　　B. 女

2. 您的年龄是?(单选)

　　A. 18 岁以下　　　B. 18～34 岁　　　C. 35～50 岁　　　D. 50 岁以上

3. 您是否听说过自闭症(单选)

　　A. 是　　　　　　　B. 否

4. 您是否了解自闭症(单选)

　　A. 觉得自己了解一些　　　　　　B. 听说过,但不了解

　　C. 没有听说过

5. 您认为自闭症康复可以融入社会吗?(单选)

　　A. 可以　　　　　B. 不可以　　　　C. 不好说

6. 您接触过自闭症儿童吗?(单选)

　　A. 没有　　　　　B. 有

7. 您对自闭症儿童的态度(单选)

　　A. 同情,并愿意给予帮助　　　　　B. 同情,但不知道如何给予帮助

　　C. 仅限于同情　　　　　　　　　　D. 无所谓,不关自己事情

8. 您认为自闭症儿童会有哪些表现（多选）

　　A. 不与他人交流，目光不与人对视，不能和别人配合做事

　　B. 经常发脾气，在公共场所可能侵扰他人

　　C. 语言、行为刻板，理解能力落后，没有正常儿童的注意力，多动

　　D. 智力低下

9. 您是否赞同社会上多开展一些活动来帮助自闭症儿童？（单选）

　　A. 赞同　　　　　　　　B. 不赞同

10. 如果有机会参加帮助自闭症儿童的活动，您愿意参加吗？（单选）

　　A. 愿意　　　　　　　　B. 不愿意

11. 您是否愿意自己的孩子和自闭症儿童交往？（单选）

　　A. 很愿意，希望能够帮助他们

　　B. 不愿意，他们精神不太正常，怕给孩子造成不良影响

　　C. 看情况，但一般不会主动

12. 自闭症儿童能够和正常儿童一样接受教育吗？（单选）

　　A. 可以，适当多关注一下　　　　　　　　B. 不可以，应该特殊教育

　　C. 不好说

13. 您认为自闭症儿童及其家庭在那些方面更需要被重视？（多选）

　　A. 精神关爱　　　　B. 经济资助　　　　C. 医疗保障　　　　D. 教育资源

14. 您是否觉得政府应该给予自闭症儿童特殊帮助？（单选）

　　A. 是　　　　　　　　B. 否

15. 您认为社会和政府应该为自闭症儿童提供哪些帮助？（多选）

　　A. 提供免费医疗服务

　　B. 普及自闭症知识，让大众更加了解自闭症

　　C. 定期组织慰问活动

　　D. 其他

16. 对于帮助自闭症儿童，您有什么好的建议吗？

感谢您的支持与配合！

2017 年 7 月

关于关爱自闭症儿童的调查问卷（家长版）

1. 您的性别（单选）

　　A. 男　　　　　　　　B. 女

2. 您的职业（单选）

　　A. 大学生　　　　B. 老师　　　　C. 工商个体　　　　D. 其他

3. 您孩子的年龄（单选）

　　A. 0～5 岁　　　　B. 6～10 岁　　　　C. 11～15 岁　　　　D. 16 岁以上

4. 您是否接受过社会或他人的帮助?

    A. 是　　　　　　　　B. 否

5. 您的孩子有哪些兴趣爱好?

_____

6. 您的孩子在生活与学习中有哪些行为表现?

_____

7. 您希望您的孩子受到社会怎样的对待?

_____

    感谢您的支持与配合,祝您的家庭幸福美满!

2017 年 7 月

留守老人收养脑瘫儿童的家庭寄养新模式调研
——以山西省西张吴村为例

王亚迪团队　指导老师：董文芳　李传高　曹玉霞　芦燚

摘　要：家庭寄养是指福利院在保留孤残儿童户籍的前提下，把一部分孤残儿童寄养到农户家中，使儿童感受到家庭的温暖。而西张吴村是全国唯一一个民办共筹的家庭寄养村，寄养了126名脑瘫儿童，这也是全国唯一一个将留守老人和脑瘫儿童的养育问题有效解决的村子。"笙磬同音——留守老人收养脑瘫儿童的家庭寄养新模式"调研团队通过走访、发放问卷和与相关负责人聊天等多样形式，全面、详细了解了当地家庭寄养的发展现状。

关键词：家庭寄养；脑瘫儿童；留守老人；西张吴村；儿童福利事业

一、调研项目概述

随着现代社会的发展，全国整体经济水平提高、城市化进程加快，但在这个过程中也产生了许多棘手的社会问题，其中留守老人现象尤其引人关注。随着我国老龄化问题日益突出，预计到2050年，我国临终无子女的老年人将达到7900万左右，独居和空巢老年人将占54%以上。根据调查显示，在留守老人中存在心理问题的比例达到60%。而达到疾病程度，需要医学关注、心理干预的留守老人，比例占到10%～20%。而解决这些老人心理问题的关键就是解决老人精神生活贫乏的问题。国家已经开展了帮助留守老人调整生活方式的活动，帮助他们参与各种社会活动和公益性活动，为老人的子女回家看望老人提供便利，组织老人参与集体娱乐活动来逐步减少对子女的依恋状态等等措施，但是留守老人的问题依然不能得到很好的解决。

而在社会上，还有这样一群儿童，他们因为先天或者后天的原因不幸患上脑瘫。据了解，全国大约有500万脑瘫儿童，并以每年4.6万的速度增长。而且，对于脑瘫儿童的治疗和长期养育也是一个难以解决的实际问题。据调查统计，一名脑瘫患儿一生对家庭与社会造成的经济压力高达50多万元，而在导致贫困的诸多因素中，因病致贫、因病返贫占30%，个别地区高达60%左右，这对于一个普通家庭而言无疑是一个巨大的负担。在这些孩子当中，得到妥善安置和有效治疗的却不到10%，他们的康复和养育问题是目前急需解决的问题。而西张吴村留守老人养育脑瘫儿童的做法无疑会在社会上引起广泛影响，这不仅使留守老人的生活多了些许期盼，也让脑瘫儿童感受到亲人的温暖。

西张吴村是全国首例实行让还具有一定劳动能力的留守老人来看护这些需要人长期护理的脑瘫儿童的村子，又名"寄养村"，这也是至今全国唯一将留守老人和脑瘫儿童养育这两个问题有效解决的村子。2009年11月，西张吴村接受了省、地、县及民政部门的授牌仪式，启动了家庭寄养新模式。由7户12名孤残儿童发展为40户126名孤残儿童，其中绝大部分为脑瘫儿童,需要人员全天候看护。

调研团队随机对村内抚养残障儿童的人进行问卷调查,发放问卷 40 份,回收问卷 38 份,有效问卷 38 份,调研率 95％,退访率 5％。此外,调研团队还通过实地走访、与留守老人进行访谈等多样的形式,全面、详细了解了当地家庭寄养的发展现状。

调研团队期望通过这次调研,让脑瘫儿童体会到社会对他们的关爱,感受到他们并没有被遗忘和忽视,有助于脑瘫儿童自身价值的实现,让他们认识到生命的价值,乐观地生活下去。教给老人一定的康复知识,让老人在日常生活中对脑瘫儿童进行康复训练,有助于孩子们的早日康复。与此同时,调研团队期望给老人们的生活带来新鲜元素,让老人们知道自己的力量虽小,却能给很多人带来希望,以鼓励老人们的积极性。通过物资捐助活动,解决脑瘫儿童的部分物资短缺问题,减轻老人的经济压力。最后,调研团队希望社会上的人能对留守老人和脑瘫儿童给予更多的关注和支持,引发更多的人对家庭寄养模式的思考。

二、调研初步结果及分析

(一)留守老人收养脑瘫儿童的家庭寄养现状

1.调查对象年龄分布显示,留守老人多在 50 岁以上

调查问卷第 2 个问题"您的年龄"的回答结果显示,调研对象年龄都在 50 岁以上,其中,51～60 岁的占 24％,60 岁以上的占 76％,调研对象中年龄最大的 83 岁(见图 1)。总体而言,抚养残障儿童的大多数是老人。

2.多数留守老人所在家庭寄养了多达 3 名残障儿童

调查问卷第 3 个问题"您家里寄养了几名脑瘫儿童"的回答结果显示,60％的留守老人所在家庭中寄养了 3 名残障儿童,约 24％的留守老人所在家庭中寄养了 2 名残障儿童,约 16％的留守老人所在家庭中寄养了 1 名残障儿童(见图 2)。从统计数据可以看出,收养 3 名残障儿童的留守老人家庭居多,这充分说明,目前西张吴村的家庭寄养模式实施比较顺利,这些爷爷奶奶任劳任怨,把残障儿童视为自己的亲人,默默奉献着自己的爱心。

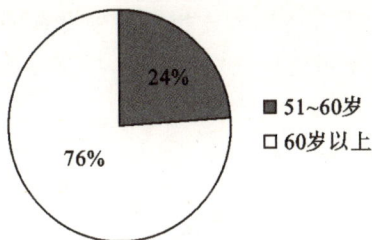

图 1　调查对象年龄分布　　　　图 2　寄养残障儿童数量分布

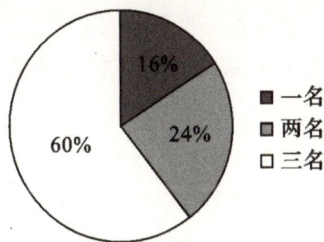

3.孩子的残障类型以智力障碍居多,也就是我们常说的脑瘫儿童

调查问卷第 4 个问题"孩子的残障类型"的回答结果显示,西张吴村里的残障儿童存在肢体障碍、智力障碍、语言障碍、视觉障碍等一种或多种病症,其中智力障碍最多,约占 95.8％,语言障碍的约占 87.5％,肢体障碍约占 78.7％,视觉障碍的约占 5.3％(见图 3)。这一结果说明,这些残障儿童中大多数为脑瘫儿童。

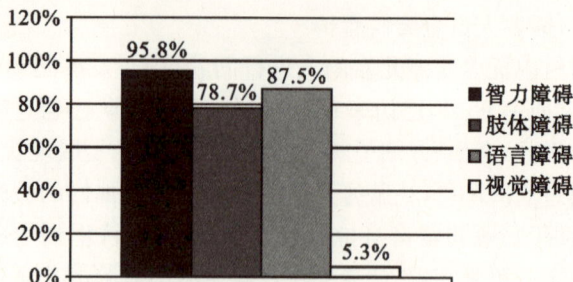

图3　儿童残障类型统计

4. 留守老人收养脑瘫儿童的家庭寄养新模式开始于 2009 年,近年来稳步推进,有越来越多的留守老人家庭加入到抚养脑瘫儿童的队伍中来

调查问卷第 5 个问题"您从什么时候开始抚养脑瘫儿童的"的回答结果显示,大多数抚养者表示自己是从大约六七年前开始抚养脑瘫儿童,最早的是从 2009 年开始,最晚的是在 2016 年开始。从大跨度的时间上可以看出,家庭寄养模式逐渐被西张吴村的村民所接受,有越来越多的家庭愿意接受这样的孩子,愿意承担起这样一份责任。

5. 留守老人家里收养脑瘫儿童对自己的孩子成长没有任何负面影响

调研团队通过走访收养脑瘫儿童的留守老人家庭,他们都表示在家里抚养脑瘫儿童对自己的孩子成长没有任何负面影响,并有大多数抚养者表示自己家的孙子或外孙都和自己的儿女在外地生活,由此可见,这些老人都是无亲人陪伴的留守老人,他们常年独居,收养一个孩子既提高了他们的社会价值,也让身边有一个陪伴的人。

6. 留守老人收养脑瘫儿童的初衷大多是献爱心和精神陪伴

调查问卷第 7 个问题"您收养脑瘫儿童的初衷"的回答结果显示,97%的收养家庭表示是因为出于对爱心公益的支持,觉得他们实在是太可怜了;94%的家庭表示是出于精神陪伴,他们多是留守老人,子女长期在外打工或居住,不能时常陪伴在老人的身边,使得老人生活孤单,有脑瘫儿童做伴,对他们来讲是一种必要的精神满足;只有 3%的家庭表示可以获得经济补助(见图 4)。其实这也无可厚非,收养脑瘫儿童需要花费巨大的时间、精力、耐心、细心,这些都需要有必要的乃至充足的物质支持作为支撑。如果没有经济上的支持,留守老人收养脑瘫儿童这种家庭寄养新模式不可能持续发展下去,昙花一现的可能性也是存在的。

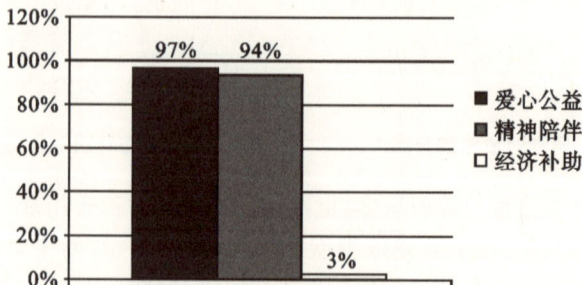

图4　收养脑瘫儿童的初衷分析

7. 多数留守老人每天照顾脑瘫儿童的时间在 6 小时以上

调查问卷第 9 个问题"每天照顾脑瘫儿童花费多长时间"的回答结果显示,53％的需要花费 6 小时以上照顾脑瘫儿童,26％的需要花费 4～6 个小时,13％的需要花费 2～4 个小时,8％的需要花费 1～2 个小时(见图 5)。一般而言,残障程度越严重,需要花费的照顾时间就越长。由于大多数残障儿童属于脑瘫儿童,在智力上发育比较迟钝,因此需要花费更多的时间,让他们练习、记住、学会每一个动作或行为。

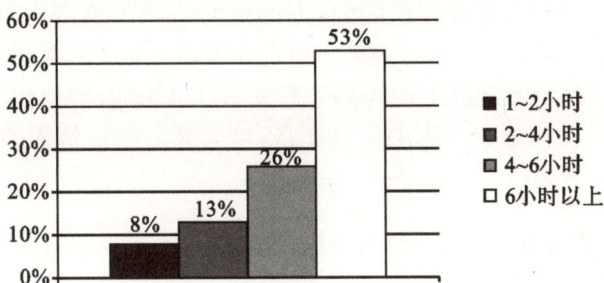

图 5　每天照顾孩子时间统计

8. 留守老人在抚养过程中遇到的困难多集中在沟通交流不便、药物治疗缺乏,也有部分留守老人遇到自己的子女不理解的情况

调查问卷第 12 个问题"您在抚养过程中遇到最大的困难是什么"的回答结果显示,99％的选择药物治疗,这些孩子都需要大量的医疗药物和康复训练,但由于条件匮乏,不能得到有效的治疗。98％的选择沟通交流,因为这些孩子什么都听不懂,尽管如此,绝大多数留守老人平时不会轻易对孩子发脾气,而是尽心尽力照顾脑瘫儿童,把他们当作自己的孙子、孙女看待。当然,抚养智力正常儿童的留守老人也都表示,在平时的学习生活中,如果他们犯错,自己也会适当地进行批评教育。16％的选择家人理解,这说明也有部分留守老人遇到自己的子女不理解的情况,还有 3.5％的选择经济补贴(见图 6)。

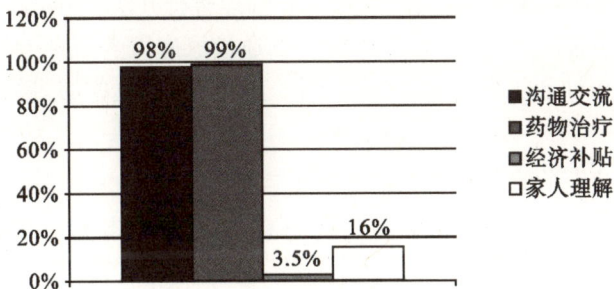

图 6　抚养过程中的困难统计

(二)西张吴村家庭寄养存在的主要问题

1. 寄养家庭的选择缺乏合理标准

寄养家庭寄养的残障儿童多为 2～3 名,数量偏多,使得孩子们不能得到周到细致的照顾,并且家长多为 60～70 岁的老人,行动能力受限,对脑瘫儿童的照顾能力有限。寄养家庭的环境、氛围、生活水平等各种因素都会影响被寄养儿童的健康成长。

2. 寄养家长的护理技能急待提高

对孤残儿童的健康和康复训练是家庭寄养应承担的重要任务之一。寄养村的康复医疗条件欠缺，主要依靠市里的医院和儿童福利院深入家庭进行康复检查和指导，对残障儿童的康复治疗不能进行实时跟踪。因此应加大专业人员如社会工作者、护士、治疗师等人力的投入，对寄养家长进行专业技能的培训。

3. 寄养关系中断的情况严峻

家庭寄养过程中时常会面临寄养关系中断的情况。所谓"寄养中断"是指被寄养儿童与寄养家庭之间由于一些社会因素或家庭本身的因素而导致寄养关系的破裂。寄养关系中断一方面不但给已经习惯家庭生活的孩子造成不良的影响，即他们不得不再一次面对集体式的生活或再一次熟悉新的寄养家庭生活；另一方面也会给寄养家庭带来失落感。这是对被寄养儿童和寄养家长之间亲情的剥夺。

三、西张吴村家庭寄养新模式可持续发展的建议

（一）对寄养家庭的选择始终牢牢遵循"以孤残儿童为本"的原则

家庭是儿童养育的最佳场所，为了促进孤残儿童的人格发育和健康成长，要推动儿童养育工作的家庭化、亲情化和社区化，实现孤残儿童回归家庭、融入社会的目标，逐步构建以家庭为基础、以社区为依托、以机构为补充的儿童福利工作体系。基于此，应遵循"以孤残儿童为本"的原则，坚持儿童利益优先，通过结构式访问和非结构式访问等资料收集的方法对申请寄养的家庭进行评估，主要考虑家庭内部因素和家庭外部因素，如家庭经济因素、父母的抚养能力、家庭寄养地区的风俗习惯等，将寄养家长的年龄要求提高至 55 岁以下，以保证孩子们能够得到更好的照顾。

（二）对寄养家庭培训工作的深层次介入

家庭寄养工作是一门技术性很强的工作，寄养家庭或寄养家长的专业技能直接影响孤残儿童的身心发展和康复效果。在《家庭寄养管理暂行办法》中明文规定家庭寄养服务专员必须具备专业技能，家庭寄养服务机构可以通过家庭寄养服务专员向寄养家长提供专业培训。可以利用社会各界的力量在村中建立专门的康复中心，邀请专家为他们提供康复技能培训等。

（三）加强寄养中断的预防性介入和再安置准备

家庭寄养工作一个关键的问题就是寄养中断，对于家庭寄养工作中断问题主要可以从两个方面进行解决。

一是预防，充分做好家庭寄养工作开展前的准备工作。主要包括社会工作者应对被寄养儿童的生理和智力做出准确科学的评估，并依据儿童的实际情况寻找合适的寄养家庭；依据寄养家庭的要求选择合适的儿童作为寄养对象；全面收集寄养家庭的信息，为孩子选择环境优良、氛围良好的家庭作为代养点。

二是及时做好再次安置工作。依恋理论认为一旦孩子与家长之间建立良好的关系，被寄养儿童就会形成安全感。这种安全感可以促进儿童认知的发展，对生活充满期待，一旦寄养工作中断会对儿童身心发展带来负面影响，儿童会觉得自己又一次被抛弃或拒绝，

从而形成恶性循环,最终阻碍他们的社会性的发展。因此应寻求继续维持寄养家庭关系的寄养模式,建立系统的评估体系、监控体系和社会支持系统,减少家庭寄养关系中断的发生。

参考文献

[1] 王素英.从家庭寄养看中国儿童福利事业发展趋势[J].民政论坛,2001(02):3-4.

[2] 张明亮.丽日出尘蒸蒸日上——大有可为的中国儿童福利事业[J].社会福利,2006(11):4-5.

[3] 王晨光.农村家庭寄养模式探讨[J].中国民政医学杂志,1999(2):5.

[4] 章淑萍、鲁容芳、张诚学.城市孤残儿童家庭寄养模式的探讨:上海的经验与启示[J].民政论坛,2001(6):5.

[5] 张诚学.英国、香港、上海家庭寄养比较[J].社会福利,2003(10):5-6.

[6] 孤残儿童被寄养村民家中条件恶劣如监狱[J].神州,2005(10):12.

[7] 李细香、阳海霞.社会工作介入孤残儿童家庭寄养工作的空间[J].社会工作(学术版),2011(02):12-13.

"笙磬同音——留守老人收养脑瘫儿童的家庭寄养新模式"调研团队基本信息

团队指导老师:董文芳、李传高、曹玉霞、芦燚

团队队长:王亚迪

团队成员:张璐璐、韩茹、吕洪帅、陈浩然、李书磊、令旭、史超、李尉源、罗佳、刘嘉诚

附录:

"笙磬同音——留守老人收养脑瘫儿童的家庭寄养新模式"调研团队调查问卷

尊敬的西张吴村村民:

您好!我们是"笙磬同音——留守老人收养脑瘫儿童的家庭寄养新模式"调研团队,正在进行一项关于西张吴村家庭寄养新模式的发展现状的调研。

本次调查问卷采用匿名的形式,不会泄漏您的个人信息。

感谢您对我们的支持,祝您及您的家人健康幸福!

一、为保证调研结果的真实性,请如实填写以下个人信息资料

1.您的性别:男□　女□

2.您的年龄:40 岁以下□　41～50 岁□　51 岁～60 岁□　61 岁以上□

二、请仔细阅读下列问题,然后在符合自己真实情况的选项上划"√"

3.您家里寄养了几名脑瘫儿童? 一名□　两名□　三名□　其他□

4.孩子的残障类型? 肢体障碍□　智力障碍□　语言障碍□　视觉障碍□

5.您从什么时候开始抚养脑瘫儿童的? _____

6.家里的脑瘫儿童会对自家孩子有影响吗? 有□　无□

7.您收养脑瘫儿童的初衷(可多选)? 爱心公益□　经济补助□　精神陪伴□

8.您会把希望寄托在孩子的康复上吗? 会□　不会□

9. 每天照顾脑瘫儿童花费多长时间?

　　1小时左右□　2小时左右□　3小时左右□　6小时以上□

10. 您的家庭年收入为(　　　)

　　5000元以下□　5000~10000元□　10000~20000元□　20000元以上□

11. 在照顾孩子的过程中,您是否发过脾气? 是□　否□

12. 您在抚养过程中遇到最大的困难是什么?(可多选)

　　沟通交流□　药物治疗□　经济补贴□　家人理解□　其他＿＿＿＿＿＿＿

13. 您是否有过送走孩子的想法? 是□　否□

14. 您认为政府应该对脑瘫儿童采取什么样的帮扶措施?

　　＿＿＿＿＿＿＿＿＿＿＿＿＿＿＿＿＿＿＿＿＿＿＿＿＿＿＿＿＿＿＿＿＿

大学生短期支教的影响调研
——以临沂市玉山镇水官新村为例

张守萍团队 指导老师：王绍芳 蒋育忻

摘 要：调研团队结合自身实践和走访获取的信息，对大学生短期支教对水官新村的影响等问题进行跟踪调查，深入了解该地区居民、学校、孩子以及社会各界人士对于大学生短期支教的看法，并找出支教中存在的问题。并就相关问题提出相应的解决方案和建议，希望能为今后全国各地区的大学生短期支教提供有借鉴价值的建议。

关键词：大学生；短期支教；水官新村；志愿服务

一、调研项目概述

自 2006 年"三支一扶"计划开展以来，大学生短期支教逐渐兴起。山东省作为人口大省，有农村人口居多、教育资源分布不均衡、城乡教育差异大等突出问题。为了响应共青团中央、教育部的号召，为国家农村落后地区的教育贡献力量，越来越多的大学生投入到短期支教的队伍中来，不仅为农村地区教育事业注入新鲜血液，也对当地受教学生产生了巨大影响。

"心系三农 爱洒玉山：大学生短期支教的影响"调研团队前往临沂市玉山镇水官新村及其周边生产、生活、经营的居民区，开展了短期支教活动，并就大学生短期支教的影响展开了调研。调研团队以社会学研究方法为基础，利用问卷调查的方式向玉山镇学生以及其他群体分别发放大学生短期支教影响的相关调查问卷，将问卷集中处理分析，多角度多层面地了解孩子们的成长、教育、心理现状与需求，以及该地区居民、学校以及社会各界人士对大学生短期支教的看法，并找出支教中存在的问题，并就相关问题提出相应的解决方案和建议，希望能为今后全国各地区的大学生短期支教提供有借鉴价值的建议。

本次调研，总计投放对学生的调研问卷 90 份，对学生以外的群体的调查问卷 47 份，总计 137 份，回收有效问卷 135 份，有效回收率达到 98.5%。调查问卷当场填写并且回收。调查问卷有定向选择和开放性问题。内容涉及个人基本情况、对支教的看法、对支教的建议、对支教的需求的四个方面。每个调研对象的答卷时间约为 10 分钟。

二、调研初步结果及分析

（一）调研地区基本教育情况

本次调研主要以山东省临沂市临沭县玉山镇为样本，实地调研水官新村及其周边村庄居民对大学生支教的看法以及体会。玉山镇位于山东省临沭县县城东北部 20 千米处，东与江苏省赣榆区毗邻，北与莒南县接壤，为两省（山东省、江苏省）三县（临沭、赣榆、莒南）交界处。全镇辖 20 个行政村，32 个自然村，共有 3.2 万人，总面积 60 平方千米，耕地面积 3.96 万亩,经济林面积 2.8 万亩,有大小山头 72 座,水库塘坝 120 处,属典型的低山丘陵地形。调研团队调研的东官小学离县城较远,出行时间较长。学校一共只有一栋教学楼,一到六年级分处教学楼的一二两层。教室里设施较为陈旧,水泥地面容易积尘,而且没有配备风扇,夏季上课酷暑难耐,非常艰苦。但是教室也配备有多媒体设施,学校不大,却也配备了四张乒乓球台供学生娱乐锻炼。学校老师教学严谨认真,尽可能给予学生良好的教育环境。

(二)当前大学生短期支教存在的问题分析——以临沂市玉山镇为例

1.大学生短期支教存在一定的被动性、功利性

大学生暑期短期支教活动的目的是支援基层教育事业,同时,使大学生能够正确地认识自我、完善自我,了解社会、服务社会,提高自身的综合素质。但从短期支教队伍的组成原因上来看,有出于学校规定的社会实践需要,有响应社会公益团队的号召,有支教当地的招收需求。有调查显示,目前掀起的大学生短期支教热潮中,83.6％的大学生支教队伍都是为了完成学校的社会实践需求,部分短期支教活动脱离了实际支教目的,偏离了大学生社会实践活动的宗旨,团队不会进行认真的组织动员和检查验收,只交一份学校鉴定证明已完成实践即可。另外,有调查显示,95％的学校要求学生完成相应的社会实践学分,其中 95％的学校规定该学分不能通过其他方式获得,相对而言,这部分大学生的参与动机具有被动性、妥协性和功利性。

2.支教团队缺乏系统筛选、培训

各个团队在支教过程中会遇到一些共通的问题,比如支教安全问题,各年级教育教学需要注意的方式方法,情绪管理等问题。尽管在支教过程中有各种应对方案,但这些复杂的共性问题仍会一直存在。

另外,参加学校支教活动的成员往往由大一大二的新生组成,而且作为非师范类学生,教学经验几乎为零。在教学经验欠缺的情况下,无法正确满足不同地区孩子们的需求,无法掌握当地老师的教学方式方法,导致支教内容与学校老师教课内容有冲突。有亲身经历的学生表示,刚开始支教时,一时无法适应从学生到老师的转变,站在讲台上,不知道如何将所学转变为所用,对于授课内容的快慢以及授课重点难以把握,对于课堂纪律也没有良好的控制能力,在大学生支教过程中,更多的是与学生互动游戏,寓教于乐,但是缺乏系统的教学。

3.大学生支教前期准备不充分

首先,支教团队未能与支教小学取得直接的联系或得到当地教育直管部门的批准,导致支教开展有难度。其次,很多支教大学生都是利用寒暑假进行支教,在支教前期,由于要准备期末考试等原因,团队在备课方面的准备往往不足半月,在教学期间匆忙应付,出现边备课边授课的情况,甚至发生临场授课,冷场甚至失控的情况。再次,对学生接受能力和当地教学状况不了解,支教团队也难以把握支教课程时间和数量的安排,导致教课时不能充分把握课程量和课程进度,从而引发提前教完课程或者课程来不及展开的尴尬境遇。最后,由于偏远地区设施条件简陋的原因,部分支教大学生在支教过程中会出现水土不服或生活习惯上的问题,对教学进程造成影响甚至中断教学。这就要求支教的大学生不仅需要备好课,还要锻炼好身体,以面对支教中出现的各种突发状况。

4. 大学生支教队伍授课方式对学生后续学习的影响分析

在走访居民的过程中我们得知,家长对我们支教团队的简单需求就是希望能够教给孩子一些课本上的知识以帮助他们提高学习成绩,同时因为受教育的学生多以小学生为主,他们也希望支教大学生能在授课过程中,多一些故事性和游戏模式的教学,能够提高孩子的学习兴趣。

家长的需求也促使现在的支教团队选择更加多元的授课模式,也因为没有成绩测评和升学指标的压力,支教大学生的教课方式往往较为轻松,多是与孩子进行游戏、互动交流,以开拓学生的视野为基础目的,而学校的教学目的往往以提高学生学习成绩,考取好的中学和高中为核心。相比较素质拓展,文化课的学习是他们的授课核心。有学生表示他们的体育课音乐课老师甚至就是他们的数学课老师,相应地他们的体育课音乐课等综合性课程也就变成了数学课或者语文课的加课,这与他们在假期中的学习环境大相径庭。

大学生支教的社会需求是对教育基础薄弱的地区进行教学资源的补充,但是支教队伍往往是利用寒暑假的时间进行教学,这样便很难与当地学校的老师进行有效沟通,支教队伍既不能了解该学校老师授课的方式方法,当地的老师也无法与支教学生建立教学互动的桥梁,无法根据支教团队的新的教学理念来调整或者改进自身的教学方案。支教团队通常只能在该地区教课两周左右,对学生而言很可能只是一场暑期夏令营,很难对当地的教育水平起到促进作用。只有真正扎根于当地教学的在校老师,才是推动当地教育事业迈步向前的领头人。

在调查中我们发现,支教团队在假期支教活动中一般是和学校领导进行沟通,学校领导在教学地点和设备可以给予一定的支持,而在校老师一般不会与支教团队成员碰面,也没有联系和沟通。支教团队只能依据自身特长去开展课程,不能抓住当地学生的学习特点,这给支教带来新的问题和阻力。大学生轻松的教学方式在正式开学后与本班老师的教学不相适应,本班老师再花时间把孩子们带回原来的状态。这样的支教活动,也仅仅就是一场活动,很难给当地教育环境带来真正的帮助或者改变。大学生支教应该增加与学校老师的互动交流,从经验分享中共同反思与总结,将支教变得更具有实际意义。

5. 支教安全也是需要重视的一个问题

支教过程中一个非常重要的问题就是安全。不仅仅是学生在学校或者上学途中的安全,也包括我们支教队员的人身和财产安全,在这些方面,村委和学校负责人也或多或少承担着一些责任,所以这也是大家所共同关注的问题。在这次支教活动进行之初,我们团队所有成员与支教地所在村委、学校和学生家长在多次沟通的基础上,分别签订了得到彼此认可的《安全承诺书》。《安全承诺书》的核心内容有以下几点:一是支教活动的自愿性和公益性;二是支教团队成员必须购买人身意外伤害保险,支教过程中出现的一切意外事故、一切意外伤害都由志愿者本人承担;三是支教地所在村委、学校和学生家长有责任为支教团队提供必要的安全保障,比如为支教团队成员提供居住场所等;四是严格遵守国家法律法规、支教所在中小学的规章制度,以及大学生社会实践规章制度。

由于在策划这次支教活动之前,我们团队并没有认识到《安全承诺书》的重要性以及支教地方对《安全承诺书》的重视程度如此之高,使得这次签订的《安全承诺书》无论是在内容上,还是在出现安全纠纷后的责任划定和处理等方面上,都存在一定程度的问题。而且,协商确定《安全承诺书》的过程还一度影响了团队的后续实践教学安排。

6. 支教大学生的教学管理能力有所欠缺

当他们第一次站上讲台,成为一个班级的老师时,很难在学生中树立起师者风范。随着支教成员年龄的年轻化,学生也把大学生称作为他们的哥哥姐姐。这种关系上的亲近,在面对教学中的纪律问题时,会给支教大学生带来很大困扰。孩子因为亲近的关系,往往会做出一些更加大胆的行为,变得更加调皮与不可控,嬉戏打闹不听教师的话,给正常的教学工作造成影响。

面对这种情况,缺乏教学管理经验的大学生往往也会变得手足无措。面对顽皮的小学生,他们既严肃不起来,也无法施以有效管教。说理不听,又没有有效地惩戒措施,给课堂环境带来更多不可控因素。大学生在教学管理上未受到过专门的培训和指导,面对此类情况往往很无奈,无从下手,从而导致支教过程当中上课纪律差,常常将教室弄得一团糟,影响教学效果。这也对支教的大学生提出了更高的要求,需要他们能够合理地控制好课堂氛围,课下是学生的益友,课上是学生的良师。

7. 支教团队缺乏后期信息反馈与跟进

支教活动的结束,不会是车子驶离支教地点的那一刻,也不会是写完实践报告的那一刻。无论是支教地区的孩子,还是大学生支教团队的成员,这短短的支教时间都会给他们留下深刻的回忆。但是迫于学业与就业的双重压力,大学生往往难以抽出时间与支教地的老师进行长时间的信息互通与后期交流。而支教地区的偏远落后,也导致学生很难将自己的现实困难及时传递给支教的老师。这就导致了支教的大学生不能清楚地掌握孩子们的知识掌握情况。很多大学生也是第一次参与支教,教学经验有很多欠缺,教学的方式方法可能存在很多问题。只有对后期教学效果进行跟踪调查,大学生才能以此作为依据对自己的教学计划和方案做出相应的调整。如果缺少了这一步骤,下一次换一个团队换一个村庄,教学上的错误还将继续影响教学效果。

8. 受教学校担心支教结束后,校方的正常教学将受到严重影响

访谈中调研团队发现,对于接受支教的学生,其中80%认为自己在支教课堂上学到了知识,绝大多数的学生表示喜欢大学生教学,对于他们寓教于乐的授课方式表示认可,并且希望能够再次参与支教活动。有部分学生在体验了大学生老师倾向于素质拓展的教学后,将自己学校更注重考试成绩的老师与之相比,会形成一种落差。另外,在支教过程中,大多数大学生在支教过程中往往会教授学生下一学期的课本内容,这样一种接近于免费补习班的形式,会给没有参与支教的当地学生带来压力。而受过支教教学的学生又容易对新学期的课有骄傲自满的情绪,学生反而难以进入学校的学习状态,这反倒是给教学师资力量本来就比较薄弱的山区学校带来更大的压力和更多新的问题。

三、解决大学生短期支教存在问题的建议

(一)把重点更多地放到支教的实际效果以及跟踪调查上

目前,国家对大学生支教的关注点依然是前期策划以及后续的调查报告。这就容易导致支教团队过于专注于文案工作而忽略实际教学效果,也轻视了对支教后期信息的反馈跟进。国家在政策方面可以加强对中期支教过程的采访报道;对支教地区的学生进行

组织回访,安排大学生与支教地区进行信息交流和信件往来;鼓励大学生对支教地区采取长期关注的方式,将支教过程的后续影响放到考核支教效果的大纲中去,完善支教评价机制。

（二）加强支教地区教师与支教团队的联系

在支教活动的过程中,应该让支教地区的老师和支教大学生紧密联系起来。让支教大学生向当地教师吸取经验,了解怎样维持课堂秩序,怎样安排课程时间,对班级学生的具体学习和生活情况有一个初步了解,以便之后支教工作能够循序展开。当地教师也可以旁听支教大学生的模拟教学,从中发掘出闪光点和新颖突出的地方予以交流和学习。双方相互借鉴,共同推动当地教育水平的进步。

（三）做好支教安全教育工作

支教活动应把安全作为首要任务,安全工作是重中之重,学校应该高度重视,相关组织和单位也应提前考虑好支教学生的食宿问题,既不能铺张浪费也不能马虎对待,尽可能提供最合适的食宿条件。在支教过程中,大学生也应当同当地学校和村委会保持密切联系,协调好参与支教的孩子上学放学途中的安全责任问题。相关人员也应该划清责任范围,共同努力,做到有备无患。当地学校也应提醒支教团队相应的安全事项,注意财产安全和设备安全。全程做好安全措施,保障支教活动的顺利进行。

（四）对支教大学生进行系统培训

各高校可以成立由培训教师资格证的教师和法学老师、心理学老师以及上一届参与过支教活动的优秀学生所组成的专业培训团队,对应届支教学生在支教过程中所面临的共性问题进行专业培训,形成一套完备而专业的应对方案。

参考文献

[1] 张艺、花俊国. 大学生短期支教中对农村学生心理状况的调查与思考——以甘肃省平凉市崇信县为例[J]. 成都师范学院学报,2016(05):50-54.
[2] 袁亚婕. 大学生短期支教志愿者培训设计[D]. 上海师范大学,2014.
[3] 卢宁. "互联网+"大学生支教活动教育功能的开发[J]. 中国成人教育,2017(03):77-79.
[4] 文军、顾楚丹. 基础教育资源分配的城乡差异及其社会后果——基于中国教育统计数据的分析[J]. 华东师范大学学报(教育科学版),2017(02):33-42,117.
[5] 张针铭、胡亚琳. 大学生支教志愿服务活动的若干思考[J]. 思想教育研究,2016(07):104-107.

"心系三农 爱洒玉山:大学生短期支教的影响"调研团队基本信息

团队指导老师:王绍芳、蒋育忻
团队队长:张守萍
团队成员:张畅、李鹏、付童童、李晴生、赵杰、余昊泽、杨俏、孙栋林、梁鑫宇、王德朝、鲍康秀、蒋宝凤、丁雪、沈扬扬、邢志勇

附录一:

大学生短期支教对临沂市玉山镇青少年的影响调研问卷

小朋友们,我是"心系三农 爱洒玉山:大学生短期支教的影响"调研团队,我们的支教活动就要告一段落啦。这里有一份关于我们短期支教影响的调查问卷,我们将据此来改进我们接下来的支教活动方案,希望大家能够认真填写。

1. 你现在是几年级的学生:(单选)
○一年级　○二年级　○三年级　○四年级　○五年级　○六年级

2. 你希望的教学内容是:(答案可以不止一项)
○上一学期语文、数学、英语之类文化课的复习与巩固
○下一学期语文、数学、英语之类文化课的预习与拓展
○美术、音乐、手工以及其他素质拓展类的课程

3. 文化课的学习体会(多选)
○预习过的内容学习比较轻松
○支教老师的授课内容与学校老师的授课内容差别较大,需要跟学校老师重新学习掌握知识
○支教老师会介绍课本之外的一些小知识,对课本内容的学习有帮助
○支教老师讲的授课内容比较快,难以跟上老师的节奏
○支教老师的文化课授课比较难理解,更喜欢学校老师讲课

4. 在完成美术、音乐、手工等课程的教学后,你会主动去进一步学习新的内容吗?
○一定会　○有时会　○完全不会　○看是什么课

5. 你觉得支教过程中能学到知识吗?
○很多　○比较多　○一般　○几乎没有

6. 明年还有支教活动的话,你还愿意来吗?(　　　)
○愿意　○比较愿意　○无所谓　○不太愿意　○不愿意

附录二:

大学生短期支教利弊调查问卷(社会人士卷)

您好! 首先感谢您在百忙之中填写我们的问卷。

我们是"心系三农 爱洒玉山:大学生短期支教的影响"调研团队,正在进行一项关于大学生短期支教对青少年影响的实践调研。本问卷旨在探讨大学生对于短期支教的看法、建议和意见,从而指导和完善后续工作安排,使支教更有意义。

本问卷不记名,不会涉及过多的个人信息,您可以放心填写。

请认真填写,再次感谢您为此后的大学生支教活动添砖加瓦!

1. 您的性别。(单选题)
○男　○女

2. 您对支教的了解程度。(单选题)
○仅仅是听说过,没有注意过此方面的新闻、政策、文献等

　　　○未参加过,但周围有参加过的亲戚或朋友

　　　○参加过,并且切身体会过

3.您认为哪些地方适合支教?（多选题）

　　　□我国西北部

　　　□东部地区较落后的农村

　　　□灾后恢复建设的地方

　　　□离家较近的、相对落后的地方

　　　□哪里都行,只要当地接收

4.您是否支持大学生进行短期支教活动?（单选题）

　　　○支持　　○不支持

5.您自己或者周围的孩子是否有参加短期支教的?（单选题）

　　　○有　　○没有

6.您所了解到的开展支教的大学生的主要动机是什么?（多选题）

　　　□丰富暑假生活和自身的经历

　　　□作为一种旅游去体验

　　　□作为暑假社会实践活动来申报和实践

　　　□个人的志愿精神和爱心、善心

　　　□其他_____

7.您认为支教的大学生应具备怎样的素质和条件?（多选题）

　　　□爱心、责任心、热爱支教事业

　　　□良好的教学技能

　　　□良好的沟通、适应能力

　　　□足够的经济支持

　　　□其他_____

8.您认为当前参加短期支教的同学在应对支教任务方面还存在哪些欠缺呢?（多选题）

　　　□教学技能不过关

　　　□教学经验欠缺

　　　□对支教的态度不端正、不负责

　　　□对偏远地区的适应能力差

　　　□缺乏良好的身体素质

　　　□其他_____

9.在您看来,应采取哪些形式给孩子们授课?（多选题）

　　　□课堂上借助课本,给孩子们讲述一些基础知识

　　　□以故事的形式进行讲授

　　　□通过游戏和孩子们进行交流和知识讲解

　　　□与自己专业对口并结合孩子们所熟悉的身边生活与孩子们互动讲解

　　　□美术、手工、音乐、自然等兴趣课程,培养孩子情操

10. 您认为,大学生应选择什么时间进行支教?（单选题）

○周末,这样更具连续性

○节假日,充分利用时间

○寒暑期,帮助渴望求知的孩子们

○长期支教,更彻底更实在

11. 您希望支教持续多长时间才合理?（单选题）

○0~15 天　○16~30 天　○1~3 个月　○4~6 个月

○7 个月及以上　○其他_____

12. 您认为大学生短期支教对支教点孩子主要的影响是什么?（多选题）

□提高当地学生的学习成绩

□丰富当地学生的暑期生活,带去外界的新事物,拓宽孩子们的视野

□接触时间短,无太大的实际效果

□浪费孩子的暑假时间,甚至增加他们的负担

□素质不高的支教大学生可能对当地产生负面影响,受援学生可能被大学生的某些行为误导

□其他_____

13. 您认为短期支教对大学生的影响或作用（单选题）

○非常不适合大学生,浪费时间精力,应该做其他更有意义的事情

○不太适合,对大学生自身的素质提高没有较大帮助

○无所谓,短期支教对大学生可有可无

○有益的,为其以后找工作服务,但在实际活动中效用有所折扣

○非常有益,提高了大学生的社会责任感

14. 您认为短期支教对农村教育的影响或作用（单选题）

○浪费资源,扰乱农村教育自身的发展进程

○微乎其微,由于短期支教时间短、人员更换频繁,只能简单解决受援方一时的困难,无法解决其根本问题

○为农村提供了优良的教育,带去了先进的思想,对改善农村教育有很大帮助

○不清楚

15. 您认为支教存在的主要问题?（单选题）

○大学生与孩子们的交流不深,仅限于课堂

○大学生缺乏一定的经验

○孩子们不配合,调皮捣蛋

○支教地教学设施不完善

16. 您认为下列哪一条建议最能尽快完善短期支教政策?（单选题）

○完善对支教大学生的管理措施,加强对支教大学生的相关培训

○高校、受援学校及相关部门重视短期支教,积极配合支教大学生

○完善对支教大学生的激励措施,激励更多大学生前去支教

○加大支教的宣传力度,号召更多的大学生进入支教的行列

17. 您觉得如果支教点的校长不同意大学生开展支教活动,其原因可能有哪些?(多选题)

　　□大学生的个人素质不高

　　□当地的学生农忙时间紧

　　□考虑到安全问题,当地教育局不批准

　　□大学生的支教水平参差不齐,对支教点起的作用不大

　　□部分大学生缺乏责任心和爱心,把支教单纯作为社会实践

18. 请简要谈谈您如何看待大学生"短期支教热"的现象?

关于大学生短期支教问题的调研

李兆杰团队　指导老师：刘芳　刘灿德

摘　要： 2017年暑假，小水滴公益联盟成立了专门的调研团队，在开展支教工作的同时，分发调查问卷，对支教学生进行走访，充分了解学生的家庭状况，针对往年支教所带来的影响进行深入的调研，总结大学生短期支教的痛点及出路，力求实现大学生在今后的支教过程中发挥更大的作用。

关键词： 短期支教；大学生；贫困地区；存在问题；解决对策

一、调研项目概述

随着当今中国科技力量与文化力量的飞速发展，国民素质不断提高，越来越多的人享受到了科教兴国带来的成果。然而由于发展的不平衡，仍有一部分地区存在着发展落后、孩子的父母常年在外打工、留守儿童越来越多的问题。而且由于经济状况等原因的限制，当地的教育设施并不完善，很多家长对孩子的教育并不重视，因此留守儿童的受教育情况不容乐观。随着我国教育资源再分配等措施的实施，很多贫困地区盖起了新的教学楼，购置了教学设施。然而由于师资力量的限制，这些教育资源大多被闲置，没有得到有效的利用。因此大学生支教对于平衡教育发展、刺激贫困地区教学基础设施利用率提高等问题具有重要意义。

为了更好地认识大学生短期支教，我们应当首先对其有一个比较清晰的认识，将其与一般意义上的支教活动区别开来。所谓的大学生短期支教是指"大学生社团或公益组织发起的，利用平时节假日或寒暑假期开展支教志愿活动，活动持续的时间由几天到几个月不等"。相对于常规性的支教而言，这种支教的门槛比较低一些，在管理上比较松散，没有一套系统的考核标准，因此各支教团队的质量参差不齐。目前常见的短期支教一般有两种：一种是强制性的，针对师范专业的学生，由学校出面寻找合作小学，安排大学生前往实习，开展为期两周的支教活动；另一种是自愿性的，大学生利用寒暑假的假期时间，自行联系中西部贫困地区的学校，自发组织团队筹集物资，开展为期一个月左右的支教活动。这两种支教的性质不同，所以不能一言概之。

因此，为了更好地开展社会实践，从真正意义上对支教地的儿童起到帮扶作用，2017年暑假，山东理工大学小水滴公益联盟分为两队分别奔赴山东临沂、甘肃甘南开展了支教活动，并成立了专门的调研团队。在开展支教工作的同时，调研团队分发调查问卷，收集数据采集信息，访问支友，对支教学生进行走访，充分了解学生的家庭状况，总结了往年支教工作的经验教训，发现其中存在的问题，探索出大学生支教活动的规律，为未来更好地开展大学生支教活动打下了坚实的基础。

（一）大学生短期支教的有利影响

1. 某种程度上缓解支教地区师资力量短缺的问题

通过支教及调研我们发现，各学校普遍存在着"一师多职"和"教学器具闲置"的问题。国家针对各贫困学校设立了专门的基金，购置了大量的教学器具，然而由于师资力量有限，这些教学器具大部分是被尘封在储藏室的。虽然说大学生暑期支教的持续时间只有短短的一个月，不能在根本上解决支教地区师资力量短缺的问题，但至少我们在的那段时间里，这个问题能有所缓解。支教大学生代替老师做了一部分工作，分担了他们的压力。

2. 针对学生的学习进行查漏和补充，开阔学生视野

学生普遍表示在家没有学习的环境，不能好好学习。通过支教队员开展的支教活动，不仅为大家提供了一个可以学习的地方，也有了学习的氛围，学习效率也会更高。之前学习中遇到的难题只能自己闷头去想，很少能得到老师的讲解，所以留下了很多不懂的知识点。随着队员的到来，大家就像是有了一个私人家教，很方便地就能向支教队员请教问题，答疑解惑，对知识的掌握变得更加系统牢固。而且支教队员向学生展示的一些高科技产品、新时代理念，也是他们之前没接触过的，通过支教队员，他们更加了解了外面的世界。

3. 加强了家长对子女受教育的重视程度

由于支教地区比较闭塞，大部分人的观点还是主张多生几个孩子，所以导致原本并不富裕的家庭变得更困难。很多家长认为与其让孩子上学，不如早点外出打工，以便有收入来补贴家用。这些大学生的到来，在某种程度上也会改变家长对子女受教育的看法，从而有更多的孩子能够继续享受受教育的权利。

4. 对支教学校进行物资上的捐助

支教团队在出发之前都会组织捐书筹款等活动，为支教地学校学生置办学习体育物资，这能有效改善其教学物资紧张的问题。有一部分团队还能对接社会大型公益组织、爱心人士，对资助学校进行募捐。

5. 代替家长照看孩子，保障学生安全

由于大部分学生都是留守儿童，学生家长常年不在家，所以这些学生的自我保护意识比较薄弱，在受到不法侵害时无法保护自己。队员在支教期间一般都会普及法律知识，让孩子们学会拿起法律的武器保护自己。其次，队员会负责每天来回接送孩子上学，保证学生的人身安全。

（二）大学生短期支教的不利影响

（1）受教学生难以接受突然的学习环境变化，导致心理落差。学生原本已经适应了以前的学习模式，队员突然到来打破了他们的生活规律。当他们慢慢接受了队员们带来的新模式之后，队员们又该离开了。受教学生再回到以前传统课堂上时，就会将其支教队员带来的那种轻松娱乐式课堂进行对比，从而形成心理落差，甚至讨厌原本学校的老师。

（2）无持续性的帮扶会刺激学生的感情牵挂，以至于变得冷漠。对于大学生短期支教的持续性，是不得不重点关注并且需要着力解决的问题。很少有团队能够坚持对同一所学校进行支教帮扶，就算每年都是同一所学校，也是不同的支教队员。支教结束刚分别时

的不舍,只会留在心里,很少有队员能够再一次回到自己支教过的地方,再看一看自己的学生。所以慢慢的,受教学生就会习惯离别,对感情变得麻木。更有甚者,可能会不再那么容易信任别人。

(3)增加支教队员的家庭负担。支教队员作为在校学生,可能偶尔会做一些兼职,但一般没有固定收入,日常的开支都来自父母。而多数情况下,学生自发组织的支教活动是没有学校的经费支持的,所以这一部分的开支都是支教队员自行承担。大部分的支教队员是通过向父母索取来获得这一笔钱,所以他们支教活动的经济支持实则是来源于家长,这在一定程度上增加了家庭的开销。

(三)影响大学生支教效果的原因——基于支教大学生层面分析

(1)支教队员的职业素养有待提升。大学生支教团队的主体是在校学生,社会经验不足,对很多知识的掌握都只是处于理论阶段,给受教学生上课不过是纸上谈兵。对于受教学生真正需要的知识,支教队员很难抓住重点。如何将一堂课上得生动有趣,很少有支教队员认真考虑。当看到受教学生不配合时,队员会出于"恨铁不成钢"的心理难以克制自己的情绪,影响课堂质量。其次,支教队员的备课情况也需要完善。并不是每一个队员在支教队伍出发之前,就能准备好支教期间要教授的内容的,更有甚者会在临近上课之前,才仓促地看一下课本,考虑授课内容。

(2)支教队员的支教动机存在一定程度的功利性。不可否认有些人参与支教,并非为了帮助需要帮助的儿童,而是为了在自己的履历上,增添浓厚的一笔。大学生支教的功利性在不断加强,这也是其不被认可的原因之一。由于存在着社会实践的各种评比,个别社会实践团队往往是为了活动而活动,不考虑活动效果,而是单纯为了拍几张照片进行宣传。这种只会做表面工作的支教活动,大大抵消了社会对大学生支教的认可和好感。

(3)支教队员错误的优越感。很多支教团队打着支教的旗号,将自己放在高高在上的位置,向受教学生施舍着他们的"恩惠"。有着"我们是来帮助你们的。所以你们一定要好好地招待我们,对我们提出的条件要全力配合。你们的都是错的,要以我们教的为准"的错误认识。大学生与其说是来支教,倒不如说是交流。在开展支教行动的同时激发独立思考的能力,从而激起受教学生学习的兴趣,这才是支教的真正意义。

(4)支教团队的延续性不足。很多支教团队都是临时组建的,前往一个地方开展完为期一个月的支教后就解散了,难以对受教学生产生长期持续性的帮扶。没有一个长期存在的组织作为依托,该支教团队就很难形成强大的向心力,没有一个载体将大家凝聚在一起。这样支教队员每年更换,就导致每个队员都需要从头去了解支教地的状况,对于之前对支教地所做的工作,几乎全部丢弃了。而且作为临时组建的团队,队员彼此之间都还不熟悉,在开展支教活动的期间还属于支教队员的磨合期。

(四)影响大学生短期支教效果的原因——基于被支教学生家庭层面分析

结合往年的支教情况,同时观察今年的支教状况,我们发现有些被支教学生在行为性格和学习上存在一些问题,比如被支教学生有的沉迷于游戏,有的容易和其他的同学打架,有的英语课程基本不会,到底是什么原因让他们在心理行为和学习上产生如此大的变化呢?

在开学的一节心理课上,我们发现了问题所在。这节课的主要内容是让孩子们写出自己的烦恼和困难,然后投入信箱,课后队员们一封一封地认真看了。我们想通过这种方式来了解孩子们,同时对他们进行辅导。然而结果却出乎我们的意料,我们发现很多孩子的内心是善良纯净的,还有一些是真的有烦恼在心,记得有几个个学生是这样写的:"我不喜欢爸爸妈妈吵架,希望他们以后能不要吵架了。"队员们当时看到这封信的时候,内心十分感慨,这并不应该是他们这个年龄段应有的烦恼,这个学生能在一瞬间想到父母吵架,这只能说明这个事情对他来说影响很大。由此我们发现了问题的所在,真正从内心深处影响孩子的并不是生活环境,而是家庭环境。

在确定了问题的方向后,我们决定以家访为主、以调查问卷为辅进行调查。我们首先确定了几个目标,选取了班里几名相对于其他孩子比较淘气的,作为我们调查的对象,进行家访和问卷调查。

我们首先选取了一个叫作谦谦(化名)的男生,谦谦在开学的时候是第一个到学校的,给队员们印象比较深刻,以为是很听话懂事的孩子,但是事实却是他带领后来的两个小朋友上课捣乱,也不听老师的话,而且会有一些过激的语言。在与班主任深入的聊天后,我们决定前去家访。

家访中,我们通过他的妈妈了解到一些事,果然这个小男孩的性格有很大一部分原因是他的家庭、他的父母造成的。他的爸爸和妈妈婚姻状况并不好,有好几次都走到了离婚的边缘,在家里爸爸和妈妈经常吵架,要不就是冷战不说话。这个小男孩从小就是在这样的环境中长大,他从小就不喜欢在家里待着,爸爸喝醉了酒会打人,还会摔东西。后来有了妹妹,爸爸妈妈就更没空管他了,这更是让他觉得爸爸妈妈不疼爱他,而父母却没有跟小男孩解释,没有顾及小男孩的感受。谦谦学习成绩很好,在班级中排第一二名。他很聪明,老师教的古诗在别的小朋友没背过之前他就背过了,记忆力很强。但是由于家庭的问题,他对学习产生了抵抗心理,不愿意去学习。

父母的做法深深地伤害了这个孩子,这其实是非常不正确的。父母千万不要以为孩子不懂事,其实每个孩子的内心都是很柔软很脆弱的,他们心里想的可能远远是父母想象不到的,所以一定不要忽视和孩子的交流,也不要觉得自己是大人,就什么都对,要平等地和孩子交流,了解他们的内心所想,这样才能更好地拉近与他们的距离,给他们一个好的成长环境。都说孩子是父母的镜子,孩子的很多行为表现都是和自己的父母学的,比如这个小男孩不高兴了也会喜欢摔东西,这一定是跟爸爸有关。身为父母理应以身作则,给孩子树立良好的榜样,营造和谐良好的成长环境,这样才不会对孩子的心理产生影响,这是家长的责任也是义务。这个小男孩的性格不好,根源是他的父母。由此可见,父母对孩子成长的作用有多么大。

在我们支教的课堂中还有一个女孩子乐乐,她的表现令我们很是困惑,她总是想引起老师们的注意,说一些奇怪的话,在别人玩耍的时候去捣乱,以此获得老师的关注,同时这个女孩走路摇头晃脑、翻白眼、上课睡觉。在相处了近一个周之后我们发现了更多的问题,比如恐吓老师、诬陷辱骂同学、抢别人东西、心理偏激等等。

由于她的这些问题我们决定对她进行一次家访。这一天下午四点,五名队员一行人来到了乐乐同学家里。

在和乐乐的爸爸妈妈交谈的过程中,我们初步了解到一些信息。一是乐乐平时比较"宅",喜欢动漫、绘画、网络游戏、看电视剧等;二是乐乐爸爸工作很忙,与乐乐见面和交流的时间特别少,而且乐乐爸爸对乐乐的了解较少,关心不够;三是乐乐妈妈平时照顾乐乐比较多,但对乐乐的内心世界也不是很了解。通过我们了解到的乐乐的一些基本信息,队员们初步找到了乐乐在支教课堂上的"特立独行"发生的原因。第一,乐乐父母对乐乐的关心不够,尤其是不能够经常"陪伴"着乐乐学习和成长,使乐乐的内心比较孤单,因此她更愿意在课堂上通过一些小动作来吸引老师注意,让老师和同学们知道她的存在。第二,乐乐过早接触网络虚拟世界,并在网络世界中找到了自己的"社会价值"和"意义",具体表现为她在 QQ 群中担任"群主",并说自己有一大批拥趸,这与她在现实生活中的表现截然不同。在家访的最后,队员们也分享了自己的成长历程和父母对自己的教育,并向乐乐妈妈提出了我们真诚的建议。

队员们家访的孩子并不止他们两个,只是他们的问题比较突出,其他的家庭都或多或少存在问题。经过这次家访,我们可以看出家长和家庭环境对孩子的学习和心理有着重要影响。

(五)对于大学生短期支教的发展建议

通过对支教过程中的总结发现及走访孩子家庭等的调研,我们发现大学生短期支教是一件神圣严肃的事情,没有经过精心的准备就去做支教是对支教事业的极不负责。我们的调研队员在参考了相关资料的基础上,提出以下建议,希望对各支教团队能有所帮助。

(1)当代大学生在开展支教活动之前,应当明确自己做支教的真正意义,找好自己的立足点,摒弃功利性,不忘初心,真正将支教当作一项神圣的事业来对待。

(2)各支教团队在前往支教地之前,务必制定详细的计划,做好充足的准备。收集其他支教团队的经验总结,借鉴学习。支教团队多与社会各公益组织进行交流,寻求资源,争取获得物资等方面的支持。

(3)支教团队在准备期间应对全部队员进行培训,以便应对支教过程中可能出现的各种突发状况。此外,应在出发之前进行试讲,提升教学技能。

(4)如果是新的支教地,支教队长应负责带领若干队员进行实地考察。详细收集支教地的信息,以免到达支教地后发现与预期不符。

(5)注意与支教地负责人时刻保持联系,以免支教地情况变化而导致准备不足。

(6)重点着力于解决后续性的问题,将支教队员离开后带来的不好影响降至最低。

通过调研,我们发现存在留守儿童教育重视程度不够的问题,希望通过新闻媒体报道引起有关部门的重视和社会的关注。队员们此次深入了解了留守儿童存在的主要问题、生活状况、教育状况,并通过我们的努力让社会上更多的人通过行动来关心留守儿童,做到真正的帮助留守儿童,而不仅仅是停留在"喊口号"上面。尽管大学生在短期支教方面能力有限,有很多的不足,但其积极的一面也是不能忽视的。我们不能因为一件事情有不足,就完全否定它。或许我们的力量微不足道,对于这个社会而言并不能使它改变,但我们一直在路上。不忘初心,方得始终。我们仍然会尽我们最大的努力,去做对的事情。就像我们小水滴的口号:每个人都是一滴水,汇聚在一起就是爱的海洋。小水滴凝聚大力量!

参考文献

[1] 蔡静、吴卫卫.大学生短期支教活动的"鸡肋"现象与对策研究[J].长春师范大学学报,2017(10):127-129.

[2] 朱佳卉.大学生志愿者短期支教活动的问题研究[D].东北师范大学,2017.

[3] 郑惠中.短期支教考量大学生硬功夫[N].中国青年报,2014-07-24,第 8 版.

[4] 张洪峰、吕瑞石、李冠儒.浅谈高校学生短期支教新常态机制的建立——基于北京大学经济学院的探索[J].北京教育(德育),2015(10):58-60.

[5] 孙婧.关于建立大学生支教长效机制的思考[J].成人教育,2011(6):83-84.

[6] 沈艨、邓云岫、沈金荣.大学生在城市和农村开展短期支教的研究对比[J].文史博览(理论),2011(03):69-71.

小水滴公益联盟调研团队基本信息

团队指导老师:刘芳、刘灿德

团队队长:李兆杰

团队成员:袁淑敏、张磊、李相威、徐祉星、李余强、孙承泽

淄博市大学生创新创业情况调研

王莉团队　　指导老师：刘芹

摘　要：随着国家政策的调整和社会创业思潮的影响，创新创业受到越来越多的人的关注，这为大学生创新创业营造了一个良好的氛围。如今大学生创新创业情况究竟如何，调研团队以淄博市为例，对大学生创新创业现状进行实地考察和分析，并从中选取了若干个创新创业案例，总结出创新创业的经验。

关键词：大学生；创新创业；素质能力；现状分析

一、调研项目概述

十八大以来，党和政府发出"大众创业，万众创新"的口号，淄博市政府积极响应和认真落实，尤其是特别重视大学生创新创业这一方面，并给予淄博市各大高校相应的资金支持，派请专家进校园对大学生进行创业指导。在政府政策的支持和保障下，淄博市大学生的创新创业之风正蔚然兴起，先后涌现出了一大批创业精英。为了弘扬大学生勇于拼搏、创新创业的精神，"微光——淄博市大学生创新创业情况调研"团队正式成立，队员们积极走访了淄博市的各大高校以及大学生相对集中的地方，重点调研淄博市技师学院、淄博职业学院、山东理工大学大红炉创业中心、淄博市大学生创业园等地点，走访了包括创业孵化园、大红炉、张店大学生创业中心、点匠等诸多优秀的创业创新团队，对其在校内所受到的创新优惠政策、创新活动组织形式、创新创业组织培训、相关课程开展、相关人才培养和引进计划和成果有了初步的了解。为了所收集到的数据更加鲜明和真实，调研团队采用实地走访调查和发放调查问卷相结合的形式，通过回收调查问卷、数据分析，获取了关于淄博市大学生创新创业的第一手资料。大学生创新创业的发展和成功需要大家共同努力，调研团队相信只要学校社会和学生自身共同努力，就能在大学生创新创业的过程中实现中国梦。

二、调研初步结果及分析

（一）淄博市大学生创新创业现状分析

为了更好地了解淄博市大学生的创新创业情况，我们设计了调研问卷辅助我们更好地完成实践活动。通过调查问卷回收和数据分析，调研团队发现，当前淄博市大学生创新创业主要呈现出以下四个特点。

（1）多数大学生不了解创新创业。"微光——淄博市大学生创新创业情况"调查问卷第2个问题"你对淄博市创新创业了解程度如何"的回答结果显示，只有1/5的受访大学生表示了解大学生创新创业，其中，4.69%的表示非常了解，20.31%的表示比较了解，而八成左右的受访大学生表示不了解大学生创新创业。其中,39.06%的表示基本不了解,35.94%的表示完全不了解(见图1)。由此可见,在大部分大学生的生活里,创新创业其实只是一个模糊的概念,他们不太关心,也很少实际接触到创新创业。

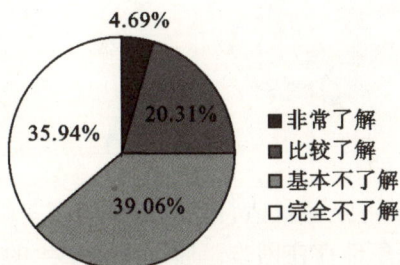

图1

(2)淄博市高校和淄博市政府在大学生创新创业方面已经营造了比较好的外在环境,但仍然有上升的空间。究竟是什么原因造成了"多数大学生不了解创新创业"? 调查问卷第3个问题"你们学校创新创业项目发展状况如何"的回答结果显示,15.63%的学生表示数量非常多,发展状况很好;46.88%的表示数量比较多,发展状况良好;18.75%的表示数量比较少,发展状况一般;3.13%的表示数量非常少,发展状况不好,同时,也有15.63%的表示他们不关心学校的活动,所以不知道(见图2)。以上数据表明,淄博市大部分学校对创新创业的宣传和扶持力度都是很大的,与此同时,调查问卷第15个问题"请你为你所在的学校创新创业支持力度打分(5分制)"的回答结果显示,42.19%的打3分,35.94%的打4分,12.5%的打5分,分别有4.69%的打2分和1分(见图3)。以上数据显示,学生打分以3分、4分居多,这说明高校在对创新创业的支持上仍然存在有待上升的空间。

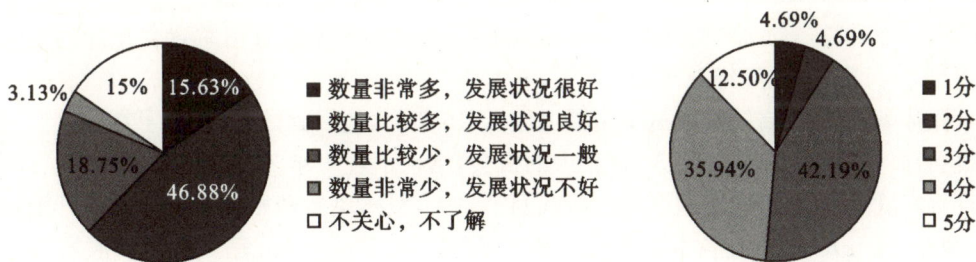

图2

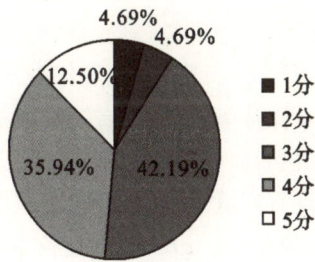

图3

(3)淄博市大学生创新创业的主观意愿比较高。调查问卷第7个问题"如果学校有创新创业的活动,你的态度是"的回答结果显示,64.06%的表示尽可能去参加,18.75%的表示积极参加,主动完成,6.25%的表示不情愿但还是要参加,10.94%的表示没有意义,不参加(见图4)。以上数据表明,淄博市大学生创新创业的主观意愿比较高。

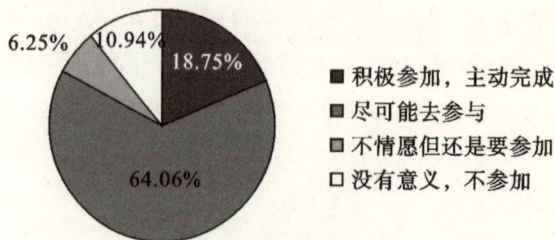

6.25%　10.94%　18.75%

- ■ 积极参加，主动完成
- ■ 尽可能去参与
- ■ 不情愿但还是要参加
- □ 没有意义，不参加

64.06%

图 4

（4）制约大学生将创新创业意愿付诸行动的主要因素是缺乏专业的老师对创新创业进行针对性指导和自身实际条件存在困难。通过对大学生的实地访问调查，调研团队发现许多外在因素制约了大学生创新创业的实践积极性。一方面，很多学生认为大学教育培养方案和模式相对滞后于社会发展形势是制约创新的一个原因，大学生忙于学业和考试，很难抽出更多的时间进行创新创业的实践。另一方面，由于对专业课教育重要性的极端认知，使很多大学生不注重创新创业和兴趣爱好的发展，这也是造成大学生创新创业积极性不高的一个原因。

（二）淄博市大学生创新创业典型案例分析

十八大以来，国家不断推出针对大学生创业的各种优惠政策，各地各级政府部门也都建设了针对大学生的创业园区、创业教育培训中心等，部分高校也创立了自己的创业园，为大学生创新创业提供必要支持。调研团队主要对淄博优式文化传媒有限公司、点匠文创馆、稷下时光咖啡连锁店三个大学生创新创业典型单位进行实地调研和分析。

（1）淄博市大学生创新创业典型之一：张帅和他的淄博优式文化传媒有限公司。淄博优式文化传媒有限公司位于山东省淄博市张店区山东理工大学西校区东门的众创空间。创始人名叫张帅，淄博张店人。他的创新创业之路可以分为三个阶段。

第一个阶段：靠激情、闯劲和专业，成为淄博市唯一一家拥有山东省文化厅颁发营业性演出许可证的演艺经纪公司。

张帅毕业后辗转多地，尝试了多种工作，2016 年初，他回到淄博，放弃了在北京当演员的机会，放弃了在天津当经纪人、制作人的机会，结束了近 4 年多在外奔波的日子，在朋友不理解的情况下，雄心壮志地要当淄博戏剧第一人，毅然决然开始创业。由于离开淄博多年，他在资源、人脉、资金各方面都有些束手无策。他单枪匹马，完全凭借一股脑儿的冲劲。那段时间，他每天只睡三四个小时。因为创业，饭也只能凑合着吃。通过他的不懈努力，他的优式文化成为淄博市唯一一家由省文化厅颁发的营业性演出许可证的演艺经纪公司。

第二个阶段：做别人不敢做，成功开创淄博儿童剧市场先河。

在国内的大城市里，戏剧是民众娱乐的重要方式之一。但是淄博的戏剧市场尚未成熟，大家对戏剧的认可度较低。难道淄博人就没有舞台剧情结吗？优式文化创始人张帅很不甘心，于是他从"小"做起。先是儿童剧《灰姑娘》的评选活动，2016 年 12 月 25 日，第一场儿童剧《灰姑娘》在淄博剧院上演，观众人数达到 1800 余人。2018 年六一前后又相继举办了几场儿童剧，其中《阿里巴巴与四十大盗》这部剧，单场观剧人数超过了 1000 人。

儿童剧因为口碑好、内容有趣,观看的人越来越多,家长和小朋友们也已经认准了优式文化这个品牌,自主地进行购票了。

第三个阶段:想别人不敢想,打造淄博第一个民营话剧团——优式戏剧社。

此时的张帅并不满足,他要演淄博人自己的戏剧。以往都是请演员从外地来淄博演出,这次,他开始把一年间积累的资源整理出来,打造淄博第一个民营话剧团。经过筛选,最终确定刘鹏、杨俊、孙艺伟、王群四位演员,组成了淄博的演出团队。2017年6月在优式文化成立一周年之际,优式戏剧社正式成立。这实现了由儿童剧到成人剧的转变,实现了由请外地人演到自主导演的转变。这一项创业,不仅仅是普通的创业,更重要的是为淄博引进了大城市的娱乐方式——有内涵、高品质的舞台剧。

(2)淄博市大学生创新创业典型之二:吴红超和他的点匠文创馆。

点匠文创馆位于山东理工大学西校区东门大红炉众创空间A座,是山东理工大学第一文创品牌。

第一个阶段:发挥专业优势,创立自有品牌。

吴红超从做兼职开始,尝试不同岗位,慢慢积累经验,组建团队并注册成立了淄博点匠文化传播有限公司。公司将文化、品牌、创意完美融合,进行产品的设计定制与销售。旨在为顾客提供以创意设计为核心的产品。

第二个阶段:抓住机遇,一举拿下山东理工大学校徽校训等一系列校标识系统的使用授权,实现突破。

2016年,淄博点匠文化传播有限公司突破了重重考验,成功拿到了山东理工大学校徽校训等一系列校标识系统的使用授权后,在短短几个月内就设计完成多款山东理工大学校园纪念品、60周年创意文化产品,获得了理工师生的支持与认可。具体种类有校徽纪念章、校训纪念版笔记本、稷下湖风景石、校徽纪念水杯、校徽纪念笔筒、稷下湖纪念石书签、校庆明信片、校庆60周年纪念衫等五个大类十几种产品。

第三个阶段:稳步拓展业务营销范围,增加社会知名度。

淄博点匠文化传播有限公司成立以来,先后与淄博卓云网络科技有限公司、大自然艺术馆、风航创意产业园、中国邮政集团淄博市分公司、淄博润丰印业、济南泉兴印业、淄博青年、桃李街等多家单位合作。通过承接校外设计案、制作企业文化定制产品来有效扩大营销范围,增加社会知名度。

(3)淄博市大学生创新创业典型之三:李豫和他的稷下时光咖啡连锁店。

李豫的创业历程相对曲折一番。

第一个阶段:因为没有具体的创业规划,加之投资经验不足,濒临倒闭。

2013年,为了赚钱,李豫和许笑媚两个创始人开了一家小咖啡店,在学校创业孵化园80平方米的店铺,这就是稷下时光最初的样子。由于稷下时光第一家店初期投资有漏洞,差点就夭折,幸好及时引入第三投资人,才发展到今天。

第二个阶段:快速发展,管理乏力,走下坡路。

稷下时光的初期发展迅猛,一年内就开了7家店,于是他们使用葫芦娃的名字来做门店代号。对咖啡的热爱感染着彼此,反复尝试多次后成功的一杯拉花足以让人兴奋大跳,甚至为了学习品尝一杯咖啡而往返济南。随稷下时光迅速发展到7个店而来的是各种困难:管理团队缺乏经验,导致与合伙人的矛盾,2014 年年终,欠款近十万;到 2015 年 7 月,孵化园店也关张了。"那是我们的第一家店,也是见证咖啡梦想开始的门店。"

第三个阶段:管理至上,重新开始。

在重归艺术中心店,搞清楚咖啡门店运营的重点在哪里之后,他们更换装修风格,更改吧台设置,学习 C. D. Cafe 等省内一线非量贩式精品咖啡店的经验等等,稷下时光迎来了重生。稷下时光想要做的事情很简单,就是培养大学生的咖啡情怀,传播咖啡的根本精神:高效率社交。我们认为他做到了,稷下时光的成长足以说明一切,让我们从一杯咖啡开始。

(三)淄博市大学生创新创业的经验分析

根据调研和以上三个典型大学生创新创业案例,调研团队将淄博市大学生创新创业的经验总结为以下几点。

1. 大学生自身专业素质的深刻挖掘和经验积累

首先,大学生群体文化程度普遍较高,所学专业与创业紧密结合,能够学以致用,在技术创新上独树一帜。大学生对于成功的定义和社会上很多功利性的定义不一样,他们经常会充满激情地投入到对于创业梦想的实践过程中,对于产品的用心程度是难以想象的。其次就是大学生已经通过社会实践为创业奠定了基础。很多大学生参加勤工俭学,在实践中积累了初步经验。各高校经常举办的创业计划大赛、课外科技发明大赛等活动也给大学生创业活动注入了新的活力。

创业这条路,看似很简单,其实不然。点匠的创始人之一吴红超在大一时,也是跟着师哥熟悉业务,后来大三时和老师一起做项目,不断学习。最后找到来自工业设计、平面设计、服装设计、行政管理等多个专业的志同道合的朋友,共同开启了"点匠设计"之路。

2. 学校对创新创业的政策性支持、包容性鼓励特别重要

十八大以来,"大众创新,万众创业"已经传遍大街小巷。国家实行了创新工程,进行了体制创新和技术创新。教育部门出台了政策和措施,支持和鼓励在校大学生励志创业,欢迎出国留学生回国创业。比如,山东理工大学顺应社会发展需求,成立了创新创业学院,致力于山东理工大学师生创新创业的教育及服务工作,经常开展创新创业宣讲活动,宣传创新创业成功案例,真实的案例更能激发学生创业的热情。另外,山东理工大学在大学生教育培养方式上,采用多种教学方式相结合,培养学生发散思维,改革考试方式,突出重点,鼓励学生大胆思考,动手实践。在奖惩制度上,对有创新创业贡献的学生进行加分鼓励,或者通过加入奖学金和评优考核等方法,提高学生积极性。与此同时,山东理工大学还建设了自己的众创空间。众创空间是由位于学校东门的原锅炉房改造而成,使用面积 6000 平方米。众创空间有两个重要功能:一是创新平台的建设,为各类创新团队提供公共平台;二是为各类创业团队提供开放或半开放的工作空间。如果有好的项目可以通过正规的程序申请入驻众创空间,进行孵化。点匠就是山东理工大学西校区众创空间入驻的项目之一。

3. 国家政策和社会环境的优化

基于当前我国经济社会发展的需要,国家发出了"大众创业,万众创新"的号召,将创业和创新作为我国经济社会发展的新引擎。中共中央国务院下发了一系列鼓励大学生创

新创业的文件,并提出了创新驱动发展的战略,在这样的时代背景下,高校的创新创业教育被放到了更重要的位置上,担负起培养符合社会需要的创业型人才的重任。创新创业教育作为一种新的教育理念和教育模式正式登上了高等教育的大舞台。

参考文献

[1] 沈颖、陈华栋. 从国家战略视角看中国高校创新创业教育的沿革[J]. 价值工程,2017(36):106-109.

[2] 王艳、李初叶. 通识教育视角下大学生创新创业能力培养研究[J]. 中国报业,2017(24):85-87.

[3] 王劲屹. 高校创新创业教育师资队伍建设探析[J]. 高教学刊,2017(24):35-37.

[4] 魏旭. 山东省高校在校大学生的创新创业教育探究[D]. 山东建筑大学,2017.

[5] 曹傲然. 十八大以来我国大学生创新创业政策研究[D]. 东北师范大学,2016.

"微光——淄博市大学生创新创业情况"
调研团队基本信息

团队指导老师:刘芹

团队队长:王莉

团队成员:于英杰、王艺博、崔节静、陈香钰、杜丹阳、耿新莲、武俊宇、张颖、李文博、陈政林

附录:

淄博市大学生创新创业情况调查问卷

一、基本资料

学校_____　　　　年级_____　　　　性别_____

二、单选题

1. 以下国家对大学生创新创业的鼓励政策,你了解哪些?

　A. 改进小额贷款担保管理规定　　　B. 定期举办企业家创业经验交流会

　C. 鼓励多方投资,提供指导和服务　　D. 阳光政务,简政放权

2. 你对淄博市创新创业了解程度如何?

　A. 非常了解　　　　B. 比较了解　　　　　C. 不了解

3. 你们学校创新创业项目发展状况如何?

　A. 数量非常多,发展状况很好　　　B. 数量比较多,发展状况良好

　C. 数量比较少,发展状况一般　　　D. 数量非常少,发展状况不好

4. 你认为创新创业成功的标准是什么?

　A. 获得财富地位　　　　　　B. 服务回报社会

　C. 实现个人理想　　　　　　D. 得到就业岗位

5. 你们学校是如何鼓励学生创新创业的?

　A. 以项目和团体活动为主体,促进学生创业实践

　B. 构建创业教育体系,积极鼓励创新创业

　C. 开展创新创业讲座,宣传创新创业意识

D. 举办创新创业比赛,培养创新创业能力

6. 你认为创新创业对大学生的生活有什么影响?

    A. 有决定性影响   B. 影响较大

    C. 影响一般   D. 没有影响

7. 如果学校有创新创业的活动,你的态度是?

    A. 积极参加,主动完成   B. 尽可能去参与

    C. 不情愿但还是要参加   D. 没有意义,不参加

8. 你认为性别差异对创新创业有影响吗

    A. 有决定性影响   B. 影响较大

    C. 影响一般   D. 没有影响

三、多选题

9. 您认为什么方式能提高学生的创新能力?

    A. 课堂精讲   B. 案例分析

    C. 课程论文   D. 小组讨论

    E. 学科竞赛   F. 讲座报告

    G. 科研项目训练   H. 其他_____

10. 您认为大学生创新能力应该包括哪些方面?

    A. 自主学习能力   B. 科研调查能力

    C. 组织管理能力   D. 社会活动能力

    E. 团队合作能力   F. 人际沟通能力

    G. 书面及口头表达能力

11. 您认为有同学不愿意参与创新实践活动的原因是什么?

    A. 缺少奖惩制度   B. 占用课余时间

    C. 资料查找困难   D. 经费获得困难

    E. 缺乏教师指导   F. 缺乏实践条件

    G. 其他_____

12. 您认为哪些手段可以激励学生参与创新实践活动?

    A. 物质奖励   B. 学分奖励

    C. 德育分奖励   D. 奖学金评定加分

    E. 各级评优时加分   F. 替代公选课学分

    G. 推免研究生等各类深造发展机会评定时加分

13. 您认为下列哪些是阻碍当代大学生创新能力发展的重要因素?

    A. 学生学习脱离社会,缺乏创新动力

    B. 学生生活过于安逸,缺乏创新激情

    C. 学校教育过于死板,缺乏实践机会

    D. 社会没有创新氛围,缺乏创新思潮

14. 您认为培养实用性创新性人才,高校在教学方面需要做到的是?

    A. 采用多种教学方式,培养发散思维

  B.引用社会上的实例模型,使学习和社会相联系

  C.多用实验教学,培养学生动手操作的能力

  D.改革考试方法,鼓励有创新意识的学生脱颖而出

15.请你为你所在的学校创新创业支持力度打分(5分制)。

四、对于大学生创新创业,您还有什么想法?请写在下面。

农村校园欺凌现象及预防研究

——以滕州市东郭镇为例

李亮团队　　指导老师：温立武　王国昊

摘　要：调研团队通过实地走访的调查方法，通过对学生的思想观念、同学间的相处方式、法律意识等方面进行了解，整理分析发现思想观念及教育惩戒缺失是校园欺凌现象不断出现的主要原因。预防及处理校园欺凌事件成为一个不容忽视的社会问题。

关键词：在校学生；校园欺凌；学校管理；安全保障

一、调研项目概述

近年来，校园欺凌这一现象愈演愈烈，造成了严重的社会影响和法律后果。校园欺凌的主要表现是身体强壮或者性格强势的学生欺负相对弱小的学生，通过殴打或者言语辱骂以及行为侮辱等方式令其在肉体甚至心灵上感到痛苦，从而获得自身的满足。通常情况下，强势的一方并不觉得自己是错的，受害者的怕事、默默承受、不敢反抗和告发欺凌者的态度，一方面助长了欺凌者的嚣张气焰，另一方面加重了自己的心灵创伤。这就形成了一个恶性循环，导致校园欺凌现象日益严重，受害者的身心深受煎熬。所以说，校园欺凌通常都是重复发生，而不是单一的偶发事件。有时是一人欺负一人，有时集体欺负一人。实际意义上的校园欺凌不一定只会在校园内发生，更大一部分的校园欺凌发生在放学后。

"四叶草——农村校园欺凌现象及预防调研"团队通过实地走访的调查方法，通过对学生的思想观念、同学间的相处方式、法律意识等方面的了解，整理分析发现思想观念及教育惩戒缺失是校园欺凌现象不断出现的主要原因。预防及处理校园欺凌事件将成为一个不容忽视的社会问题。

二、调研初步结果及分析

（一）校园欺凌现象的现状分析

为了更为准确、全面地对校园欺凌现象有一个认知，调研团队从宏观和微观两个角度来分析相关数据。

（1）从全国层面，也就是宏观层面，有近三成的学生曾经遇到过校园欺凌现象。2015年，中国青少年研究中心针对10个省市的5864名中小学生的调查显示，有32.5％的受访者表示自己在校时会"偶尔被欺负"，6.1％的人经常被高年级同学欺负。另据中华女子学院在2015年第三届青少年社会工作理论与实践研讨会上正式发布的《初中生校园欺凌现象研究》报告的研究数据显示，遭遇校园欺凌后，不曾选择求助的学生占到48.9％，如此大比例的学生选择默默忍受，一定程度上助长了校园欺凌的嚣张气焰。

(2)从微观层面,也就是从调研团队深入调研的滕州市东郭镇这个层面来看,遇见过校园欺凌现象的学生占比也近三成。调研团队随机抽取了滕州市东郭镇100户人家进行走访调查,调研结果显示,这100户人家人口为416人,其中学生人口为121人,占样本的29.1%,其中遇见过校园欺凌事件的学生总数达到了46人,占学生样本人口的38%。由样本比例可以简单推算出东郭镇遇见过校园欺凌事件的学生总数大概为10873人,占学生总比例为28.1%。这一结果表明,现就东郭镇而言,遇见过校园欺凌事件的学生所占比例还是很大的。

(3)校园欺凌现象主要发生在初中阶段,小学和高中阶段相对偏少。法制网舆情监测中心的数据显示,在2015年1月至5月媒体曝光的40起校园暴力事件中,75%的校园暴力事件发生在中学生之间,其中初中生更易成为发生校园暴力的群体,比例高达42.5%,高中生次之,占比32.5%。大学生、职校生、小学生分别占比15.0%、7.5%、2.5%。

同时,调研团队在实地访问过程中发现,不同年龄段的学生遇到的校园欺凌现象的数量多少和程度大小不一样。小学生面临的校园欺凌事件较少,大多为日常小事纠纷,达不到欺凌的严重程度,家长对于孩子的在校生活关心更多,孩子也愿意与家长沟通;初中生情况最为严重,将近一半的学生遭受或遇见过校园欺凌,家长与孩子间的沟通较为缺乏,孩子不愿说,家长面对孩子的叛逆没有办法;高中生次之,校园欺凌事件虽然不多,但存在同学相互排挤的现象,网络暴力、语言暴力问题增加,家长更多趋向于关心学习等问题,对孩子的内心想法了解较少。

(二)校园欺凌现象多发的原因分析

1.自身个性的张扬、冷漠与自私

随着现代社会日益发展,科技文明的进步使生活水平得到了全方位的提高,但相当多的家长越来越不了解自己的孩子。家长对教育的重视使孩子接受的科学文化知识增多,但在一定程度上使学生也与家长产生了代沟,因此随着孩子的成长,他们和家长的隔阂越来越深。家长过分要求孩子,导致了孩子心理上出现了厌烦等消极的情绪,当孩子坚持己见时家长也没有做到很好的聆听并且加以疏导,双方都坚持自己的观点互不退让,矛盾就势必会产生。

作为家长,每个人都希望自己的孩子将来能够出类拔萃,品行兼优,所以家长会教给自己的孩子一些为人处世的方式方法。但另一方面,做父母的总是担心自己的孩子受欺负,从而无法避免地给孩子们灌输一些所谓"正当防卫"的观念,来防止孩子们受到欺负。这种价值取向毫无疑问是非理性的,甚至会让孩子养成好斗的恶习。所以在这种教育偏差的情况下,家长出于一种疼爱且愧疚的心理,就会给孩子在物质或金钱方面做出一些特殊的补偿。对于留守儿童而言,这种情况就显得尤为普遍,调研团队在实地调研过程中发现,家长没能陪在孩子身边,就会在金钱或物质上最大限度地满足孩子,甚至传递一种"不吃亏"的理念,这就导致一部分留守儿童个性极度张扬,在学校中欺凌他人。因此,留守儿童中那些欺凌弱小的行为,家长要承担主要的责任,因为家长往往会给孩子们传递一种错误的信息,即一种放纵的态度。孩子们都是非常聪明的,在一次次的教育和补偿中,孩子们就会知道,在什么样的情况下,自己的错误行为能够得到家长的谅解,而这些行为又能给自己带来多大的利益。逐渐地,孩子们就学会了在什么样的情况下"合理"犯错。

当然也存在这样一种情况,家长教育孩子不要惹事,秉持着息事宁人的态度,致使孩子性格软弱,不懂得为保护自己的利益寻求的帮助,在这种情况下,这些孩子就成了别人的目标,受人欺凌。由于个性的差异,受欺凌的一方选择独自忍受,他们不敢也不会向家长或老师倾诉,而欺凌他人的一方理所应当地认为会得到父母的原谅,这就致使校园欺凌现象愈演愈烈。

2.家长过分宠溺的爱使孩子价值观出现偏差

毫无疑问,在这样的情况下,孩子们性格中的自私与冷漠愈加放大,逐渐形成了孩子们以自我为中心的唯我独尊思想。这种情况就使得这些孩子成了欺凌他人的一方。当他们的自我利益受到侵犯或者是在可以获得更大利益的情况下,往往会不择手段,故意伤害他人利益以满足自我私欲。

我国的计划生育政策使家庭结构变成了独生子女居多的"4+2+1"模式,1个孩子处于6个成年人的包围中,也正是这份"过分"的爱,使现在的孩子不能"化茧成蝶"。

众所周知,温室中长大的花朵经受不起暴雨的摧残。同样地,家长为孩子建造的温室阻断了孩子与外界沟通交往。怕孩子受到欺负,家长在孩子们小的时候就将孩子时刻带在身边,使得孩子的活动范围仅仅局限在家人之间。而家人,毫无疑问地对孩子付出全身心的爱。由于家中只有这一个孩子,家长们往往会无意识地纵容孩子,孩子们的错误行为被轻而易举地原谅,随着时间的增长,孩子们心中往往会形成一种观念,世界是围绕他自己转的,所有的人都应该像家长那样毫无条件地去关心他,爱护他,这就形成了一大群的"小公主""小王子"。当然,这也导致了一种极端性格,即惹是生非型,会通过武力来捍卫自己的地位。

当他们开始融入集体的时候,后者习惯于找家长为其出头,自身不愿意或者是没有能力进行反抗,变得懦弱、胆小、内向、沉默寡言。毕竟家长不是永远的护身符,因此他们就成为被欺凌者。而前者则会采取手段维持自己的江湖地位,努力使自己继续唯我独尊,这种手段可能是偏激的,但是他们相信家长是爱自己的,可以为自己摆平一切,渐渐地他们就成了校园欺凌中的欺凌者。

后者的懦弱助长了前者的偏激行为,因此当孩子们从这种偏激行为中得到了自己的利益时,在小学中习惯了唯我独尊的孩子,自然而然会把这种风气带入中学,乃至更高中、大学。习惯了唯唯诺诺的孩子,要么继续忍气吞声,要么做出极端的行为,比如马加爵事件。

3.教育惩戒功能的丧失导致孩子的放纵

随着网络的发展,许多不文明的事件在网上得到曝光,其中有一部分便是关于教师的素质问题,部分教师不恰当的教育方式曝光以后,被媒体广为传播,甚至一些人为吸引"眼球"而对部分事实进行夸大或隐瞒,使得看到这些事件的家长对教师这种职业有了偏见并进而产生了不信任感。过去孩子们上学,家长是希望老师能够更为严格地教育孩子,毕竟"严师出高徒"。但如今随着个别不文明事件的曝光,家长在无意识中,对老师学校的信任度慢慢丧失,生怕孩子们在老师在学校的教育下会受到欺负,遭受到不公平的对待。

因为家长的不信任,媒体的刻意放大,网友的捕风捉影,老师不敢过分处罚学生,绝大多数学校也不敢轻易地处分一个学生,但被媒体和网友强行扣上一顶"黑帽子",影响学校的声誉。而有些省份明确规定"彻底废除中小学校沿袭多年的最高处分——开除"。

在这种情况下，家长对孩子们放纵，学校对孩子们失去了必须存在的惩罚功能，教育如何能发挥它真正的作用？孩子们的行为没有了束缚，他们的行为更加肆无忌惮，为达目的不择手段。以至于学校也不再是一片净土，而是成了一个靠拳头说话的"小江湖"，谁的拳头大，谁就是"老大"。

学校惩戒功能的丧失，在一定程度上纵容了校园欺凌现象，这一行为对那些留守儿童的影响尤其大。因为相比那些父母都在身边的孩子们，父母给他们的教育，毕竟要比宠爱孩子们的老人要严格得多；另一方面，其他孩子可以回去找父母为自己出头，而留守儿童在家庭教育上已经是缺失状态，又缺少学校的教育，因此使他们萌生了一种"强"者更"强"、"弱"者更"弱"的观念。弱肉强食的丛林法则日益横行，形成了带有明显"江湖色彩"的小集团。外向且好斗的孩子就是欺凌他人，不计后果甚至毁掉自己的一生，而那些内向胆小的孩子就演变为"不在沉默中爆发，就在沉默中灭亡"的极端状态。在这些小集团当中，常常为了点滴小事而发生打架斗殴事件，进而使得事件进一步升级恶化，形成校园欺凌，甚至校园暴力事件。在某些学校，甚至会出现团伙持械斗殴，直接危害他人的生命财产安全以及社会治安。但即使如此，在惩戒功能缺失的状态下，学校能采用的依然是说服教育的方式。这无疑是对弱者的不公，对"强"者的纵容。然而在血淋淋的教训面前，这种说服教育显得苍白无力，也更加容易引发弱势学生家长的不满，从而对学校产生更大的偏见，进而造成更大的悲剧。

4. 对暴力游戏与灰色文学的错误认识与膜拜

相对于书本的说教，孩子更愿意把精力投入到游戏和影视文学当中，而游戏和影视文学鲜明的特征在更宽广的思想空间上影响甚至左右了青少年的道德和价值评判。暴力游戏中的肆意杀戮，港台影视中"帅气"的黑社会"英雄"，在青少年心底形成的就是一种对邪恶势力的认同和膜拜心理，且这种观念逐渐根深蒂固，难以消除。对于留守儿童而言，这就显得更加普遍，没有父母的陪伴，他们更愿意将自己的时间花费在游戏以及影视文学当中，时间长了就使得他们的价值观发生不同程度的扭曲，因此校园欺凌就会时不时地发生。

这种建立在非理性基础上的认同和膜拜，又成了部分"问题少年"的处世准则，他们在待人接物等多方面都表现出一种对主流社会的反叛和仇视。因为反叛，他们便只想依照自己的规矩行事甚至于采用极端的手段来对待他人。作为学生，包括留守儿童在内，他们将这些带到了学校当中，在学校称王称霸、拉帮结派，致使校园欺凌现象的发生。

(三)预防校园欺凌事件发生的建议分析

(1)鼓励学校对校园欺凌采取全校范围的干预措施，比如制定课堂规则，对学生行为进行限制，组建教师职业发展小组，与学生开展有关行为养成的班会活动，为欺凌者、受害者及其家长提供心理咨询等。

(2)建立政府支持的组织和网站。如"反欺凌网络组织"，以帮助学校了解欺凌现象，为学校制定相关政策提供教师培训的指导大纲。政府通过增进师生们对社会正义问题的理解来解决校园欺凌问题。

(3)加强对教师进行有关校园欺凌的培训。增加合格的学校辅导员和护理员的数量，以帮助学生处理各种问题;同时,允许学校对那些给同学带来身体或心理伤害的学生停课,并为此制定更加明晰的指导原则和程序。

结束语

随着时代的进步发展,校园欺凌事件给我们的社会带来的影响越来越大。校园欺凌并不是近几年来才出现的,但它的不断升级却是不可否认的,因而也最应引起警惕。事实证明,如今的校园欺凌已经超出单纯的打架斗殴的可控范围,甚至在个别地方正在演变成带有黑社会性质的行为,从而制造出了敲诈、勒索、抢劫、杀人等恶性刑事案件。少年是祖国的未来,是民族的希望。维护青少年的合法权益,为青少年的健康成长提供一份沃土,撑起一片蓝天,是社会的责任,也是我们共同的职责。青少年这一群体引发的社会问题是不容忽视的,他们的思想和生活最能体现时代的真实发展,校园欺凌的问题深刻反映出我国社会教育制度的艰巨任务以及发展方向。

在这次调研过程中,尽管时间紧迫,调研团队仍旧走访了许多学生家庭,通过与学生以及家长的谈话得知部分学生遇到过校园欺凌问题。此次调研我们还了解到很多农村学生家庭情况复杂,攀比以及争强好斗现象普遍,同时父母教育不能吃亏的理念也易使学生发生口角进而发展为打架斗殴事件。另一方面,学校惩戒制度不完善,无法保障校园安全。学生们的法律意识不强也是校园欺凌事件发生的重要原因。当我们走进那些深受校园欺凌伤害的学生的生活时,深入地了解到他们在身体和精神上所承受的痛苦,我们给予了力所能及的帮助,虽然微不足道,但我们希望这是一颗种子,一个起点,从一次谈话开始,从一个拥抱开始,大家都重视起来,校园欺凌就会得到有效的解决,减少校园欺凌,创建和谐社会。

参考文献

[1] 周松青. 中美校园暴力法律规制比较研究[J]. 中国青年研究,2016(01):16-22+30.
[2] 储殷. 当代中国"校园暴力"的法律缺位与应对[J]. 中国青年研究,2016(01):23-25.
[3] 张爱军. 校园暴力的三维透视[J]. 中国青年研究,2016(01):6-11.
[4] 姚建龙. 校园暴力:一个概念的界定[J]. 中国青年政治学院学报,2008(04):38-43.

"四叶草——农村校园欺凌现象及预防"调研团队基本信息

团队指导老师:温立武、王国昊
团队队长:李亮
团队成员:任佳艺、刘栋、刘善雨、张旭、杨壮壮、王芳、信梅岭、董冉、孙君成、孙思宇、庞松振、许颖、张晓丽、徐若驰、李瑾

乡村医生福利体系建构路径探究
——基于对沂源县"赤脚医生"群体现状的调研

张旭团队　指导老师:张永伟　杨晓春　许燕飞

摘　要:本次研究,团队选取具有代表性的沂源县西里镇为研究地点,走访群体包括离开工作岗位的"赤脚医生"及仍在职的乡村医生,运用定性研究与定量研究相结合的研究方法对乡村医生现状开展深入调查,了解乡村医生的问题与需求,分析问题产生的原因,探讨改善乡村医生福利体系的措施和路径。

关键词:乡村医生;沂源县;福利保障;建构路径

一、调研项目概述

(一)调研背景

20世纪六七十年代,农村医疗合作制度开始推行,"赤脚医生"开始在农村医疗条件比较差的地方发挥重要作用,并因此获得了广泛的社会认同,尤其是农村基层群众对"赤脚医生"怀有特殊的感情。几十年来,"赤脚医生"群体为中国一些偏远地区农村卫生事业的发展和广大人民群众的健康做出了突出贡献,但是伴随着时代的发展,"赤脚医生"群体渐渐淡出了历史舞台,政府也停止使用"赤脚医生"名称。根据规定,乡村医生经过注册及培训考试后,才能以医生的身份执照开业。在此过程中,"赤脚医生"被分化为两种类型:一是未能参加或通过培训考试,被迫转业;二是通过培训考试,成为正式乡村医生。而随着新时期农村社会经济环境的不断变化,一大部分转业的"赤脚医生"群体由于没有其他过硬的生存技能,生活面临着诸多困境。而即使成了正式的乡村医生,在时代的不断发展过程中,他们也面临着诸多的问题:社会地位变化;向职业医师转化困难;收入过低,无稳定待遇保障;无在编身份,老无所养;接班人培养难题。

从1968年"赤脚医生"这个名称正式见诸报刊后在中国广为流行,到1985年前后改称为"乡村医生",国内外学术界关于"赤脚医生"的研究从来没有间断过。在现有的研究中,我们发现,各种文献资料大多为学术论文或者杂志评论文章,内容多涉及"赤脚医生"的产生因素或者从"赤脚医生"与制度的宏观层面做分析,如温益群的《"赤脚医生"产生和存在的社会文化因素》,刘影的《赤脚医生产生和存在的缘由及其启示》,李德成的《合作医疗与赤脚医生研究》等,现有文献对"赤脚医生"这一特殊群体的生活现状等微观层面缺少关注,对影响"赤脚医生"物质和精神生活的因素缺乏深入的挖掘和分析。本次调查研究则选取一特定区域的"赤脚医生"作为研究对象,对还在从业的"赤脚医生"或已退休"赤脚医生"的物质精神生活状况做出有针对性地分析与解释,从该区域的整体环境、农民本身、"赤脚医生"群体三大方面进行全面分析,以提供更加准确的调研事实。

　　为方便研究,本次研究对相关的核心概念进行了界定。本文中的"赤脚医生"是生活在沂源县西里镇上的、未经国家相关部门承认的正规医疗训练、仍然是农业户口的、边务农边对广大农村群众提供基本医疗服务的农村医疗人员,由至今仍在职位上的乡村医生以及不在工作岗位上的"赤脚医生"两部分组成。"赤脚医生"现状主要指"赤脚医生"的物质和精神生活现状。物质生活现状,是指在衣食住行、养老、医疗等方面的基本保障情况。精神生活现状是指政府对"赤脚医生"群体的精神抚慰工作、社会大众对"赤脚医生"群体的关注和认识程度现状

　　(二)调研意义和目的

　　"赤脚医生"是一个特殊的群体。一方面,在那段特定的历史时期,"赤脚医生"与农村合作医疗制度相互依存,较好地解决了农村医疗服务的有效供给问题;另一方面,当前农村医疗卫生建设确实还存在一些问题,针对乡村医生的研究对当今医疗卫生的发展方向以及对农村合作医疗制度改革都具有十分重要的借鉴意义。

　　鉴于此,本课题组于2017年6月正式成立,张旭、刁兴鲁、樊雪、车凯娜、郭萍、姜珊、和树梅七位成员为课题组成员。在选题后,课题组成员查阅了大量的文献资料,对目前乡村医生的现状以及"赤脚医生"的补助政策进行了详细的研究,结合课题组现有的资源,于2017年7月正式定题,课题定名为"乡村医生福利体系建构路径探究——基于对沂源县'赤脚医生'群体现状的调研"。

　　(1)通过个案访谈的社会调查方法,深入到沂蒙山区,寻访至今仍健在的"赤脚医生",对"赤脚医生"的生活现状做详细的了解和记录,为物质生活困难的"赤脚医生"争取相关部门和社会团体的救助,为其晚年的生活提供保障。

　　(2)从现代社会的视角来看,将"赤脚医生"放入当时的时代背景进行分析,探讨其长短得失,也可以为当前农村医疗卫生的发展提供一些借鉴与启示。"赤脚医生"群体在历史上是真正存在的,对他们蜕变的过程进行描述,尝试解释这一现象产生的原因,对当前现行的农村合作医疗制度的完善具有借鉴意义。

　　(3)本次研究的根本目的在于在深入了解"赤脚医生"这一群体的基础上,提高包括"赤脚医生"在内的为中国社会主义事业做出突出贡献的群体的关注程度,诸如乡村教师、抗战老兵等等。尤其是提高大学生群体对于这一类群体的关注度,对于他们不怕困难、勇于奋进精神的学习,这些精神能够在社会上发挥榜样作用,推动正能量的传播,有利于促进和谐社会的建设。

　　(三)调研方法

　　(1)无结构访谈。主要采取的是入户访谈的方式,由本地村民带领前往"赤脚医生"家中进行访谈,另外,街头偶遇也是一种访谈的方式。在访谈的过程中,及时做好记录,并有专人录音及拍照,经过后期的统计、整理,可以为撰写调查报告提供科学真实的材料。

　　(2)本次问卷调查,主要针对生活在沂源县西里镇的普通居民,旨在了解沂源县群众对"赤脚医生"的认识程度和关注程度的基本情况,为进一步分析现阶段社会大众对"赤脚医生"的态度等提供详细的资料,并从中分析影响"赤脚医生"生存现状和精神生活的相关因素。

二、调研初步结果及分析

(一)调研地点和对象简介

2017年7月1日~2017年7月6日,调研组深入沂源县西里镇姚宅蝙蝠峪片、西里片、曹宅马庄片、金星片4个片区19个村庄对"赤脚医生"群体进行了走访调查,共采访到"赤脚医生"14人。其中,已退休"赤脚医生"8人,仍在职乡村医生6人。另外,由于某些原因,未能采访到本人的"赤脚医生"有3人,但通过与其亲属、邻里以及村委会的交谈,我们也获得了一些比较有价值的信息。

本次调研地点为山东省淄博市沂源县,该地区发展状态的鲜明对比使得乡村医生的物质生活现状和其工作现状更有典型性,使此次调查研究更有说服力和代表性,能够保证此次研究的质量。此次调研目的在于对"赤脚医生"这一群体的解释性理解,从"赤脚医生"这一群体的角度出发,从时间维度上了解他们的思想、价值观的改变,通过对周围群体的调查探讨对其社会认同感的改变,最后,结合乡村医生的现状调研,尝试性提出改善乡村医生现状的若干对策,探索乡村医生福利体系路径。

(二)调研结果分析

1.样本基本情况介绍

2017年7月1日~7月6日,在沂源县西里镇包括曹宅、薄板台、涌泉、杨家庄在内的19个村落共发放问卷110份,收回110份,回收率100%,有效问卷110份。样本基本情况如下(见表1)。

从性别来看,有效问卷中男性63人,占样本总数的57.3%;女性47人,占样本总数的42.7%。男性比例略高于女性。

表1 性别

	频率	百分比(%)	有效百分比(%)
男	63	57.3	57.3
女	47	42.7	42.7
合计	110	100	100

从年龄结构来看,20~34岁的有10人,占样本总数的9.1%,这个年龄段人所占比例最小;35~54岁的有43人,占样本总数的39.1%,人数在各年龄阶段中相对较多;55~70岁的有45人,占样本总数的40.9%,所占比例最大;70岁以上的有12人,占样本总数的10.9%,所占比例相对较小(见表2)。产生这种局面的原因主要是沂源县多为低山丘陵,以种植果树为主,而且果树种植的利润较低,青壮年人大都外出打工以补贴家用,所以在问卷调查时遇到的青年人较少,且这个时节正是果树的采摘季节,所以村里中年人相对比较多。而70岁以上的老年人由于年迈或生病等各种原因大都不愿出门,所以我们的调查问卷对象以中年人为主,青壮年和老年人较少。

表 2　年龄

	频率	百分比（%）	有效百分比（%）
20～34 岁	10	9.1	9.1
35～54 岁	43	39.1	39.1
55～69 岁	45	40.9	40.9
70 岁及以上	12	10.9	10.9
合计	110	100	100

从文化程度来看，未接受教育的有 23 人，占样本总数的 24.5%；小学文化 22 人，占样本总数的 20%；初中文化程度的有 33 人，占样本总数的 30%，所占比例最多；高中文化的有 22 人，占样本总数的 20%；专科及以上学历有 6 人，占样本总数的 5.5%，在各学历中所占比例最小（见表 3）。因为村里的知识青年大都外出，不愿留在村里，调查对象的年龄结构也主要是以中年人为主。

表 3　文化程度

	频率	百分比（%）	有效百分比（%）
未接受教育	27	25.5	25.5
小学	22	20.0	20.0
初中	33	30.0	30.0
高中	22	20.0	20.0
合计	110	100	100

从对"赤脚医生"的熟悉度而言，熟悉的有 63 人，占样本总数 57.3% 的；较为熟悉的有 17 人，占样本总数的 15.5%；听过不了解的有 14 人，占样本总数的 12.7%；不熟悉的 16 人，占样本总数的 14.5%。而在年龄与熟悉度交叉表的分析来看，在 20～34 年龄阶段的人群以不熟悉为主，占该年龄阶段的 40%；在 35～54 岁、55～69 岁、70 岁及以上的三个年龄段的人群都是以熟悉为主，分别占各自年龄阶段的 65.1%、60% 和 58.3%。初步分析是因为各个年龄阶层生活的社会环境以及所接触的医疗制度的不同造成的。而且一般 35 岁以上的大部分人群都接触过"赤脚医生"甚至接受过"赤脚医生"的医治，所以相对于年轻一辈来说更了解"赤脚医生"这一群体，有关于他们的记忆也更加的深刻。而在性别以及学历与熟悉度的交叉分析表中来看，这些因素对于熟悉度没有太大的影响，这表明熟悉度的变化与性别和学历没有太大的关系（见表 4、表 5、表 6）。

表 4　性别和熟悉度交叉制表

		熟悉	较为熟悉	听过不了解	不熟悉	合计
男	计数	37	12	6	8	63
	性别(%)	58.7	19.0	9.5	12.7	100
	您对"赤脚医生"这一群体的熟悉程度(%)	58.7	70.6	42.9	50.0	57.3
	总数(%)	33.6	10.9	5.5	7.3	57.3
女	计数	26	5	8	8	47
	性别(%)	55.3	10.6	17.0	17.0	100
	您对"赤脚医生"这一群体的熟悉程度(%)	41.3	29.4	57.1	50.0	42.7
	总数(%)	23.6	4.5	7.3	7.3	42.7
合计	计数	63	17	14	16	110
	性别(%)	57.3	15.5	12.7	14.5	100
	您对"赤脚医生"这一群体的熟悉程度(%)	100	100	100	100	100

表 5　文化程度和熟悉度交叉制表

		熟悉	较为熟悉	听过不了解	不熟悉	合计
接受教育	计数	14	4	3	6	27
	学历(%)	51.9	14.8	11.1	22.2	100
	您对"赤脚医生"这一群体的熟悉程度(%)	22.2	23.5	21.4	37.5	24.5
	总数(%)	12.7	3.6	2.7	5.5	24.5
小学	计数	17	2	1	2	22
	学历(%)	77.3	9.1	4.5	9.1	100
	您对"赤脚医生"这一群体的熟悉程度(%)	27.0	11.8	7.1	12.5	20.0
	总数(%)	15.5	1.8	0.9	1.8	20.0
初中	计数	19	5	4	5	33
	学历(%)	57.6	15.2	12.1	15.2	100
	您对"赤脚医生"这一群体的熟悉程度(%)	30.2	29.4	28.6	31.3	30.0
	总数(%)	17.3	4.5	3.6	4.5	30.0

（续表）

		熟悉	较为熟悉	听过不了解	不熟悉	合计
高中	计数	11	6	4	1	22
	学历(%)	50.0	27.3	18.2	4.5	100
	您对"赤脚医生"这一群体的熟悉程度(%)	17.5	35.3	28.6	6.3	20.0
	总数(%)	10.0	5.5	3.6	0.9	20.0
专科及以上	计数	2	0	2	2	6
	学历(%)	33.3	0	33.3	33.3	100
	您对"赤脚医生"这一群体的熟悉程度(%)	3.2	0	14.3	12.5	5.5
	总数(%)	1.8	0	1.8	1.8	5.5
合计	计数	63	17	14	16	110
	您对"赤脚医生"这一群体的熟悉程度(%)	100	100	100	100	100
	总数(%)	57.3	15.5	12.7	14.5	100

表6　年龄和熟悉度交叉制表

		熟悉	较为熟悉	听过不了解	不熟悉	合计
20～34 岁	计数	1	2	3	4	10
	年龄(%)	10.0	20.0	30.0	40.0	100
	您对"赤脚医生"这一群体的熟悉程度(%)	1.6	11.8	21.4	25.0	9.1
	总数(%)	0.9	1.8	2.7	3.6	9.1
35～54 岁	计数	28	6	3	6	43
	年龄(%)	65.1	14.0	7.0	14.0	100
	您对"赤脚医生"这一群体的熟悉程度(%)	44.4	35.3	21.4	37.5	39.1
	总数(%)	25.5	5.5	2.7	5.5	39.1
55～69 岁	计数	27	7	6	5	45
	年龄(%)	60.0	15.6	13.3	11.1	100
	您对"赤脚医生"这一群体的熟悉程度(%)	42.9	41.2	42.9	31.3	40.9
	总数(%)	24.5	6.4	5.5	4.5	40.9

（续表）

		熟悉	较为熟悉	听过不了解	不熟悉	合计
70岁及以上	计数	7	2	2	1	12
	年龄(%)	58.3	16.7	16.7	8.3	100
	您对"赤脚医生"这一群体的熟悉程度(%)	11.1	11.8	14.3	6.3	10.9
	总数(%)	6.4	1.8	1.8	0.9	10.9
合计	计数	63	17	14	16	110
	年龄(%)	57.3	15.5	12.7	14.5	100
	您对"赤脚医生"这一群体的熟悉程度(%)	100	100	100	100	100
	总数(%)	57.3	15.5	12.7	14.5	100

2."赤脚医生"物质生活现状

(1)"赤脚医生"基本物质生活现状。

第一，饮食及穿戴方面。在走访的"赤脚医生"中主要分为以下两类：一是能生活自理且独自生活者，都是自己做饭，原材料为自己家种或者去市场买，对饮食及穿戴要求较低；二是不能生活自理但不独自居住者，主要是居住在子女家中或者老伴照顾，饮食及穿戴方面依靠子女或者老伴，生活水平一般取决于子女及老伴的照顾程度和经济水平。

第二，居住条件方面。在走访的"赤脚医生"中，一是还在从事医疗工作的乡村医生，他们大多都是居住在自己的房子里，而且在自己的宅子中开设诊所，居住条件一般；二是居住在自己的老宅子里，居住条件相对较差，有一位退休的"赤脚医生"居住条件特别差，房屋面积大约15平方米，很是简陋；三是居住在子女家中，饮食起居均由儿女照顾，居住条件较好。

第三，日常出行方面。在走访的"赤脚医生"中，几乎所有的"赤脚医生"都是生活在村子里，较远的出行就是去县城提药，没有出过远门。交通工具主要是老年三轮自行车或者儿女的私家车等。因为是在山里，大部分老"赤脚医生"都是步行。总之，在出行方面，绝大多数"赤脚医生"选择在老家附近活动，极少在离居住地较远的区域活动。

第四，村民对"赤脚医生"生存现状的认知。在村民对"赤脚医生"生存现状的认知方面，占样本43.6%的个体认为"赤脚医生"群体生存现状较好，有固定的生活来源，但仍有相当一部分群体认为，相比较于之前，"赤脚医生"群体的生存现状有所下降，生活条件一般或较差，需要一定的补助(见表7)。

(2)"赤脚医生"养老方面现状。在广大村落中，家庭养老是农村养老最重要的方式，在农村养老中的主导地位难以动摇。尽管我国政府已经颁布了《老年人权益保障法》等法律，但是在现实生活中，家庭养老的质量还主要受子女道德、收入水平等因素的影响。一位我们走访的"赤脚医生"跟我们说："我没有儿子，就俩闺女，我这两个闺女都嫁出去了，平时也没时间回来，你看看俺搁这个山里，一点都不方便，她们也就过年过节的来看看我。

我平时就自己一个人,有多少吃多少。"

表7　您所认识的"赤脚医生"的生存现状

	频率	百分比(%)	有效百分比(%)
生活条件较好	48	43.6	43.6
生活条件一般	41	37.3	37.3
生活条件较差	21	19.1	19.1
合计	110	100	100

在我们走访的"赤脚医生"中,大部分"赤脚医生"对晚年生活都很满意,他们一般生活能够自理,而且子女照顾得较好,衣食起居方面都很不错,晚年生活很幸福。

在新农合已经全面覆盖的前提下,自2015年开始,国家相关部门发文规定全国城乡居民基本养老保险基础养老金最低标准提高至每人每月70元,比原先每人每月55元多了15元。在对沂源县的调查中,我们了解到,按照淄博市相关部门的要求,沂源县现在居民基本养老保险基础养老金最低标准是每人每月85元,在走访的农村"赤脚医生"群体中都实现了按月足额领取,这也使得居住于农村地区的"赤脚医生"受益良多。

(3)"赤脚医生"医疗方面现状。"赤脚医生"大部分对医疗方面比较熟悉,所以他们对自己的身体状况很了解。而且大部分"赤脚医生"能够治疗一些基本疾病,因此身体状况都不错。在我们走访的"赤脚医生"中,有一位"赤脚医生"跟我们说:"我前年得了脑梗死,通过多年行医的经验,现在已经调养得差不多了。"

(4)"赤脚医生"生活补助方面现状。近年来,政府建立了老年乡村医生生活补助制度。根据《关于印发〈关于解决老年乡村医生生活补助问题的实施意见〉的通知》,对符合规定条件的老年乡村医生,自2015年1月1日起,1949年至2011年6月30日进入或曾在山东省境内村卫生室连续从事乡村医生工作满1年(含1年)以上者,持有效的乡村医生执业证明文件,年满60周岁且离开乡村医生岗位后,按照工作年限每满1年每月20元的标准发放生活补贴,以妥善解决老年乡村医生生活困难问题。对于省财政困难县,山东省财政将按照50%的比例安排专项资金,通过县级基本财力保障机制给予补助。目前,符合条件的乡村医生可以向执业的村卫生室所在地的镇(办)提出申请,经区(县)核准后由区(县)人力资源和社会保障局通过居民养老保险发放渠道进行生活补助发放。

3."赤脚医生"精神生活现状

(1)国家和政府对"赤脚医生"群体的关注。根据我们的调查,从大众对政府或相关部门对"赤脚医生"这一群体的关注度上来看,政府或相关部门对"赤脚医生"群体关注程度一般。许多受访者表示,政府及相关部门对"赤脚医生"关注较少。在"您认为政府或相关部门对'赤脚医生'这一群体的关注度"这一问题上,有52.7%的群体认为政府或相关部门较为关注"赤脚医生"群体,但仍有47.3%的群众表示不了解或不关注。由此可见,政府或相关部门对"赤脚医生"群体的关注程度有待提高(见表8)。

表8 您认为政府或相关机构部门对"赤脚医生"这一群体的关注度

	百分比(%)	有效百分比(%)
较为关注	52.7	52.7
不了解或不关注	47.3	47.3
合计	100	100

(2)社会大众对"赤脚医生"群体的关注度和认同感程度调查。在社会大众对"赤脚医生"群体的关注和认同感程度的调查中,我们从以下三个方面进行了分析:对"赤脚医生"群体的熟悉程度;对"赤脚医生"医术的信任程度;"赤脚医生"群体在改革开放前后所发挥作用的对比。

第一,对"赤脚医生"群体的熟悉程度。从社会大众对"赤脚医生"这一群体熟悉程度上来看,由于调查地点在乡村,加之被调查人年龄大都在40岁以上,所以大众对"赤脚医生"群体的熟悉程度较高。在总体样本中,有72.7%的群体表示较为熟悉或熟悉,有14.5%的群体表示不熟悉。这说明农村中大众群体对"赤脚医生"是较为熟悉的(见表9)。

表9 对"赤脚医生"群体熟悉程度

	频率	百分比(%)	有效百分比(%)
熟悉	63	57.3	57.3
较为熟悉	17	15.5	15.5
听过不了解	14	12.7	12.7
不熟悉	16	14.5	14.5
合计	110	100	100

第二,对"赤脚医生"在改革开放前后所发挥作用的对比。从社会大众对"赤脚医生"在改革开放前后所发挥作用的认知比较上来看,改革开放前后"赤脚医生"的作用有着明显的变化。占样本总体90.9%的社会大众认为"赤脚医生"群体在改革开放之前发挥着比较重要的作用,但在改革开放之后,认为其仍发挥着重要作用的群体比例下降到65.5%;而认为其作用不大的群体比例从2.7%上升到了23.6%。这说明当前大众对"赤脚医生"群体的社会认同感下降了(见表10、表11)。

表10 您认为"赤脚医生"在改革开放前发挥的作用

	频率	百分比(%)	有效百分比(%)
作用很大	67	60.9	60.9
有作用	33	30.0	30.0
作用不大	3	2.7	2.7
不知道	7	6.4	6.4
合计	110	100	100

表 11　您认为"赤脚医生"在当今社会发挥的作用

	频率	百分比（%）	有效百分比（%）
作用很大	39	35.5	35.5
有作用	33	30.0	30.0
作用不大	26	23.6	23.6
没作用	7	6.4	6.4
合计	110	100	100

第三，对"赤脚医生"的信任程度。社会大众关于"赤脚医生"医术的信任程度的调查结果显示，占总体 89.1% 的人认为"赤脚医生"的医术是可信或较为可信的，这说明社会大众对"赤脚医生"的医术是基本认可的，"赤脚医生"的医术有继续传承的必要（见表 12）。

表 12　您认为"赤脚医生"医术的可信度

	频率	百分比（%）	有效百分比（%）
很可信	59	53.6	53.6
较为可信	39	35.5	35.5
可信度较低	7	6.4	6.4
不可信	5	4.5	4.5
合计	110	100	100

三、"赤脚医生"生活现状存在问题

通过实地调查访谈，我们了解到"赤脚医生"的物质和精神生活现状。无论是物质保障还是精神关怀，其实施情况在许多方面都有待改善和提高。

（一）"赤脚医生"生活现状存在问题

1. "赤脚医生"的养老问题

政府给予"赤脚医生"的补贴，是按工龄进行计算的，一年 20 元，依次进行累加，而且他们的补贴往往是实际工龄减五年，在一定程度上缩减了"赤脚医生"的福利待遇，另外他们需要自己购买养老保险。种种因素，导致了他们面临较为严竣的养老问题。

2. 风险问题

现今社会的医患关系越来越紧张，其中涉及到的风险也日趋上升，许多医生包括我们的研究对象"赤脚医生"群体并不希望自己的后代继续传承自己的职业。

四、乡村医生福利体系建构路径思考

（一）发挥政府作用，灵活管理"赤脚医生"队伍

随着农村医疗改革的推行，部分"赤脚医生"经过相应的培训考试，以正式的"乡村医生"名义执照开业。乡村医疗卫生队伍的不断发展为乡村注入新鲜血液，乡村医生队伍呈

现多样化发展趋势。对此,国家不应"一刀切",而应充分考虑各地乡村医生的实际情况,因地制宜地探索符合本地特色的管理制度。

(二)相关部门应创新优抚对象精神抚慰机制

各地区民政优抚部门应切实转变和创新优抚对象精神抚慰机制。除传统的上门走访慰问之外,还可以开展其他慰问活动。

(1)组织开展评选时代楷模活动。根据党和国家评优标准,对社区、村落中的"赤脚医生"的先进事迹进行深入挖掘,整理归纳老医生身上体现的优秀精神,在辖区内进行充分的宣传报道,引导辖区内形成博爱奉献的良好氛围。通过这些评优活动,也可以充分展示我们对奉献者的尊重,可以有效促进和谐社区的建设。

(2)临终关怀项目。在"赤脚医生"病重病危时,各乡镇、各街道相关部门要及时前往探望慰问,帮助解决家庭困难,给予老医生家属安慰和关怀,必要时候可以借助专业社工的力量,对老医生实施临终关怀。老医生去世后,各乡镇、街道等应帮助家属解决安葬等事宜,有条件的可以举行追悼会,各相关部门也应该派代表前往悼念。

(三)巩固和加强家庭对退休"赤脚医生"的保障作用

(1)大力弘扬现代孝道文化。一方面,积极宣传尊老爱老的中华民族优良传统;另一方面,要结合时代特征,给孝道文化注入新的内容,如"父母在,不远游"等传统观念,可以用定期的亲情电话代替等等。子女要多与老人进行情感上的沟通与交流,有条件的尽量给父母提供日常生活的照顾和安排。

(2)提高家庭经济收入,加强家庭保障的经济基础。努力提高家庭内部成员的技术和文化水平,多方开辟家庭收入渠道,对经济确实比较困难的家庭予以帮助和支持。

参考文献

[1] 李德成.合作医疗与赤脚医生研究(1955—1983年)[D].浙江大学,2007.

[2] 温益群."赤脚医生"产生和存在的社会文化因素[J].云南民族大学学报(哲学社会科学版),2005(02).

[3] 庞新华.山东省农村合作医疗制度的历史考察[D].山东大学,2005.

[4] 李德成.新中国前30年农村基层卫生人员培养模式探究[J].当代中国史研究,2010(02).

[5] 王云帆.回望"赤脚医生"的背影[J].中国改革(农村版),2003(06).

[6] 杨善发.中国农村合作医疗制度渊源、流变与当代发展[J].安徽大学学报(哲学社会科学版),2009(02).

[7] 黄莹.乡村医生的演变与基层农村医疗卫生服务的研究[J].昆明医学院,2003(02).

[8] 陈国峰.山东省乡村医生队伍发展及对策研究[J].山东大学,2015(05).

[9] Ling-Xi Gu. Depressive symptoms and correlates among village doctors in China[J]. Asian Journal of Psychiatry,2017.

[10] Qingqiang Ni. The plight of China's village doctors[J]. Feng Xie;Mengchao Wu. Asian Journal of Psychiatry,2016.

"向阳花开——沂源县'赤脚医生'群体现状"调研团队基本信息

团队指导老师:张永伟、杨晓春、许燕飞

团队队长:张旭

团队成员:刁兴鲁、樊雪、车凯娜、郭萍、姜珊、和树梅

附录一:

"赤脚医生"群体的社会认同感调查问卷

尊敬的女士/先生:

　　您好!

　　我们是山东理工大学社会学系的学生,正在进行山东理工大学暑期实践调查。为了更好地了解当下乡村医生生活的现状、福利需求以及福利保障等问题,我们开展了这项调查。本调查属无记名调查,大约只会耽误您十分钟左右的时间。请您根据自己的实际情况如实填写。您所提供的情况或想法将予以保密,完全用于科学研究。

　　十分感谢您的支持与合作!

　　山东理工大学"向阳花开——沂源县'赤脚医生'群体现状"调研团队

2017 年 7 月 1 日

说明:您只需按照实际情况在合适的答案上打√,或者在横线中填上适当内容。

1.您的性别为_____
　　A. 男　　　　　　　B. 女

2.您的年龄_____
　　A. 20 岁以下　　　B. 20~35 岁　　　C. 35~55 岁　　　D. 55 岁及以上

3.您的学历_____
　　A. 未接受教育　　　B. 小学　　　　　C. 初中　　　　　D. 高中
　　E. 本科及以上

4.您对"赤脚医生"这一群体熟悉吗?
　　A. 熟悉　　　　　　B. 较为熟悉　　　C. 听过不了解　　D. 不熟悉

5.您认为"赤脚医生"医术的可信度高吗?
　　A. 很可信　　　　　B. 较为可信　　　C. 可信度较低

6.您认为"赤脚医生"在改革开放前发挥的作用大吗?
　　A. 作用很大　　　　B. 有作用　　　　C. 作用不大　　　D. 没作用
　　E. 不知道

7.您认为"赤脚医生"在当今社会发挥的作用大吗?
　　A. 作用很大　　　B. 有作用　　　C. 作用不大　　　D. 没作用　　　E. 不知道

8.您认为现今"赤脚医生"还有存在的必要吗?
　　A. 有必要　　　　　B. 没必要　　　　C. 无所谓

9.您认为政府或相关部门对"赤脚医生"这一群体关注度高吗?
　　A. 高度关注　　　　B. 较为关注　　　C. 关注较少　　　D. 不关注

10.您了解政府针对"赤脚医生"出台的相关福利补贴吗?

A. 了解　　　　　　B. 不了解

11. 您认识的"赤脚医生"能够坚持服务于医疗行业的多吗?

　　A. 多　　　　　　　　B. 不多　　　　　　　　C. 没有

12. 您所知道的"赤脚医生"的生存现状怎样?

　　A. 生活条件较好,有固定生活来源　　　　B. 生活条件一般,依靠政府补贴

　　C. 生活条件较差,政府补贴不到位

13. 你现在平时的就医状况是怎样的?

_____

14. 您对于当前农村医疗卫生建设事业发展有何建设性意见?

_____

附件二:访谈提纲

访谈提纲

访谈目的	了解"赤脚医生"过去及现在的生活状况
访谈时间	2017 年 7 月 2 日～7 月 6 日
访谈地点	沂源县西里镇
访谈对象	"赤脚医生"
访谈方式	面对面访谈
访谈工具	录音笔、手机、笔记本
访谈问题	1. 您从事"赤脚医生"这一行业有多长时间? 您是多大年纪开始当"赤脚医生"的? 2. 您当年从事"赤脚医生"的原因是什么? 可以讲述一下您成为"赤脚医生"的过程吗? 3. 当年是怎么培训的,时间大约多长,人员数量及分配情况,都具体从哪些方面进行培训的? 4. 如果村民有需要,您是怎样为他们看病的? 5. 当年在行医过程中是否出现过疑难杂症,又是如何解决这些问题的? 6. 当年有没有一些事情让您比较难忘,能给我们讲讲吗? 7. 您还有没有当年留下的手册、证书或日记之类的? 要是有的话,方便让我们看一下吗? 8. 您当年做"赤脚医生"时待遇怎么样,工作有没有特别辛苦? 9. 您如何看待自己所从事的"赤脚医生"这个行业? 10. 当"赤脚医生"这个行业被取消后,您是参加了乡村医生的考核继续从事这一行业,还是寻找其他的谋生方法? 可以告诉我们您这么选择的原因吗? 11. 您现在的生活状况如何,是否满意? 12. 当年您做"赤脚医生"时有报酬吗? 要是有的话,具体来源是什么(医药费还是生产队支付)? 13. 您什么时候退出"赤脚医生"这个行业的? 什么原因? 14. 当时群众对您("赤脚医生")的态度怎么样? 现在还会有人来找您看病吗? 您和之前的一些病人还会有联系吗? 15. 请对您的"赤脚医生"经历进行一个简要的评价。 16. 您对现在医疗事业的发展有什么看法?

超体重儿童现象调研

——以淄博市张店区为例

吴树滨团队　指导老师：王在亮　许东波　宋伟　孙婷

摘　要：青少年是祖国的未来、民族的希望，青少年体质关系着国家的强弱、民族的兴衰、家庭的幸福和个人的前途。近几年全国政协教科文卫体委员会进行的多次调研以及教育部等六部委连续 25 年的"全国学生体质与健康调研"结果显示，我国青少年体质的一些重要指标呈下降趋势，令人堪忧。"放飞青春梦想——关注社会超体重儿童"调研团队秉承"健康第一"的理念，以"运动快乐、享瘦生活"为主题，希望通过活动，促进淄博市中小学超体重学生的身心健康发展。

关键词：超体重儿童；解决对策；运动健康；科学饮食

一、调研项目概述

随着我国经济的快速发展，人们生活水平的提高，体育已经逐渐成为人们生活中不可或缺的部分，体育运动和产业因此得到兴起与发展。早在 1995 年，政府就颁布了《全民计划纲要（1995—2010）》，后来在 2009 年又颁布了《全民健身条例》，2011 年出台了《全民健身计划（2011—2015）》，2016 年出台了《全民健身计划（2016—2020 年）》。

随着终身体育和全民健身思想的不断深入，人民群众逐渐意识到社区体育的重要价值，因而产生了大量针对社区体育的实际需求，全民健身相关体制取得重要发展。然而，一个不可忽视的现实是，现在国家经济实力增强了，社会发展了，人民生活水平提高了，但青少年体质健康水平却在下降。近几年全国政协教科文卫体委员会进行的多次调研以及教育部等六部委连续 25 年的"全国学生体质与健康调研"结果显示，我国青少年体质一些重要指标呈下降趋势，令人担忧。因此，"放飞青春梦想——关注社会超体重儿童"调研团队依托淄博市青少年宫，在淄博市柳泉艺术学校开展了 2017 年淄博市中小学超体重学生"健康夏令营"活动。调研团队依托夏令营，获取了大量关于超体重儿童的一手数据和资料。

二、调研初步结果及分析

（一）被调研对象简介

淄博市青少年宫始建于 1982 年，占地 25 亩，建筑面积 16000 平方米，教职工 130 余人。内设办公室、人事财务部两个管理部室和少儿艺术培训学校、书画院、事业发展部、活动营地办公室、市少儿艺术团、柳泉艺术学校、艺术幼儿园七个业务部室。淄博市青少年宫本着结构布局专业化、育人环境高雅化、教育培训系统化、教学设施现代化的原则，调整了培训结构,完善了服务功能,实行了规范化管理和竞争上岗,使青少年宫从单一的校外教育培训,发展成为集成人、少年和幼儿教育于一体,科技、文化、艺术、体育培训和活动于一体的多功能、多元化教育培训阵地,成为全市青少年校外教育活动的阵地、学习成才的摇篮、茁壮成长的乐园。

2017年淄博市中小学超体重学生"健康夏令营"于7月22日在淄博市柳泉艺术学校开营。此次健康夏令营活动得到各主办方单位的高度重视和大力支持。活动自6月5日起开始在全市青少年中广泛宣传,受到了淄博市电视台、淄博广播电台新闻广播、鲁中晨报、淄博晚报、齐鲁网、鲁中在线、淄博新闻网等10余家新闻媒体的热切关注,符合条件的青少年报名踊跃,活动效果明显。

被调研的对象主要是来自淄博市五区三县的107名9~14岁超体重青少年学生。

(二)当前青少年体质存在的主要问题分析

(1)肥胖率日趋增长,超过"安全临界点"。与1985年相比,2010年我国7~18岁城乡学生身高、体重显著增长,但肥胖率也增长了7.9%,尤其是城市男生肥胖率已达14.2%,"小胖墩"越来越多。目前,我国城乡学生的肥胖率超过了世界卫生组织公布的10%的"安全临界点"。青少年时期出现超重、肥胖,将导致成年后高血压、冠心病、糖尿病等疾病的患病率大大增加,这对整个民族的身体健康将造成极大危害。

(2)心肺功能下降,运动能力趋低。与1985年相比,2010年我国7~18岁城乡中小学生肺活量下降了11.4%,大学生下降了近10%。小学生50米×8往返跑,初中、高中、大学女生800米跑,男生1000米跑的成绩,分别下降了8.2%、10.3%和10.9%。中小学男生引体向上最大降幅达到40.4%。这些情况表明,我国青少年胸围越来越宽,肺活量却越来越小;身材越来越高,跑得却越来越慢;体重越来越重,力量却越来越小。

(3)视力不良检出率不断攀升,位居世界前列。2010年,小学生视力不良检出率为40.9%,初中生为67.3%,高中生为79.2%,大学生为84.7%。我国"眼镜娃"的比例高、增幅大、年龄小,已居世界前列。青少年视力不良已严重危及我国人口质量,导致征兵、航空、航海等特殊行业不得不降低视力标准。

(三)解决当前青少年体质问题的主要对策分析——以"放飞青春梦想——关注社会超体重儿童"夏令营为例

青少年学生作为社会群体中最具发展潜质的特殊人群,正处在身体、心智的加速发育期和接受养成教育的最佳年龄期,他们此时养成的生活方式可能伴其终生。如何养成良好的饮食和作息习惯,如何养成健康的娱乐休闲方式,如何在令人眼花缭乱的网络信息时代养成文明的交流方式,这些都将直接影响青少年的体质健康水平。青少年良好生活方式的养成需要社会的引导、学校的教育和父母的监管,是一个长期的、系统的工程,任重而道远。

(1)培养青少年科学跑步的良好习惯。在10天的过程中,夏令营创造了"模拟红军两万五千里长征"活动,每天都会模拟红军长征健步走2000米~8000米。通过夏令营活动,青少年们了解了作为一项计划长期坚持的运动,不是每次迅速跑一圈就完成了,而是制定慢跑的运动方式,定时定量运动,前期可能没法完成,但是需要紧紧向目标靠拢,坚持完成。通过 50 米测试,相比开始入营,夏令营结束的时候,一半以上学生的完成速度有明显提升。

　　(2)开设篮球、排球、足球等球类项目和有氧健身操、武术等有助于减脂的运动项目课程。在 10 天的夏令营课程中,以上专业训练项目与游戏项目穿插进行,课程不仅不枯燥,还更加具有趣味性。调研团队在授课过程中,通过示范法、提示法等教学方法循序渐进地使夏令营学生掌握正确动作,达到瘦身效果。武术和健美操作为贯彻始终的项目,既能塑造学生形体、消耗脂肪,又能锻炼身体协调性。调研团队为让夏令营不同年龄段学生能够快速接受动作,将长拳、五步拳的招式进行拆分重组,编排了一套能够使学生快速接受并起到锻炼效果的武术操。健美操课程也是将大众健美操进行拆分重组,设计了一套有氧健身操。以上活动效果明显,夏令营结束的时候,通过体质测试,95% 以上的学生成功减重,最多减重为 14 斤。

　　(3)提供科学营养的日常三餐。早餐不但要注意数量,而且还要讲究质量。主食一般吃含淀粉的食物,如馒头、豆包等,还要适当地增加一些蛋白质丰富的食物,如牛奶、豆浆、鸡蛋等,使体内的血糖迅速升高到正常或超过正常标准,从而使人精神振奋。午餐应适当多吃一些,主食以米饭、馒头等,副食要增加些富含蛋白质和脂肪的食物,如鱼类、肉类、蛋类、豆制品等以及新鲜蔬菜,使体内血糖水平继续维持在高水平。晚餐要吃得少,以清淡、容易消化为原则,至少要在就寝两个小时前进餐。如果晚餐吃得过多,并且摄入大量含蛋白质和脂肪的食物,不容易消化也影响睡眠。

参考文献

[1] 郭娟娟. 趣味性有氧运动对肥胖小学生体质健康的影响[D]. 上海师范大学,2013.
[2] 耿兴敏. 锻炼对肥胖儿童心理健康的影响[J]. 体育科研,2015(01):49-53.
[3] 张欢. 中小学生超重肥胖与生活质量的关联研究[D]. 中南大学,2014.
[4] 李荔. 济南市儿童超重、肥胖相关因素研究及干预措施探讨[D]. 山东大学,2011.

"放飞青春梦想——关注社会超体重儿童"
调研团队基本信息

团队指导老师:王在亮、许东波、宋伟、孙婷
团队队长:吴树滨
团队成员:崔永哲、郝振海、杨久霞、王永、常玉鑫、李晓青、冯益凡、高嘉彬、刘维震、王玉娇、袁刚、孙程、卢文嘉、刘桓宇、李余强

附录：

部分夏令营营员测试指标

健康夏令营一班

营员编号	性别	50米(秒)			立定跳远(米)			坐位体前屈(厘米)			体重(千克)				
		24日	28日	1日	24日	28日	1日	24日	28日	1日	24日	28日	1日	28日~24日	1日~24日
1	男	11.37	11.75	10.97	1.20	1.10	1.08	2	7.5	3	41	41	40	0	-1
2	男	11.58	11.45	10.67	1.23	1.20	1.18	2	7	3.5	39	38	37.5	-1	-1.5
3	男	11.61	11.37	10.86	1.18	1.10	1.28	9	13	8.4	67	66	64	-1	-3
4	男	10.62	11.06	12.35	1.18	1.28	1.38	5.5	10	6.5	30	29	28	-1	-2
5	男	11.96	11.47	11.61	1.10	1.07	1.11	1	5	4.1	67	66	65	-1	-2
6	男	10.91	11.01	10.60	1.00	1.13	1.14	9.2	13	13	50	50	49	0	-1
7	男	10.71	10.87	11.16	1.11	1.23	1.15	-7	-3	-4.5	51	49.5	49	-1.5	-2
8	男	10.30	11.14	10.94	1.40	1.29	1.30	6.4	11.3	12.3	60	60.5	59	0.5	-1
9	女	12.52	14.10	13.00	1.01	0.98	1.10	12.1	18.5	15.5	36	35.5	35.5	-0.5	-0.5
10	女	10.34	9.90	10.36	1.62	1.50	1.57	13	14	16.3	40	40	39.5	0	-0.5
11	男	11.71	11.32	10.87	1.40	1.31	1.40	1.6	4.5	4.8	49	49	48	0	-1
12	男	11.31	11.46	11.58	1.43	1.25	1.30	4.2	0	12	68.5	69	67.5	0.5	-1
13	男	10.04	10.23	9.63	1.35	1.25	1.35	1.5	4	6	61.5	60.5	60	-1	-1.5
14	男	9.51	9.23	9.21	1.63	1.66	1.75	9.9	9	11	39.5	39.5	38	0	-1.5
15	女	13.15	12.10	11.93	1.10	0.98	1.00	8.8	7.5	10.5	69	67	66	-2	-3
16	女	11.61	11.84	11.26	1.52	1.45	1.45	18.4	13.9	18.4	41	39.5	38.5	-1.5	-2.5
17	男	10.30	10.13	10.76	1.25	1.28	1.30	2	3	8	55	54.5	54	-0.5	-1

（续表）

营员编号	性别	50米（秒）			立定跳远（米）			坐位体前屈（厘米）			体重（千克）			体重（千克）	
		24日	28日	1日	24日	28日	1日	24日	28日	1日	24日	28日	1日	28日~24日	1日~24日
18	女	11.35	10.43	11.33	1.40	1.15	1.30	-1	10	11.6	51	49.5	47.5	-1.5	-3.5
19	女	10.50	9.70	9.52	1.77	1.68	1.70	14.2	18	18	31	30	30.5	-1	-0.5
20	男	9.98	9.53	12.27	1.40	1.50	1.60	15	10	12.5	67	66	64.5	-1	-2.5
21	男	10.94	11.10	12.27	1.05	1.27	1.22	7.9	11	11	45	45	44	0	-1
22	男	14.71	12.10	14.01	1.05	1.10	1.10	3.9	4	3.5	47	45.5	45	-1.5	-2

健康夏令营二班

营员编号	性别	50米（秒）			立定跳远（米）			坐位体前屈（厘米）			体重（千克）		
		24日	28日	1日	24日	28日	1日	24日	28日	1日	24日	28日	1日
1	男	10″07	10″82		1.65	1.55		4	1.3		54	54	
2	男	11″48	10″99		1.35	1.31		-11.5	-5.5		63	62.5	
3	男	10″53			1.22	1.32		-2	1.4		56	56.5	
4	女	10″5	10″5		1.37	1.25		4	8.3		63	61.5	
5	女	10″6	10″32		1.27	1.42		4	9		28.5	28.5	
6	女	10″7	10″53		1.2	1.3		0	10.2		61	62	
7	男	9″81	9″97		1.52	1.45		-4.5	-2.1		52	53	
8	女	11″28	10″54		1.28	1.3		8.5	8.7		56	55.5	
9	男	10″51	10″3		1.5	1.4		-3	-3		69.5	69.5	
10	女	9″5	9″66		1.48	1.45		14.4	18		45	44.5	

（续表）

营员编号	性别	50米（秒）			立定跳远（米）			坐位体前屈（厘米）			体重（千克）		
		24日	28日	1日	24日	28日	1日	24日	28日	1日	24日	28日	1日
11	男	9″84	10″07		1.5	1.49		−2.6	0.8		54	53.5	
12	女	20	13″4		1.15	1.05		−5.8	0.8		73	73.5	
13	男	9″11	9″03		1.5	1.6		−12.4	−3		59	58	
14	男	11″93	11″02		1.12	1.15		−7	−2		72	70.5	
15	男	10″84	11″02		1.15	1.3		−8.3	−4.8		57	56	
16	男	11″1	10″66		1.1	1.35		−6.2	−5.8		56	53.5	
17	男	10″33	9″9		1.42	1.38		6	8		53	52.5	
18	男	10″11	9″5		1.42	1.35		−3.4	0.5		48	49	
19	男	9″72	9″12		1.4	1.5		4.5	9.4		31	30.5	
20	女	10″55	10″93		1.2	1.3		10.7	15.5		50.5	50	
21	女	10″75	10″39		1.25	1.33		2	6		43	42.5	

健康夏令营三班

营员编号	性别	50米（秒）			立定跳远（米）			坐位体前屈（厘米）			体重（千克）		
		24日	28日	1日	24日	28日	1日	24日	28日	1日	24日	28日	1日
1	男	9″36	10″58		1.35	1.42		7.3	14		62	63	
2	女	9″77	10″31		1.4	1.49		14.4	17		46	46	
3	女	11″44	13″32		1.1	1.01		1.1	4.2		79	78.5	
4	男	9″76	10″55		1.23	1.3		8	13.5		70	68.5	

（续表）

营员编号	性别	50米（秒）			立定跳远（米）			坐位体前屈（厘米）			体重（千克）		
		24日	28日	1日	24日	28日	1日	24日	28日	1日	24日	28日	1日
5	男	12″34	11″80		0.95	1.07		−4	−3		49	48.5	
6	女	10″64	10″19		1.3	1.4		9.2	16.8		60.5	59.5	
7	女	9″58	10″11		1.3	1.31		13	21		50	48	
8	男	9″13	9″85		1.5	1.55		11.3	15.3		58	58	
9	男	8″65	9″10		1.59	1.75		−1.3	4.8		51	52	
10	男	9″81	9″55		1.42	1.49		2	0		81	80	
11	男	10″82	10″34		1.39	1.4		2.5	8.4		64	62	
12	男	9″24	9″41		1.54	1.4		9.9	13.6		67.5	65.5	
13	男	8″08	9″55		1.8	1.8		8	13		67	65	
14	男	8″08	9″08		1.75	1.6		4	8.7		73.5	72	
15	男	8″33	10″45		1.52	1.34		1.4	10.3		39	38.5	
16	男	14″56	14″03		0.98	1		−12	−2		66.5	65	
17	男	9″23	9″25		1.55	1.54		−0.3	7.4		58	57.5	
18	男	10″68	9″77		1.36	1.4		−2.2	8.5		54.5	53	
19	女	8″38	9″01		1.76	1.71		16.4	20.3		49	48.5	
21	男	9″16	9″50		1.49	1.52		12	9.6		58	58	
22	男	11″58	11″86		1.1	1.2		2.5	6		40	41	

健康夏令营四班

营员编号	性别	50米(秒)			立定跳远(米)			坐位体前屈(厘米)			体重(千克)		
		24日	28日	1日	24日	28日	1日	24日	28日	1日	24日	28日	1日
1	男	11"62	12"06		1.1	1.2		13	14		76	75	
2	男	11"56	11"47		1.15	1.25		10	12		59.5	57	
3	男	9"16	9"07		1.7	1.75		8	5		58	57.5	
4	男	11"16	9"08		1.5	1.55		10	9		53	52	
5	男	9"50	9"01		1.5	1.55		7	8		52.5	51.5	
6	女	9"55	9"61		1.5	1.4		11	11		51	50	
7	女	9"54	9"68		1.6	1.5		11	15		60.5	59.5	
8	女	9"53	9"75		1.5	1.4		15	17		48	48	
9	男	9"69	9"25		1.7	1.8		15	15		76	75	
10	女	10"75	10"24		1.2	1.35		17	20		70	69.5	
11	男	13"5	11"01		1.3	1.2		9	10		74	73	
12	男	10"03	9"27		1.7	1.7		6	9		71	71.5	
13	女	9"46	10"67		1.7	1.7		20	21		70.5	68.5	
14	男	8"84	8"75		1.9	1.85		25	29		89	87	
15	男	13"45	12"50		1.15	1.15		3.5	4		78	75.5	
16	男	11"18	10"67		1.5	1.55		21	13		63	62	
17	男	8"64	8"37		1.7	1.7		17	14		68.5	68.5	
18	男	9"15	9"04		1.7	1.7		16	20		84	80	
19	男	8"98	8"90		1.7	1.7		15	19		47.5	47	
20	男	9"06	11"25		1.7	1.6		19	17		100	99	
21	女	15"3	13"93		0.9	0.9		16	15		56	56	

健康夏令营五班

编号	性别	50米（秒）			立定跳远（米）			坐位体前屈（厘米）			体重（千克）		
		24日	28日	1日	24日	28日	1日	24日	28日	1日	24日	28日	1日
1	男	11"57	11"48		1.15	1.15		1.5	4		93	91	
2	女	12"58	12"9		1.2	1.2		12.3	16.2		87.5	87.5	
3	男	10"03	9"31		1.52	1.45		6.6	9.2		65.5	65	
4	男	10"48	10"33		1.65	1.65		-2.1	1.1		99	95	
5	女	9"73	9"4		1.5	1.56		23	22.2		98	95.5	
6	男	9"73	10"26		1.4	1.4		1.2	16		82	80	
7	女	10"3	11"7		1.15	1.3		9.7	17.4		110	105	
8	男	9"01	9"09		1.5	1.5		2.2	1.8		85	84	
9	男	10"03	9"19		1.4	1.55		2	6.6		75	73.5	
10	男	10"98	10"42		1.45	1.4		-1	3.5		92	89.5	
11	男	9"61	9"8		1.5	1.5		7	7.7		65.5	64	
12	女	9"93	9"4		1.5	1.5		20.4	24		88	84	
13	女	13"67	11"2		1.1	1.15		13.4	15.9		97	96	
14	男	10"5	10"5		1.5	1.45		4.7	6.4		82	80.5	
15	男	9"85	9"4		1.45	1.58		0.4	5.9		61	62	
16	男	14"9	11"3		1	1.15		-4	7.8		97.5	97	
17	男	9"45	10		2.15	2.18		20.4	21.8		76	73.5	
18	女	9	9		1.4	1.6		17.1	20		61	60.5	
19	男	8"84	8"5		1.7	1.6		6.8	12.5		62	61	
20	男	8"35	7"7		2.1	1.98		0.5	6		62.5	63	
21	女	9"51	10"3		1.6	1.5		5	6.8		74	72.5	

老龄化背景下养老院发展状况调研

——以淄博市、徐州市两市为例

陈茂龙团队　指导老师：谭霞

摘　要：调研团队认为，养老院主要存在公众对养老院的认知程度低、现有养老院难以满足社会需求、养老护理人才短缺、入住养老院的许多老人的精神生活没有得到积极的护理等很多问题，其产生的原因有很多，需要找到有针对性的应对举措。

关键词：老龄化；养老院；认知程度；精神护理

一、调研项目概述

随着社会经济的发展，人民生活水平的提高，中国人口年龄结构正发生着急剧的转变，即老年人口在总人口中所占比例不断上升。目前，已有 1.28 亿 60 岁及以上老年人，占总人口的近 10%，中国已经进入老龄社会。2050 年是我国老龄化的高峰期，老年人口将达 4.12 亿，占总人口的近三成。如此庞大的老年人口逐步引起社会各界的重视，敬老院、老年公寓、幸福院等不同方式的养老机构也越来越多，而如今养老院的发展状况如何值得探究。

如今，医疗卫生条件得到改善，人们的平均寿命增加，加上我国人口基数大，老龄化压力更大。老龄化背景下，老年人的社会服务需求将增大，特别在医疗保健和精神健康上更需要得到细致周到的呵护。随着孤寡老人和空巢老人人数的逐年递增，老年人的健康医疗和精神愉悦的问题，亟待家庭和社会的解决。

赡养老人是我们中华民族传统美德，帮助老年人度过一个安定祥和的晚年，既是每一个家庭的责任和义务，也是社会的责任和义务，有利于构建和谐家庭、和谐社会。当今养老问题已经引起了社会的关注，调研团队旨在调研各级养老院发展状况以及原因，针对养老院的发展状况提出建设性意见和措施。根据经济发展水平以及传统工业发展重镇的特点，我们选取山东淄博市和江苏徐州市为调研地点，相继走访调查了淄博张店区的博爱养护院、孙家村老年公寓，又走访了周村区胜利社区养老院，徐州市鼓楼区养护院、徐州丰县梁寨镇敬老院，等等。这些养老院有市级的，也有镇级的；有公立的，也有私立的，都比较具有代表性。通过调研不同层次、不同级别的养老院进而分析总结养老院的发展状况，又通过比较异同去发现存在的问题。调研团队共发放问卷 200 份，回收 200 份，由于我们通过分层抽样法去确定样本容量，又加上我们采取跟踪问卷发放的方法，所以问卷的回收率达到 100%，这样既保证问卷回收质量又能使被采访者做出有效的回答。与此同时，调研团队每进入一家养老院，不仅采访院长，还采访其他负责人以及住在养老院的老人，这样可以保证我们采访信息的客观性、代表性以及多层次性。调研团队希望能够在对各级养老院的调研中，发现养老事业存在的问题以及产生的原因，从而找到解决这些问题的针对性对策。

二、调研初步结果及分析

(一)老龄化背景下养老院发展现状分析

(1)多数子女对老人的照顾不会因为老人住养老院而减少,子女与父母之间的感情也不会因为老人住养老院而淡化。调查问卷第 8 个问题"您认为看望养老院的老人的频率为多久一次比较合适"的回答结果显示,一周一次的占 49%,所选的人最多;半月一次占 27%,这样的比例符合部分子女工作忙的习惯;一个月一次的占 20%,还有 4% 的属于其他情况(见图 1)。这一数据表明,养老院的存在和发展对家庭其他成员和老人都有利,一方面老人在养老院可以得到很好的护理,子女也可以安心工作,只需要每周或半月去探望一次;另一方面,也可以进一步解放子女的时间,使他们投入到自己的工作和事业当中。调研团队通过实地访谈养老院的负责人和老人,也了解到老人们的子女会经常来看他们,或者通过电话相互联系。在淄博博爱养护院,调研团队发现很多老人的子女一天来探望两次,有时老人家属也在养护院陪老人吃饭。甚至有老人在过节时不愿回自己的家,他们把养护院当作家,而养护院的人员把老人当作了亲人来对待,这真正实现了养护院的宗旨——让亲情在这里延伸。但是,通过我们实地考察也发现,一些乡镇养老院的老人没有得到积极的有效护理,特别是在精神护理方面,家属看望的次数也不是很频繁,这也反映了城乡差距以及家庭的收入和观念差异对养老院发展的影响很大。

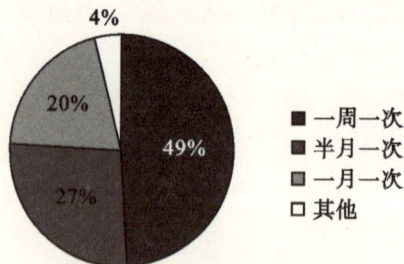

图1

(2)选择养老院时,大多数子女最看重养老院的饮食是否合理,能否满足老人的基本物质需求,其次就是工作人员对老人的照顾能力和水平,尤其是精神护理,再就是养老院的卫生和医疗条件。

调查问卷第 7 个问题"您选择养老院的原因"的回答结果显示,选择饮食健康合理的人所占比例最大,占 67%;选择工作人员照顾的人为 66%;选择卫生医疗条件的人占 62%;选择安全的人占 59%;选择环境优雅的人占 49%;选择费用合理的人占 48%;选择营业正规的占 35%;还有 10% 的人选择了其他因素(见图 2)。由此可以看出,子女最在乎养老院的饮食是否健康合理,其次就是养老院工作人员对老人的护理水平,排在第三位的是养老院的医疗和卫生条件,这为养老院的发展提供了方向。此外,调研团队通过实地调研市级、区级以及镇级养老院发展状况对比发现,市级养老院发展得最好,特别是养护院,例如淄博博爱养护院和徐州鼓楼区博济养护院就有两队不同护理人员专门护理,徐州鼓楼博济养护院还有专门的日式护理,它还提供社区和上门护理,但是大部分养老院对老人的精神护理依然不足。而镇级和区级养老院不仅硬件设施没法与市级比较,老人的精神和医疗护理更不足。而且有的镇级养老院目前只接受"五保户"老人,没有对社会开放,目前正在探索对社会开放。因为社会上有大量入住养老院的需求,徐州丰县梁寨镇敬老院就符合这种情况。

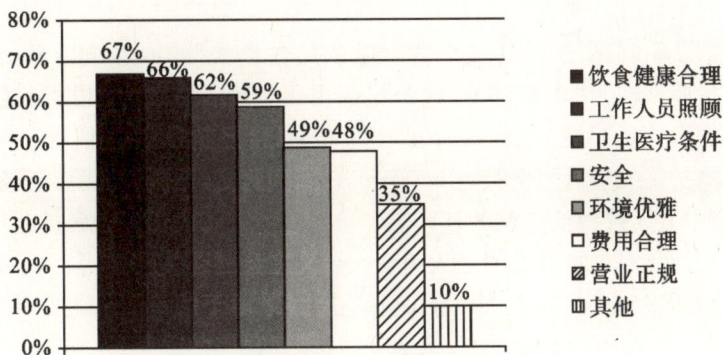

图2 您选择养老院的原因?(多选)

(3)子女对老人所居住的养老院的位置有特殊要求,环境优良的郊区和所属社区周围是最主要的考虑因素。

调查问卷第10个问题"您认为养老院建在何处比较合适"的回答结果显示,49%的人选择环境优良的郊区,34%的人选择所住社区的周围,15%的人选择价格可承受的地段,2%的人选择其他(见图3)。由此可见,家庭最关注养老院是否布置在环境优良的郊区,这样可以给老人一个安静的环境;其次希望养老院布置在所住的社区周围,这样老人希望距离自己的家近,方便家属来看望。而通过实地考察,调研团队发现养老院有的近社区,有的近郊区,总之环境都是安静的。这些都为养老院进一步布局和发展提供了参考。为此调研团队认为养老院近社区更重要,因为社区养老也是未来养老院发展的主要方向之一。

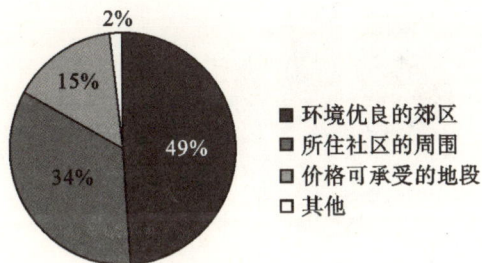

图3 您认为养老院建在何处比较合适?

(二)老龄化背景下影响养老院发展的重要因素分析

调研团队通过设计发放问卷,实地调研和深度访谈形式进行,希望能够得到真实可靠的养老院发展状况资料和信息,进而提出合理有用的建议。在样本容量选取确定时以及处理调研数据过程中,调研团队充分运用分层抽样和线性回归分析法,去尽量获取可靠的养老院信息和找出养老院发展与人们收入、受教育水平、思想观念之间的关系和相关程度。经过调研团队实地调研和问卷分析,关于养老院的发展状况,调研团队得出三个重要的影响因素。

(1)从收入层面上看,公众的收入状况关系到养老院的发展,收入水平越高,选择更好条件的养老院的可能性就越大。

调查问卷第 9 个问题"您能接受的养老院的居住价格"的回答结果显示,62%的人认为养老院的收费应该在 3000 元以下,这个比例占得很大,这一群体没有足够的经济能力让自己的父母去入住价格更贵的、条件更好的养老院,大多数只能住进经济的社区养老院。淄博博爱养护院的最低收费接近 3000 元,属于中等以上的养老院。家庭收入偏低的群体,只能给家中老人选择低价位的社区老年公寓,如淄博张店区孙家村老年公寓的收费每年为 700 多元,而且 75 岁以上的老人免费入住,周村胜利社区养老院的收费也是 700 多元,徐州镇级的养老院也在 700~800 元,当然这些都是公立的。通过调研发现公立养老院的条件差一些,但是可以满足低收入家庭的养老愿望。选择 3000~5000 元的人占23%,这反映了中等收入偏下的家庭的养老费用承受能力,通过对市、县、镇三级养老院调查发现,养老院条件、服务水平和收费成正比。选择 5000~7000 元的人占 10%,这反映了中等收入偏上的家庭的养老费用承受能力,选择 7000 元以上的人占 5%,这反映了高收入家庭的养老费用承受能力,只是比例特别低(见图 4)。以上数据反映出一个趋势,社会上养老家庭的需求是多样化的,因此,养老院的发展也应该具备层次化、多样化,既有公立的,也有私立的,既有普通养老院,也有条件比较好的养老院,这样才能满足家庭的多样化需求。与此同时,调研团队也发现,尽管条件好的养老院数量较少,入住率却不高。淄博博爱养护院,是市级"医养结合"养护院,条件很好,有两队护理人员:一队是专业护理队伍,另一队是医护人员,进行 24 小时护理,每个老人都有护理时间档案。这样的护理才能满足老人的需求;而那些区级镇级养老院的护理条件跟不上,只是能满足生活条件,可见家庭收入对养老院的影响很大。

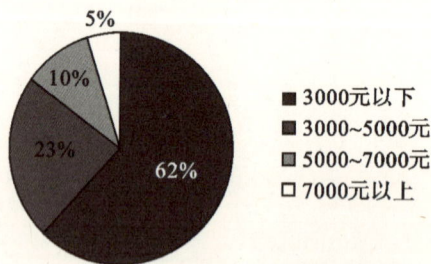

图 4　您能接受的养老院的居住价格?

(2)从认知层面看,公众对养老院的了解程度影响着养老院的发展,公众对养老院越了解,养老院的发展就越好。

调查问卷第 4 个问题"您对养老院的了解程度"的回答结果显示,一半以上的人对养老院不了解,其中,43%的人对养老院不太了解,12%的人对养老院很不了解,对养老院一般了解的人占 39%,非常了解的人只占 6%(见图 5)。调研团队在实际的访谈中也发现了解养老院的人不多。公众对养老院不主动了解的原因有以下几个。第一，年轻人认为入住养老院距离自己很遥远，自己那么年轻没必要去关注这个。第二，自己家里没有人进入养老院，所以知之甚少。第三，国家对养老事业的宣传力度不够，以致大部分人对养老事业和养老院的发展状况认识不足。第四，养老院的数量少，目前养老院的资金来源少，自我宣传的机会也匮乏，导致人们对养老院的接触少。第五，由于养老院对地理环境要求高，也限制了养老院与人口密集区接触的机会。

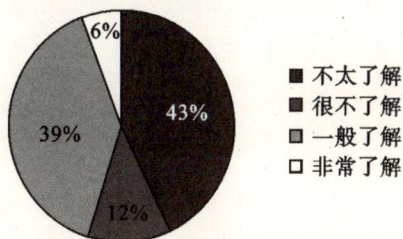

图 5　您对养老院的了解程度？

（3）家庭养老仍然是主流，社区养老和机构养老未来发展潜力巨大。当前，养老模式主要有三种，分别是家庭养老、社区养老、机构养老。随着经济水平的提升和社会的进步，未来可能还会有更多养老模式的出现。调查问卷第 6 个问题"您会为您或家人选择何种养老模式"的回答结果显示，选择家庭养老的人最多，占比为 54%，选择社区养老的人占31%，选择机构养老的人占 12%，选择其他养老模式的人占 3%（见图 6）。从这一数据可以看出，家庭养老仍然是主体，传统的家庭养老思想根深蒂固。随着经济社会的发展，人们收入的增加，人们的养老观念越来越现代化，会有更多的人接受社区和机构养老，如今乡镇养老院最为典型，特别是无子女的、有子女而子女工作忙无力照顾父母的群体，这样的话，子女更倾向于出钱供老人去养老院生活，所以，应大力发展社区养老和机构养老。

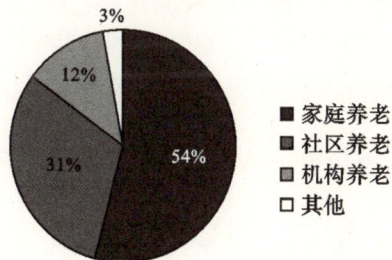

图 6　您会为您或家人选择何种养老模式？

（三）老龄化背景下养老院发展路径分析

（1）首先国家应该大力宣传养老事业，在资金和政策上支持养老院的发展。同时国家应该继续加大力度鼓励社会资本进入养老事业和养老产业，努力去构建适应现代经济社会发展的新的养老体系，更重要的是国家应加大对养老院的监督力度，保证其安全健康运行。

（2）国家和社会应该通过多种平台和渠道去宣传"孝文化"，倡导尊老新风尚，一方面鼓励家庭养老，另一方面又要大力发展社区养老与机构养老。

（3）由于养老院的护理人才短缺，国家应该鼓励医学院发展现代专业护理人才教育，同时呼吁医学护理人员转变就业观念，鼓励其到基层从事护理工作，为此国家应给予基层护理人员相应的物质和精神上的支持。

（4）养老院的发展应该跟上时代的需求，为此应该大力发展养护院，特别是要符合"医养融合"的模式和标准，让老人住进来又能得到很好的护理，特别是医学护理和精神护理。探索养老院、社区与医院三者融合模式，这样有利于解决乡镇养老院财力不足的现状。

（5）政府鼓励和支持社区成立专门的护理队、护理流动站以及帮老志愿服务体系，以便及时解决社区护理需求，这样也可以缓解家庭养老和社区养老的压力，来更好地应对老龄化所带来的压力和问题。

（6）进行各级养老院的信息化和智能化建设，为更好地服务老人，特别是精神服务，提供技术支持。

结语

随着社会经济的发展，医疗水平提高，人的寿命越来越长，随之也带来了老龄化问题的加剧。随着人们受教育水平的提高，人们的养老观念也在更新，逐渐打破了传统家庭养老的观念，提出了社区养老和机构养老的需求。调研团队通过实地调研发现，养老院级别差距很大，而且养老院的数量和养老护理人员的数量严重不足，虽然老年人适合静养，但是老年人的精神护理很重要，而实际则恰恰相反，养老院的精神护理严重不足。为此，国家要把居家养老、社区养老和社会养老有机地结合起来，建立起多元化的供养体系和模式，以及对养老人才进行培养，这种现象或许能够大为改观。

参考文献

[1] 任毅臻. 人口老龄化背景下我国养老模式研究[D]. 吉林大学,2017.

[2] 王璨璨. 人口老龄化背景下的临淄区医养结合养老服务研究[D]. 山东大学,2017.

[3] 李小兰. 我国民营养老服务业发展研究[D]. 福建师范大学,2016.

[4] 苏永刚、吕艾芹、陈晓阳. 中国人口老龄化问题和健康养老模式分析[J]. 山东社会科学,2013(04):42-47.

[5] 赵晓芳. 健康老龄化背景下"医养结合"养老服务模式研究[J]. 兰州学刊,2014(09):129-136.

"心之悦：养老院发展状况调研"团队具体信息

团队指导老师：谭霞

团队队长：陈茂龙

团队成员：赵博、于娇、尹佳红、夏婷婷、孔维兴、汪存德、卢宁宁

附录：

调查问卷

您好！我们是"心之悦：养老院发展状况调研"团队，为了解老龄化背景下的养老院状况而开展调研活动，此次调研我们只是为了学习研究，将对你们的个人信息进行严格保

密,占用您的宝贵时间使我们深感歉意,非常感谢您参与我们的本次问卷调查。

　　(请您认真填写如下问题,并请在相应选项下打"√")

1. 您的性别:

　　A. 男　　　　　　　　B. 女

2. 您的年龄:

　　A. 20～35 岁　　　　B. 36～50 岁　　　　C. 51～65 岁　　　　D. 65 岁以上

3. 您个人的月收入状况:

　　A. 3000 元以下　　　B. 3000～5000 元　　C. 5000～7000 元　　D. 7000 元以上

4. 您对养老院的了解程度:

　　A. 非常了解　　　　B. 一般了解　　　　C. 不太了解　　　　D. 很不了解

5. 您对现行养老院的态度:

　　A. 非常满意　　　　B. 满意　　　　　　C. 一般　　　　　　D. 不满意

6. 您会为您或家人选择何种养老模式:

　　A. 家庭养老　　　　B. 社区养老　　　　C. 机构养老　　　　D. 其他

7. (多选)您选择养老院的原因:

　　A. 卫生条件、医疗设备是否齐全　　　　B. 工作人员照顾是否细致

　　C. 饮食是否健康合理　　　　　　　　　D. 安全方面,是否虐待老人

　　E. 费用是否合理　　　　　　　　　　　F. 环境是否优雅

　　G. 营业是否正规　　　　　　　　　　　H. 其他

8. 您认为看望养老院的老人的频率为多久一次比较合适:

　　A. 一周一次　　　　B 半个月一次　　　C. 一个月一次　　　D. 其他

9. 您能接受的养老院的居住价格:

　　A. 2000 元以下　　　B. 2000～3000 元　　C. 3000～4000 元　　D. 4000 元以上

10. 您认为养老院建在何处比较合适:

　　A. 所住社区的周围　　　　　　　　　　B. 环境优良的郊区

　　C. 价格可承受的地段　　　　　　　　　D. 其他

11. 您认为现行养老院最需要改进的是:

　　A. 工作人员素养　　B. 居住环境　　　　C. 设施、设备　　　D. 饮食

12. 您对未来养老院的期待:＿＿＿＿＿＿＿＿＿＿＿＿＿＿

农村空心化现象及其治理调研

——以淄博市房镇、石桥镇、路山镇、罗村镇为例

谢华彬团队　　指导老师：谭霞

摘　要：农村空心化指农村中有文化的青壮年劳动力流向城市工作，造成农村人口在年龄结构上的分布极不合理，形成了村庄空间形态上空心分布的状况。有人担心"未来谁来耕作土地"，也有人感叹"乡土中国"正在慢慢消失。在城镇化过程中，农村的空心化在一定程度上在所难免。关键在于，城镇化不是让农村"消失"，而是要让农村变得更加现代化。农村相对于城市的经济、基础设施、教育水平落后，且这些差距目前在不断拉大，这导致农村人口流失越来越严重，农村青壮年人口比例越来越低。在这种情况下，农村落后的经济发展和基础设施建设缺乏广大青年来建议，农村的文化缺乏青年来支撑和继承。

关键词：农村空心化；农村人口流失；社会主义新农村建设；治理

一、调研项目概述

在中国快速发展的今天，城市建设越来越完善，城市也变得越来越繁荣，吸引力越来越强。面对城市便捷的交通、更多的就业机会、更好的教育，农村的青壮年、大学毕业生纷纷奔向城市，选择到城市发展，导致农村人口年龄分布极不合理，农村空心化问题越来越严重。

农村空心化指农村中有文化的青壮年劳动力流向城市工作，造成农村人口在年龄结构上的分布极不合理，形成了村庄空间形态上空心分布的状况。有人感叹"乡土中国"正在慢慢消失。在城镇化过程中，农村的空心化一定程度上在所难免。关键在于，城镇化不是让农村"消失"，而是要让农村变得更加现代化。

本次调研，旨在探究农村空心化现象的成因，把握农村空心化的现状，为避免农村空心化提出相应措施。根据地域经济发展水平程度和实践效果，我们最终决定选取淄博市房镇、石桥镇、路山镇、罗村镇作为调研地点。我们的调研活动大体分为三部分：一是调研前期的准备和踩点工作，确定实际可行的调研路线，避免可能发生的危险，为后期社会实践活动顺利展开奠定了坚实基础，并提前编写印刷了调查问卷，为后来问卷的顺利派发统计做了充足准备；二是实际调研活动的展开，根据前期路线规划，真正做到有章可循，并安排专人进行录音、笔记、拍照等辅助工作，更好地为后期材料编写提供了素材；三是调研结果分析，通过对之前调查问卷的分析以及走访了解到的信息进行整理，寻找问题的症结所在，集思广益，提供问题解决办法和有效建议，走访相关政府部门寻求答案，收集本次调研数据并总结结论。

本次调研共发放 210 份问卷，分为网络问卷和纸质问卷两种模式。最终在整合下共得到 200 份有效问卷，有效回收率达 96％，形成多份访谈音频，并在 QQ、微信等新媒体平台进行实时有效的宣传报道，在社会上受到广泛支持和好评。相信在社会主义新农村建

设的进程中,随着农村文化、休闲娱乐、教育、住房、交通方面的建设和完善以及就业机会的增多,乡村定会吸引青年人去发展,使农村空心化问题得到解决。

二、调研初步结果及分析

（一）描其状、绘其形——农村空心化现状分析

1. 社会主义新农村建设背景下地方政府的政策实施力度仍然需要加强

尽管近几年来党和政府高度重视社会主义新农村建设,但是对于一些偏远地区来讲,政策实施的力度还是不够。虽然这些地区想要跟上现代化发展的步伐,但是往往缺少带动发展的主力军,缺少新鲜活力的注入。农村发展的关键在于人才。由于农村的基础设施不完善,和城市相比,无论在哪个方面都存在一定差距。随着两者的差距越来越大,城市的吸引力也越来越强,优秀资源和优秀人才向城市集中。农村虽然走出了不少大学生和人才,但真正留在农村的却很少。许多人只想到比较好的地方去发展,而不愿意留在落后贫穷的农村。农村的吸引力不强,导致大量人才流向城市,成了人才的净输出地。这才是农村发展缓慢的真正原因。

由于农村人口大量外流,使农村失去了原有的生机与活力,日益呈现出萧条、凄凉的现象。作为主要劳动力的青壮年外出打工,妇女、儿童、老人成为了田地上的劳动力。这使得田地也得不到有效的利用,大多数处于闲置或粗放经营的状况,所以现代农村的潜力并没有被充分挖掘出来。

2. 农村社会工作和研究严重滞后

无论从理论还是现实来看,中国农村的综合发展都远远落后于城市,农民面临的各种压力和困境更大,多元化的社会需求需要社会工作的介入。但事实上,无论是政府部门还是社会工作机构,目光更多的是投射在城市而不是农村。在我国,社会工作已经得到了较快发展,相对于城市社会工作而言,农村社会工作还处于起步或探索阶段,显得非常滞后。

（二）明其源、究其根——农村空心化成因探究

1. 农民收入低,城乡差距大

1949年到改革开放前的20多年间,我国农民生活始终在低水平徘徊,当时我国居民维持一种低收入水平的平均主义。改革开放以后,农民收入增长较快,但在这以后的很多年里一直处于低速波动增长,尤其是进入20世纪90年代中期以后,增幅逐年下降,1997～2003年的7年间,农民人均纯收入没有一个年份超过5%。从2004年中央1号文件的出台开始,中央加大了对三农的重视和支持力度,2004年和2005年农民纯收入分别比上年增长6.8%和6.2%,但严峻局面并没有从根本上改变,相对于GDP和城镇居民收入的增幅,城乡居民收入差距仍是越拉越大。

20世纪90年代,中国城镇居民家庭人均可支配收入是农村的2.5倍左右,21世纪以来,这一比例维持在3.3左右;2009～2012年期间,城乡差距连续4年下降,从3.314下降到3.10,由此看来城乡差距形势依然严峻。2012年城乡差距从大到小排列是:西部、中部、东部、东北地区。东部进城务工人员数量最多、西部最少。农业收入低,城乡收入差距大,农民很难在乡村通过劳动获得预期收益。因此,大量有能力的农户都选择了外出打拼。

这也是形成农村空心化的主要原因。

2.农村无特色产业，缺少致富机会

大部分农村地区的村集体的原始积累薄，资金来源渠道相对单一，无法为更多的农民提供挣钱机会。农村的青年劳动力大多进城务工，农村劳动力严重匮乏，机械化水平低。虽然部分农村地区也出现了插秧机、收割机、耕地机，但是因为耕地零碎分散，而且梯田居多，不利于使用机械，再加上这些机械操作的成本比较高，农民宁愿自己使用传统种植方式也不舍得租赁或购置这些现代化机械。在除去耕作费、秧苗费、化肥农药费、收割费以及平时付出的劳力之后，这几亩田地的收入实在少之又少。

3.农村教育落后，无法满足教育需求

1999年至2001年农村大学生的比例在39％左右；2002年开始逐渐下滑直至2007年的21.2％。而这种现象在重点大学更为严重，2000年北京大学的农村大学生比例为14.2％，清华大学为17.6％。由此可见城乡教育资源不均，"寒门难出贵子"现象极为严重。

城乡教育资源不均的原因有以下几点：一是农村生源严重不足，二是传统的农耕经济无法满足农村发展的需求，越来越多的农民告别农田进城务工，农村子女也随着父母进城，在城市上学，这也是农村生源急剧下降的又一原因。此外留守农村的家长们教育理念落后，尤其是偏远山区的家长们更多地把关注点放在家庭生活经济来源上。而对于农村教学质量本身，则是师资力量薄弱。一是教师队伍老年化，二是教学科目资源短缺，三是教育体制不完善。最重要的是不均衡的教育资源让留守农村的孩子对教育失去信心，出现了"读书无用论"的错误观念。在有些地区，"90后"辍学率高达30.8％，其中大多数初中还没有毕业。农村落后的教育导致许多农村父母为了孩子的教育选择进入城市，外出打工。因此许多农村子弟和大学毕业生也纷纷选在城市发展。

4.农村村级组织涣散，基础设施建设落后

农村的基础设施建设存在三大问题。其一，农村基础设施建设严重滞后，远远不能满足日益增长的需求。由于国家长期推广工业化、城市化发展战略，使得国家财政建设投资基金绝大多数流向了城市，造成农村基础设施严重滞后。其突出表现为农业生产性基础建设落后；农业资源危机严重，生态环境不断恶化；农村的交通设施落后；农村的生活服务性基础设施普遍不足。其二，各级政府对农村基础设施建设的财政供给责任划分不清，组织涣散，难以落实。如2002年修订的《农业法》第十七条虽然规定各级人民政府要采取措施，加强农业和农村基础设施建设，但仍没有一个与《农业法》相匹配的《农业投资法》来具体规范中央、省、市县、乡镇在农业和农村基础设施建设中的职责规划。其三，以财政为主导的农村基础设施建设投资体系尚未建立，投资主体缺失，制度外供给使农民负担增加。由于财力所限及城乡二次元结构体制的影响，我国农村公共产品供给依靠制度内公共资源远远不足，为了提供最基本的农村公共产品供给，不得不靠制度外再筹集一块公共资源来弥补，从而使农民负担加大。基础设施建设落后，村级领导工作涣散、不作为，农村的快速发展受到极大限制。

三、出其策、解其难——农村空心化治理措施

(一)加大对农村基础设施的投入力度,改善农村的生产、生活环境

调查问卷第9个问题"根据您自身家乡(周边乡镇)发展状况,谈谈您认为急需人才(改变)的领域"的回答结果显示,农村最急需的是能够适应现代市场的新兴产业,占35.33%,其次是基建和城乡规划,占到29.33%,随后是交通和信息交流领域、农产品种植和销售,分别占到18%、17.33%(见图1)。由数据可以看出,加大对农村基础设施的建设,改善农村的生产、生活环境十分迫切。因此,加大对农村基础设施的投入力度,改善农村的生产、生活环境是吸引和留住优秀劳动力的物质前提。所以说,中央应该抓住财政收入增长较快的时机,大幅度增加对农村的投入。

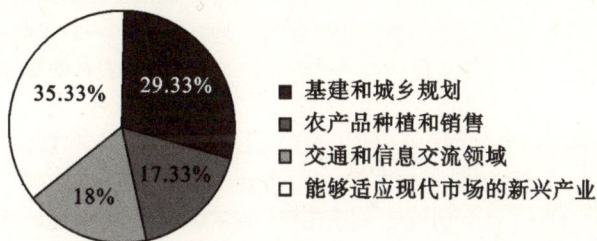

图1

(二)优化农村创业环境,提高农业生产效益

调查问卷第5个问题"根据自身情况或时下热点,你希望国家和地方政府针对主动支援农村各领域体系建设(支教或创业等)的人才(群体)出台哪些特殊照顾政策"的回答结果显示,有46.67%的受访者希望国家给予创业扶持政策,有28.67%的受访者希望国家给予福利补贴类政策,有21.33%的受访者希望国家给予"快车道"通道支持,有3.33%的受访者不关心(见图2)。由此可以看出,国家在农村创业扶持政策、农村农业发展等等问题中起到特别重要的作用。

图2

(三)发展农村基础教育,培养农村青少年的"爱农情结"

新农村的未来在农村青少年身上,立足年轻一代,提高农村青少年素质的关键在教育,特别是农村基础教育。现在,凡是涉"农"的事业,都成了弱势事业。在这种情况下,培养城乡青少年的"爱农"情结很重要。

（四）打造乡村产业，振兴农村产业发展

第一，加快农村城镇化、农村工业化建设，各地区应大力促进农村工业向小城镇集中，通过农村工业的发展来实现农村人口向小城镇转移。第二，打造乡村旅游结合特色农产品的模式，挖掘本地的品牌，才能够逐渐扩大影响力。第三，与国内知名的物流企业合作，不断完善农村的物流体系，让农产品通过互联网迈向全国甚至全世界。

参考文献

[1] 张慧芳. 新农村建设中农村"人才流失"问题探究[J]. 山东农业大学学报（社会科学版），2008(4)：47-52.

[2] 李小棒、柳玉民. 农村人才流失对新农村建设的影响[J]. 农业经济，2013(2)：54-55.

[3] 张婧怡. 打造特色农产品品牌的战略意义及其优化措施[J]. 知识经济，2017(6)：59-60.

[4] 林权、宋志鹏. "互联网＋农业"改变农业发展道路[J]. 时代金融，2017(8)：281-282.

[5] 郑粟文. 农村"空心化"的现状及治理对策——基于山东省禹城市农村的实地调研[J]. 安徽农业科学，2017(4)：215-217.

[6] 赵伟伟. 城镇化建设视域下农村空心化现状及原因探析[J]. 改革与开放，2017(2)：63-64.

[7] 田新强. 乡村旅游开发与农村空心化问题治理[J]. 农业经济 2017(4)：52-54.

[8] 郭占锋、李卓. 中国农村社会工作的发展现状、问题与前景展望[J]. 社会建设，2017(2)：45-57.

"农村空心化现象及其治理"调研团队基本信息

团队指导老师：谭霞

团队队长：谢华彬

团队成员：张书豪、曹峻、庞晓文、王美、孙立洋、吴旭东、郭姗姗、孙菁艺、赵福蕾

附件：

调研问卷

您好！我们是山东理工大学"农村空心化现象及其治理"调研团队，我们了解到国家目前正加快建设社会主义新农村，而农村人才流失与大学生反哺家乡成为时下热点话题，我们据此展开本次调研。此次调研我们只是为了学习研究，将对你们的个人信息进行严格保密，占用您的宝贵时间使我们深感歉意，非常感谢您参与我们的本次问卷调查。（请您认真填写如下问题，在相应选项下打"√"）

1. 您是否为农村户口？

　　A. 是　　　　　　　　B. 否

2. 您毕业后是否有意愿支援新农村建设？

　　A. 有　　　　　　B. 没有　　　　　　C. 有，但客观条件不允许

3. 根据您上一题的回答，给出影响您作出这一结论的主要原因？

　　A. 家庭（感情）原因　　　　　　B. 专业对（不对）口

　　C. 对农村未来发展前景迷茫

4. 时下社会主义新农村建设的热点岗位，你更倾向于哪一个？

A. 村官　　　　　　　B. 创业　　　　　　C. 农产品相关产业　　　D. 选调生

5. 根据自身情况或时下热点,你希望国家和地方政府针对主动支援农村各领域体系建设(支教或创业等)的人才(群体)出台哪些特殊照顾政策?

　　A. 福利补贴类政策　　　　　　　　　B. 开通"快车道"给予支持

　　C. 创业扶持政策　　　　　　　　　　D. 不关心

6. 您认为目前农村人才流失的主要原因是?

　　A. 追求物质生活　　　　　　　　　　B. 农村暂无发展空间

　　C. 希望"逃离"农村

7. 您认为您的家乡(周边乡镇)是否还具有发展潜力?

　　A. 是　　　　　　　　B. 否

8. 地方政府有无贯彻落实新农村建设政策?

　　A. 有　　　　　　　　B. 无　　　　　　C. 不知道

9. 根据您自身家乡(周边乡镇)发展状况,谈谈您认为急需人才(改变)的领域?

　　A. 基建和城乡规划　　　　　　　　　B. 农产品种植和销售

　　C. 交通和信息交流领域　　　　　　　D. 能够适应现代市场的新兴产业

10. 您认为和去农村发展相比,未来的生活状态?

　　A. 工资高环境好　　　　　　　　　　B. 格局更大(比农村更具发展前景)

　　C. 竞争压力大,生活水平低　　　　　D. 迷茫,无法很好适应

11. 面对如今农村发展极具张力和不确定性,没有明确发展规划的现状,以及未来可能遇到的改革瓶颈,您是否还愿意为新农村建设奉献青春?

　　A. 是　　　　　　　　B. 否

12. 对"反哺家乡,筑梦农村"所持意见?

　　A. 支持　　　　　　　B. 反对　　　　　C. 仅精神上支持

推动社会主义新农村建设的有益探索

——山东省青岛市8个村庄社会主义新农村建设的调研

王名扬团队 指导老师：滕亮 齐航

摘　要：调研团队走进农村，采用走访观察、调查问卷等调研形式，对青岛市新农村建设的实施发展状况进行调研，详细了解青岛市在社会主义新农村建设方面的现状，启发思考，从而为社会主义新农村建设的未来可持续发展提出合理化建议。

关键词：社会主义新农村建设；青岛市；振兴乡村战略；合理化建议

一、调研项目概述

2005年10月，党中央提出社会主义新农村建设"生产发展、生活宽裕、乡风文明、村容整洁、管理民主"的20字方针。十八大以来，以习近平同志为核心的党中央在社会主义新农村建设方面提出了很多新思想新战略，习近平总书记也发表了一系列重要讲话，比如，"没有农村的小康，特别是没有贫困地区的小康，就没有全面建成小康社会""要积极推进新农村建设，让农村成为农民幸福生活的美好家园""中国要美，农村必须美"，等等。2017年，党的十九大报告更是前所未有地明确提出"振兴乡村战略"，提出"产业兴旺、生态宜居、乡风文明、治理有效、生活富裕"的社会主义新农村建设新20字方针。如何将其因地制宜真正落实下来，是各级党委、政府面临的重大战略课题和任务。

山东省青岛市是一个沿海城市，也是一个经济较发达城市，近些年来青岛在事关未来城乡发展格局的农村新型社区和美丽乡村建设方面做出了很多努力，采取了很多针对性举措，解决了很多现实性问题，为研究社会主义新农村建设提供了难得的第一手资料，具有很强的现实借鉴意义与研究价值。

为此，2017年7月10日到2017年7月17日，"调研山东——理工大赴青岛社会主义新农村建设"调研团队12名成员奔赴山东省青岛市农村地区，对附近的8个农村展开调研。本次调研共收集文字、图片、视频、音频资料近1000份，本次调研关于社会主义新农村建设的调查问卷共设计了1个，该问卷包括8个问题，其中有1个开放性问题。调研以户为单位，在问卷调查发放过程中，我们团队分为几组，前往不同区域，分别发放不同类型的调查问卷。调研过程中采用随机调查的方式，调研团队各发放每种类型的问卷100份，共500份，获得有效问卷373份。调研团队还对陈家台后村老党员代表、王家台后村致远宾馆老板、东桥子村村委会会计以及车轮山前村居民进行了现场访谈，获取一定的调研数据。

二、调研初步结果及分析

（一）被调研村庄情况简介

本次调研共涉及8个比较具有代表性的村庄，这些村庄情况各不相同，在经济发展水平方面也不尽相同,村容村貌也各有特色。这 8 个村庄是:王家台后村,全村共有 236 户,总人数 598 人,耕地 445 亩;陈家台后村,有居民 250 户,总人口 840 人,总耕地面积 1800 亩;东桥子村,现有居民 202 户,708 口人,耕地 1820 亩,山林 1200 亩,海滩 500 亩;西桥子村,现有居民 245 户,806 口人,耕地面积 929 亩;丁官庄村,现有居民 93 户,人口 226 人,耕地 397 亩,非耕地 500 多亩,林地 500 多亩;车轮山前村,现有居民 95 户,人口 320 人,耕地面积 489 亩,果园 17 亩;周家河村,共有 147 户,465 口人,耕地面积 800 亩;东港头村,共有居民 248 户,846 人,耕地面积 445 亩。

(二)调研结果分析

1. 当地社会主义新农村建设取得的进步

(1)在生产发展方面,当地村民普遍认为社会主义新农村建设有效推动了当地经济发展,并且带动了当地村民收入的迅速增长。调查问卷第 2 个问题"您认为社会主义新农村建设是否增加了您的家庭收入"的回答结果显示,88.75% 的调研对象选择"极大增加",6.25% 的调研对象选择"增加但不明显",5% 的调研对象选择"没有增加"(见图 1)。这主要与当地政府对新农村建设的扶持力度增强有关。当地政府清晰地认识到当地农村的发展优势,即当地的自然环境非常适宜发展旅游业。近山靠海的独特地域优势以及适宜的气候环境,使当地吸引着成千上万的游客到来。当地政府认清形势,结合特色渔业,大力支持当地的旅游业发展。旅游业发展十几年间,当地的生产发展状况突飞猛进,为当地居民带来极大的经济效益。

(2)在生活宽裕程度方面,当地村民对于国家近些年出台的关于社会主义新农村建设的增收政策了解程度较高。调查问卷第 3 个问题"您对国家出台的一系列社会主义新农村增收举措是否了解"的回答结果显示,有七成以上的村民表示了解,其中,43.42% 的村民非常了解,27.63% 的村民一般了解,当然,也有 28.95% 的村民表示基本不了解(见图 2)。近几年,中共中央制定出台了关于"三农"问题的三个一号文件等增收政策,以促进农民增产增收,提高农业综合生产能力,开创社会主义新农村建设的新局面。在各级党委和政府的大力宣传下,当地村民对此类政策总体的了解程度比较高。但也因为各种原因导致部分当地村民对此类政策的了解程度不够的情况,比如,当地政府对此类政策的宣传渠道相对单一、当地部分村民文化程度不高、当地部分村民外出打工时间比较长等原因。

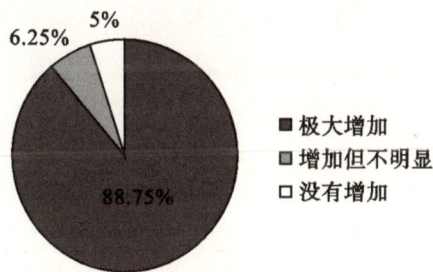

图1　您认为社会主义新农村建设中是否增加了你的家庭收入?

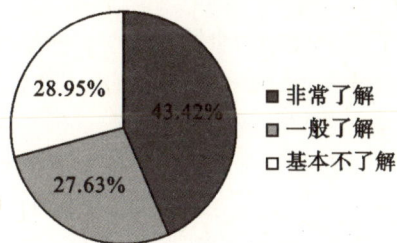

图2　您对国家出台的一系列社会主义新农村增收举措是否了解?

(3)在乡风文明方面,绝大多数居民认为当地的文化休闲娱乐公共设施数量合适,能够基本满足当地村民的需要。调查问卷第 5 个问题"您认为当地的文化休闲娱乐公共设施数量合适吗"的回答结果显示,有九成左右的村民表示当地的文化休闲娱乐公共设施数量合适,能够基本满足自己的需要,其中,63.38%的村民认为当地的文化休闲娱乐公共设施比较多,29.58%的村民认为当地的文化休闲娱乐公共设施数量合适,7.04%的村民认为当地的文化休闲娱乐公共设施数量较少,不能够满足自己的需要(见图 3)。这一数据与调研团队在实地调研过程中的所见所闻也是比较一致的,我们在调研过程中发现,各个村庄都设有不同的文化休闲娱乐公共设施,像各种健身器材、篮球场、乘凉亭等都很普遍。此外,各个村庄都还有其他形式的文化建设,比如墙画宣传、文明评比等,这都体现出当地政府重视乡风文明建设。

(4)在村容整洁方面,大部分的村民十分满意当地的环境卫生条件。调查问卷第 6 个问题"您对现在的乡村环境卫生条件满意吗"的回答结果显示,有九成多的村民表示满意当地的环境卫生条件,其中,86.08%的村民表示满意,11.39%表示基本满意,也有2.53%的村民表示不满意,有待提高(见图 4)。这与当地新农村建设在村容整洁上的努力离不开。据调研团队了解,近几年当地垃圾处理已经不用村民自行解决。当地居民委员会定期为居民发放垃圾袋、垃圾桶等,居民只需要将家中垃圾放在门口,就会有专人上门回收。村庄内部设有专门的垃圾处理站,对收来的垃圾集中处理。此举方便了居民生活,也优化了当地的环境卫生条件。当然,当地村民也表示,距离垃圾分类处理这一目标还有一定的差距。

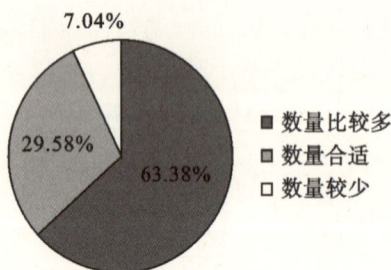

图3   您认为当地的文化休闲娱乐公共设施数量合适吗?

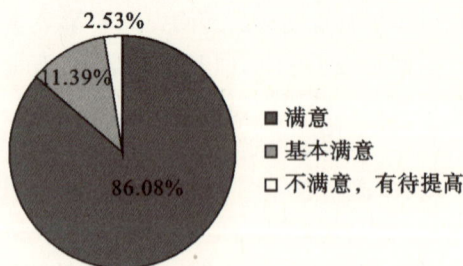

图4   您对现在的乡村环境卫生条件满意吗?

(5)在管理民主方面,大多数村民认为村内干部能实施村民大会的决议,能较大程度地实现管理民主。调查问卷第 6 个问题"您觉得村民代表大会中的决议的实施情况如何"的回答结果显示,有九成多的村民表示村内干部能够实施村民大会的决议,其中,71.62%的村民表示村民代表大会中的决议的实施情况良好,18.92%的村民表示村民代表大会中的决议的实施情况一般,也有 9.46%的村民表示村民代表大会中的决议的实施情况较差(见图 5)。调研团队实地走访各个村庄的村务公示栏,了解村民委员会在公示栏中公开的内容,并向当地居民了解情况,调查得知,当地的村务公开情况较好,能够较好地实现管理民主。

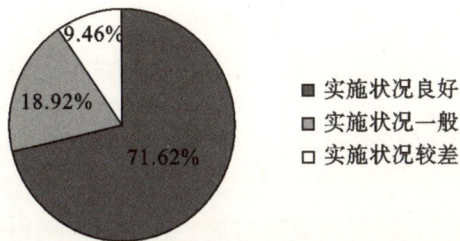

9.46%

18.92%

71.62%

- ■ 实施状况良好
- ■ 实施状况一般
- □ 实施状况较差

图 5 您觉得村民代表大会中的廖议的实施情况如何？

通过以上调查问卷的数据分析和调研期间我们团队对 8 个村庄的深入了解，调研团队发现这八个村庄均在新农村建设上取得一系列进步，而且 8 个村庄的发展也各有特色。具体来说：①生产发展模范村：王家台后村、陈家台后村、东港头村。在调研的 8 个村庄中，调研团队发现当地已经形成了以王家台后村为中心的辐射状旅游业发展中心。得益于王家台后村靠山背海的优势，当地兴起了 100 多户渔家乐酒家。距离这里最近的陈家台后村受到影响，兴起了小部分的旅馆酒家产业。距离较远的车轮山前村、东港头村、丁官庄村等受到的影响甚微。8 个村庄的生产发展状况呈现出参差不齐的现象。王家台后村、陈家台后村经济富裕，丁官庄村、车轮山前村以及东港头村近年来搬迁，村民住的已经从平房变为高楼，而周家河村等村庄经济发展相对落后。②生活富裕模范村：王家台后村、东港头村。调研的 8 个村庄中，调研团队发现受增收政策影响最大的即王家台后村、车轮山前村、丁官庄村和东港头村。王家台后村的增收渠道相比其他村庄较多，且发展迅速，已经形成产业品牌，知名度高。东港头村受房屋搬迁影响，接触事物多，村民普遍注重医疗保险等保障措施。两村内部建设已经似城市繁华，居民生活得到基本保障。而像周家河村等村庄，多年来变化不大，经济呈较缓速度增长，居民的增收渠道基本不变。③乡风文明模范村：陈家台后村、周家河村等。调研的 8 个村庄中，调研团队发现在乡风文明建设中，这 8 个村庄做得都比较好。王家台后村评比"见义勇为""好婆婆""好媳妇"等荣誉称号，为获奖者发放冰箱、彩电等奖品，鼓励大家创建文明乡村。但值得一提的是，当地在发展经济过程中忽略了绿色环保观念的普及。LED 灯全天闪耀，用水量、用电量非常大。当地居民反映自家的自来水经常因用水量大出现断水、黄水现象。在陈家台后村，则注重文化基础设施的建设，村庄内设有建设器材、篮球场等，为村庄的文明建设提供支持。以周家河为首的其他村庄，均在村民房墙上绘制文明宣传画，倡导大家创建和谐文明乡村。④村容整洁模范村：王家台后村、丁官庄村、车轮山前村、东港头村。调研的 8 个村庄中，调研团队发现都在村容整洁上采取措施。王家台后村，雇佣当地居民每天到居民门口收取垃圾，定期为村民发放垃圾袋。丁官庄和车轮山前村，村民只需将垃圾袋放到楼下就有人处理。东港头村甚至建立专门的环卫驿站，对垃圾进行进一步的处理。但在周家河村，路障处理不迅速。⑤管理民主模范村：陈家台后村、东港头村、西港头村。调研的 8 个村庄中，有几个村庄的民主管理建设十分到位。我们走访陈家台后村居民委员会大楼时，发现他们在村委会办公处内部设立了专门的会议室，用来召开党员大会、村民代表大会等。其中，陈家台后村还设立了党员学习中心，十分注重民主建设。

2.当地社会主义新农村建设仍然存在的问题

（1）农村经济增长缓慢。发展经济是建设新农村活动的关键,归根结底是要增加农民的收入,改善农民的生活状态。但当前农民增收中却遇到一些问题:一是农民从事二、三产业收入较少,农民增收后劲不足。二是农村基础设施和农业生产条件改善投入严重不足。

（2）农民群众文化素质不高,思想观念落后。农民群众思想还比较保守,农民素质不高的现状严重制约着新农村建设的进程。

（3）新农村建设缺少体制保障。导致城乡发展差距扩大、农村经济社会发展滞后的重要因素是长期存在的城乡二元体制。

（4）村民对新农村建设的认知度低,认同感缺乏、参与感不强。调查中我们了解到,村民对新农村建设的了解途径,主要来自于电视以及亲朋好友的聊天耳闻。对具体内容、目标、要求了解甚少。很多人没有参与村务公开、民主议事等更高层次的意识和要求。大家普遍认为新农村建设是政府行为,完全依靠政府的力量,存在"等""靠""要"的思想。

三、调研建议

新农村建设作为一项内涵丰富、任务艰巨的系统工程,既要充分认识其长期性和复杂性,稳步推进,又要有只争朝夕、迎难而上的开拓精神。如何抓好新农村建设,我们认为需要把握关键、突出重点。8个村庄都有各自的优势,通过对8个村庄的深入了解,我们总结经验,得出以下建议。

（一）大力推动职业农民群体的扩大和发展

加大对当地农民的农业科技知识普及,培养新型专业农民,进一步加大对外出务工人员的技能培训,重复挖掘农村剩余劳动力的潜力水平,开发和充分利用农村劳动力资源的潜力。建立农村图书馆,提高农民的科学文化水平。邀请农业专家前来开展讲座,普及种植养殖技术,让大家体会科技致富的益处。

（二）加大政府对农村的资金、资源投入力度,振兴农村发展

在政府的主导下,与企业等市场主体尽心合作,加大对农村的资金、技术和资源投入力度,不断提升农村教育、卫生、交通、农田改造、生态环境等各方面的水平,加大财政收入,形成稳定的政府补贴资金筹措机制。引导农民自主参保,不断提高经办服务管理水平。政府加大对老弱病残等弱势群体的关爱帮扶,保障弱势群体基本生活权益,维护社会的稳定和谐。建立农村公共服务设施管护机制,加强对农村公共服务设施的维修与保护,最大限度地发挥农村公共服务设施的使用效率,不断丰富村民的文化生活。

（三）加快当地特色旅游产业发展

当地可依托地域及环境优势,继续加快发展特色展业。加大当地旅游业的宣传力度,增加当地的知名度,将当地打造成农村旅游的特色圣地。

（四）发展不忘绿色,引导村民环保

在发展经济的同时注意资源保护,普及绿色环保意识,鼓励居民合理使用水、电、气等资源,节约环保,可循环利用。为家家户户发放环保物品,倡导鼓励大家节约环保。政府

可以派专人收取垃圾,将农村垃圾合理分类,回收可循环利用的垃圾。

四、结束语

社会主义新农村建设是我国社会经济发展、人民整体生活水平提高所必须实践的一步。"调研山东——理工大赴青岛社会主义新农村建设"调研团队用 7 天时间调研了 8 个村庄,深入基层,面向群众,详细了解新农村建设的现状。调研团队成员们通过每天的实践日记,进行调研总结,大家在团结中收获了友谊,在实践中得到了真知。通过调研结果可知,社会主义新农村建设目前已经取得了巨大的成绩,但仍存在部分问题需要解决优化。团队成员通过实地的调研,发现问题,启发思考,得出自己的合理化建议,为社会主义新农村建设尽了自己的一份力。

作为当代大学生,我们关心社会主义新农村建设,进行社会主义新农村建设的思想政治理论课的暑期社会实践有助于积累社会主义新农村建设的经验,从而更好地进行社会主义新农村建设,为建设我们的美好家园、实现伟大的中国梦而做出自己的一份努力。

参考文献

[1] 习近平. 决胜全面建成小康社会 夺取新时代中国特色社会主义伟大胜利——在中国共产党第十九次全国代表大会上的报告[EB/OL]. 新华社,2017-10-27.

[2] 中共中央国务院关于推进社会主义新农村建设的若干意见[R]. 2005-12-31.

[3] 狄崇伟. 山东社会主义新农村建设研究[D]. 齐鲁工业大学,2013.

[4] 李霞. 我国社会主义新农村建设中的问题与对策研究[D]. 山东师范大学,2011.

[5] 张斐、马丽卿. 社会主义新农村建设过程中存在的问题——以山东省青岛即墨市下属村为例[J]. 农村经济与科技,2013(7):92-93+144.

"调研山东——理工大赴青岛社会主义新农村建设" 调研团队基本信息

团队指导老师:滕亮、齐航

团队队长:王名扬

团队成员:周楠、种鹏举、侯祥琦、王媛媛、崔乃夫、王晨阳、王能源、王旭、张培钧

附录:

关于社会主义新农村建设的调查问卷

您好!我们是"调研山东——理工大赴青岛新农村建设"调研团队,我们正在做一个关于社会主义新农村建设的问卷调查,希望您能够积极参与,我们将对您的回答完全保密。

调查会耽误您几分钟的时间,请您谅解。

谢谢您的配合和支持。

1.您的职业是( )

    A.农民   B.渔民   C.商人   D.其他

2.您认为社会主义新农村建设是否增加了您的家庭收入？

    A. 没有增加　　　　B. 增加但不明显　　　C. 极大增加

3.您对国家出台的一系列社会主义新农村增收举措是否了解？

    A. 非常了解　　　　B. 一般了解　　　　　C. 非常不了解

4.您会主动去了解跟您相关的社会主义新农村政策吗？

    A. 经常　　　　　　B. 偶尔　　　　　　　C. 几乎不

5.您认为当地的文化休闲娱乐公共设施数量合适吗？

    A. 较多　　　　　　B. 合适　　　　　　　C. 较少

6.您对现在的乡村环境卫生条件满意吗？

    A. 满意　　　　　　B. 基本满意　　　　　C. 不满意,有待提高

7.您觉得村民代表大会中的决议的实施情况如何？

    A. 良好　　　　　　B. 一般　　　　　　　C. 较差

8.您对社会主义新农村建设还有什么样的建议？

非常感谢您的配合！

深入推动精准扶贫 如期实现脱贫攻坚

——以济南市龙山街道为例

王倩倩团队　　指导老师：牛凤燕　毛婷

摘　要：十八大以来，以习近平同志为核心的党中央提出2020年全面建成小康社会的目标，精准扶贫战略就是在这个大背景下提出来的，主要是为了实现所有人脱贫的历史性宏伟任务。"探究者——深入推动精准扶贫"调研团队实地访问济南市龙山街道，了解他们的精准扶贫工作及其成果，真切地听贫困户讲述"精准扶贫"政策给他们带来的变化与收益，进一步增进了当代大学生的家国情怀，有助于增强对国家"精准扶贫"政策的了解程度，进一步提高了对"精准扶贫"措施的科学认知。

关键词：精准扶贫；脱贫攻坚；全面建成小康社会；龙山街道

一、调研项目概述

中共中央办公厅国务院办公厅印发的《关于创新机制扎实推进农村扶贫开发工作的意见》的通知（中办发〔2013〕25号）提出，消除贫困，改善民生，实现共同富裕，是社会主义的本质要求。改革开发以来，我国扶贫开发工作取得举世瞩目的成就，走出了一条中国特色扶贫开发道路。精准扶贫是相对于粗放扶贫的扶贫方式，是指针对不同贫困区域环境、不同贫困农户状况，运用科学有效程序对扶贫对象实施精确识别、精确帮扶、精确管理的治贫方式。一般来说，精准扶贫主要是针对贫困居民而言的，谁贫困就扶持谁。自2014年实行精准扶贫政策以来，经过政府和企业等多方位的努力，龙山街道在2014～2015年，实现了527户1288人脱贫。"探究者——深入推动精准扶贫"调研团队对龙山街道的扶贫工作展开实地调研，了解他们的精准扶贫工作及其成果，真切地听贫困户讲述"精准扶贫"政策给他们带来的变化与收益，本次调研目的就是让大众更好地了解龙山街道精准扶贫的各项具体措施、实施过程中遇到的问题，以及如何找到更好的解决问题的办法，从而让中国更多的贫困户在2020年之前实现脱贫。

二、龙山街道贫困村户致贫原因分析及扶贫现状

（一）龙山街道贫困村致贫原因

一是基础设施落后。村里主要道路交通条件差，村庄位置处于龙山街道偏僻位置，村里供电设施以及4G信号覆盖差，造成了与外界联系的不方便。

二是经济基础薄弱。村里的各项发展缺少启动资金，无长期可靠的发展项目，造成更加贫困的恶性循环。

三是村民发展观念意识不足。产业经济发展缓慢，村内无集体企业，村民经济收入严重依赖农业，收入来源单一，受自然环境限制大。

（二）龙山街道贫困户致贫原因

贫困户的致贫原因很多，经过我们到贫困户家走访调研，我们总结了导致他们贫困的三个重要原因。

一是因病因残致贫。因这一原因致贫的贫困户大约占总贫困户的80％，对于大病，农村合作医疗制度的报销是有比例限制和基数扣除的，对于农村家庭来说抗疾病的能力显得尤为困难。生大病或残疾以后，家里还要失去一个劳动力，使收入来源减少。

二是家庭成员普遍文化水平低，观念落后，这既是贫困的结果，又是造成贫困的原因。调研过程中我们发现，贫困户大多年龄偏大，文化程度不高，贫困人口中文盲率为48.8％，他们缺少技术，观念比较保守，安于现状，无法进行进一步发展。

三是供养子女读书。子女读书需要的学费生活费等对于低收入的家庭来说也是一笔巨款，经我们不完全统计，因子女读书而致贫的占贫困人口的6％。

（三）龙山街道的扶贫现状

龙山街道在近年两个"光伏发电"项目顺利开展后，利用光伏发电零成本，给贫困地区带来了巨大效益。产业扶贫是龙山街道扶贫的重要项目之一，借助当地优质的生态环境，大力发展产业种植。于张村草莓种植、黄家村白莲藕种植、高家村蔬菜大棚、崔家村林果大棚等，获得的收益5％用于发放给农民，25％用于发工资等开销，最后70％投资于其他项目。产业扶贫带来的效益不仅是给贫农"输血"，而且还解决了一部分人的就业问题，防止他们脱贫后又返贫。另外龙山街道的精准扶贫措施还有干部帮扶制度、免费技能培训、龙头企业帮扶等，通过大家的努力，龙山街道用两年的时间实现了贫困户的全部脱贫。

三、龙山街道扶贫工作存在的问题及原因

通过对龙山街道贫困人口的收益情况以及生活状况的考察，调研团队了解了扶贫政策在落实的过程中遇到了很多的困难，并且现在的扶贫机制也出现了一些漏洞，其中，我们总结了主要的问题有以下几点。

（1）村民素质不高，自我发展能力弱。他们观念相对落后，改变贫困现状的内生性意愿不够强烈，因此不配合政府人员的扶贫工作，比较突出的表现就是危房改造。在危房改造这一项目实施中，政府对需要危房改造的贫困户进行补助1.2万元到3万元不等，但是这些资金是先申请，等改造完再进行补助，因此有些村民表示不想进行改造。

（2）产业扶贫涉及的项目不够全面，龙山街道的产业只涉及了种植业，范围不够广泛，虽然解决了很多人的就业问题，但残疾人、老年人都不适合从事种植业的工作。

（3）技术服务不够，农技人员少，普及农业技术不到位。龙山街道所有的项目实施都需要专业的技术，草莓基地、白莲藕种植基地、林果大棚，它们生长过程的每一个阶段都需要技术人员对村民进行技术指导。但调研团队了解到，村民们没有认真学习好经济作物的生长规律和种植技术，最后造成了一部分经济损失，这其中有很大一部分原因就是政府对村民的技术服务不够。

四、龙山街道扶贫工作的改进计划

精准扶贫政策，要讲究科学的方法，提高针对性和实效性，为打赢脱贫的攻坚战提供坚实的保障。要学会将好的政策与贫困村的实际情况相结合,把握实质问题,让政策落实具有更好的指导性和可操作性。要完善帮扶机制,确保帮扶效果,健全宣传引导制度。要坚持不懈地做好村民的工作,配合上级的安排。具体来说,要从以下八个方面采取举措。

(一)联系相关企业,与他们达成协议,并引导他们进行投资,提供技术支持,最终实现共赢

蔬菜大棚并不是说建就建,需要技术人员进行土壤测试以及对作物生产进行技术支持,村民提供土地以及劳动力,公司提供技术支持以及购销渠道,既让贫困户整体效益提高又能帮助部分村民解决就业问题,最终实现"双赢",我们希望在未来的发展中,农民渐渐具备"互联网"思维,懂得根据市场的变化及时做出作物种植的调整,并可以跟旅游业合作,发展旅游经济,最终可以形成一条相对稳定的产业链,发展绿色循环经济。根据调研团队对龙山街道副主任兼扶贫第一书记党华的访问,像民房改造、水果蔬菜大棚、光伏发电、交通水利、教育资助等等在这都已经具体落实了,进行得很好,在老百姓中的反响也很好,尤其是光伏发电。龙山街道目前正在积极申报第二批光伏项目,这将会有效整合贫困村及非贫困村集体土地资源。加上2016年已完成的两个光伏项目,使所有11个贫困村享受到光伏扶贫项目的实惠。

(二)根据当地一些单位的用人情况,推荐合适的贫困人员工作

这一部分主要针对因天灾人祸导致的贫困,例如残疾人的就业问题,可安排在当地水库或者大棚工作,从而保证其最低生活水平标准。

(三)根据地区自身的资金情况,建立自己的扶贫资金

蔬菜大棚取得的利润归村集体,以30％的利润分配给农户,村集体再用剩余的钱对泥泞道路进行改造、对其他贫困地区进行帮扶、对危房进行重建等。以龙山街道崔家村的林果大棚为例,当地政府与企业协商,吸引他们来这里投资。这个项目能为村民们带来多重利益,首先土地承包人租用田地需每年付给村民不少租金;其次大棚需要种植管理人员,这就为村民提供了就业机会,企业派专业人士对村民进行种植管理的培训,村民就在自家的土地上打工挣钱;最后,销售利润按照一定的比例分给村民。

(四)扶贫工作精确到户,因户制宜开展帮扶活动

根据贫困原因分门别类,进一步把帮扶措施、帮扶项目搞精准,细化贫困对象,因户施策,对具备条件容易脱贫的对象,优先纳入脱贫计划,让其早日脱贫;对无劳动能力的"老、弱、病、残"贫困户,采取民政救助,保障其基本生活。以民房改造为例,龙山街道原先的一些贫困户的房屋好多都属于危房,年久失修,一旦碰上雨雪寒冷天气根本无法正常入住。现在政府实施了房屋改造政策,由各村报往镇办事处,办事处再派人专门进行实地考察,划分出危房等级,根据等级和每户人口及面积提供无偿改造。刚开始会有一部分保守的老年人不理解或者对国家政策不了解,拒绝参与危房改造。对于危房改造等级的划分也会有人觉得不公平。对于这种情况办事处会派人与其进行沟通协商,让他们真正了解政府的政策。

另外,龙山街道将产业扶贫基地设置在黄家村,也体现了精准扶贫的思想。因为黄家村用于种植的土地面积大且基地位于交通要塞,有助于农产品种植和出售,该处主要种植

玉米、樱桃,且建设有许多农业大棚,这样就充分地发挥了当地的资源优势,为村民带来经济利益。章丘产业扶贫基地的建设就是为了将以往在扶贫方面的"输血"变为"造血",更好地体现精准扶贫政策的实效性。

(五)建立健全村一级贫困对象管理机制

精准扶贫首先要精准,要在切实摸清搞准贫困对象、致贫原因的同时,不断充实贫困对象的相关信息,及时更新完善建档立卡数据库,实施村一级贫困对象动态管理,按政策规定建立贫困户脱贫退出和返贫纳入机制,切实做到对不再符合条件的贫困户坚决剔除,对已返贫的贫困户及时纳入。

(六)定期开展技能培训班,进行免费的技能培训

授人以鱼不如授人以渔,例如,对贫困户进行电焊工技能培训和月嫂培训,采取理论知识学习与实际操作相结合的方式,传授给他们技术,并与企业合作,在培训以后,可以直接到企业工作,这可以大大减少返贫的概率。龙山街道根据以往的经验和教训,认为简单的财力物力资助不能解决根源问题,必须要授之以渔,走持续发展的道路,让村民们靠自己的能力挣钱,龙山街道要做的就是为村民们指引方向道路,最终还是靠他们自己的双手养活自己。例如,于张村草莓种植、黄家村白莲藕种植、高家村蔬菜大棚、任家村白莲藕种植、崔家村林果大棚,光伏发电。充分利用当地优良的生态环境、肥沃的土壤,大力发展绿色产业,充分调动农民的积极性,使其自主脱贫。

(七)建立相应的教育扶贫政策

农村建档立卡的贫困家庭子女在校就读期间,除享受国家普惠性资助政策外,还享受义务教育、普通高中教育、中等职业教育、高等教育等。

(八)进一步完善"联带帮扶"行动工作推进机制,确保干部帮扶机制的顺利开展

社会扶贫是精准扶贫的重要补充力量,要充分挖掘社会扶贫资源,推进扶贫主体多元化,帮扶方式多样化,扩大社会扶贫的影响力。章丘市"联带帮扶"行动工作推进机制图,大到精准扶贫临时党委党支部的总书记,小到村干部,都分配有明确的任务,另附有"六分子"工作法。此外,章丘市龙山街道龙山片区精准扶贫措施一览表中明确了已贫困户主的姓名、家庭成员以及致贫的原因,最后还有负责的包联干部的个人信息和脱贫时限。虽然脱贫工作困难,但是每一位包联干部针对每一个问题都会参与其中,帮助解决。包联干部按照对照表和路线图,开拓进取,坚决完成贫困村全部脱贫的目标任务,打赢这场由"输血"向"造血"转变的攻坚战。尤其重视"造血"这一块,不能一味地"输血"。比如,龙山街道书记所负责的村里进行了电焊和月嫂的专业培训,通过企业和贫困村合作的方式实现互利共赢,尽可能地去帮助村民找到合适的工作,给予稳定持续的经济来源,完成脱贫的目标。

参考文献

[1] 徐龙顺、李婵、宋娜娜、黄森慰. 精准扶贫:理论内涵、实践困境与对策研究——基于山东菏泽两个村庄的调查[J]. 中南林业科技大学学报(社会科学版),2016(6):41-45+61.
[2] 范宝亮. 我国农村精准扶贫存在的问题及对策分析[D]. 山东师范大学,2016.

[3] 李刚.抓住教育精准扶贫的"牛鼻子"[N].中国教育报,2016-08-23,第4版.

[4] 王晓静.连片特困地区精准扶贫政策执行过程中的张力及其消解[D].山东大学,2017.

[5] 刘解龙、陈湘海.精准扶贫的几个基本问题分析[J].长沙理工大学学报(社会科学版),2015(6):98-104,125.

"探究者——深入推动精准扶贫"调研团队基本信息

团队指导老师:牛凤燕、毛婷

团队队长:王倩倩

团队成员:周立艺、孙爱迪、贺春福、杨丹倪、曲云霞、周广菊、封云龙

农村生活垃圾治理调研
——以泰安市大洼村为例

刘磊团队　指导老师:鹿锦秋　王丽　王超

摘　要:调研团队选择泰安市梯门镇大洼村作为实地考察地点,深入调查生活垃圾治理的问题,并探讨相应的治理对策,这有助于新农村建设的顺利进行与农村和谐社会的构建。

关键词:农村生态污染;生活垃圾治理;环保意识;美丽乡村

一、调研项目概述

伴随着经济迅猛增长和农村城镇化水平的提高,尤其是在我国统筹城乡发展、建设社会主义新农村的大背景下,农民的生活水平得到显著提高,农村基础设施也得到了明显改善,农村生活水平及生活方式发生了重大变化。同时也出现了一些新问题,其中之一就是农村生活垃圾大量增加,既有本地产生的,也有从周边城市运输过来的,毫不夸张地说,生活垃圾污染开始侵蚀农村,农村生态环境遭遇到前所未有的威胁。为此,"农村生活垃圾治理"调研团队选择泰安市梯门镇大洼村作为实地考察地点,深入调查生活垃圾治理的问题。希望能够发掘农村生活垃圾所造成的环境污染问题,探讨相应的治理对策,这将有助于新农村建设的顺利进行与农村和谐社会的构建。

调研团队通过实地考察和发放调查问卷等方式,详细了解了大洼村各个地方的卫生状况,特别是马路上、田地里、家门口垃圾堆放的状况。本次问卷调查共发放120份,回收107份,回收率为89.12%,样本正常。调研团队还对大洼村村民随机进行了现场访谈,获取了一定的调研资料。

二、调研初步结果及分析

(一)调研样本基本情况分析

(1)问卷调查的人数以及男女比例。经统计,参加此次问卷调查的人数为107人。其中男性62人,女性45人。男性比例为58.94%,女性比例为41.06%。基本符合正常的农村男女比例的范围。

(2)参加问卷调查的年龄结构。20.3%的人年龄在12~18岁之间,32.7%的人年龄在19~29岁之间,26%的人年龄在30~49岁之间,21%的人年龄在50岁以上。

(3)参加问卷调查的人的家庭所在地都是泰安市大洼村。

(二)大洼村生活垃圾处理存在问题分析

(1)大洼村现在的环境质量下降,不如过去好。在和村里的老人谈到现在大洼村的生活环境时，大部分老人们都表示不太满意。路边的垃圾没人处理，有些留着泔水，看着让人不舒服。还有垃圾箱附近，有时候不处理，经过的时候散发的恶臭让人作呕。河里以前都是挺干净的，村民们会在河道里洗洗衣服，洗洗蔬菜。到了夏天，还会有一些人去游泳。现在河里的垃圾太多，部分村民什么东西都往里面扔，因为太方便了。总之，现在的生活环境越来越差了，和以前的环境无法相比。

(2)现代化的、日趋便捷的生活同时也带来了更多的生活垃圾。有些老人说随着这几年镇上的道路建设工作逐渐展开，村里和外界的交通也逐渐频繁，交通便利了，人们外出的机会也多，而且网络购物越来越便利，商品包装袋就成为了除生活垃圾以外的第二大污染物。更主要的是，这一类垃圾容易和其他的生活垃圾混合在一起，如果不及时清理，就容易造成垃圾堆积的问题。

(3)大洼村村民随手扔垃圾的现象仍然很普遍。行走在大洼村的路上，我们发现路上有许多的垃圾桶，分为可回收与不可回收，可是村民们扔垃圾时都是随手一扔，根本就没有达到区分垃圾、回收垃圾的要求。

(4)村民们的环境保护意识较弱，对处理垃圾的正确方式不清楚，并且大都有一种"自扫门前雪"的态度。

(5)当前农村的现代化水平相对落后，只能使用一些符合当前实际的方式去处理。

(三)大洼村生活垃圾处理存在问题的成因分析

(1)大洼村村民对生活垃圾的分类知识不是很清楚。调查问卷第4个问题"您认为生活中的垃圾有哪些"的回答结果显示，有72人选择了"没有明确概念"，占所有参加调查问卷总人数的67%，不清楚生活中的垃圾有哪些分类，认为垃圾就是垃圾，都是一块处理掉，并不需要去分清。调研团队认为，垃圾的分类处理是非常重要的，可以变废为宝。村民们对垃圾处理认识不全面，他们认为把垃圾扔进垃圾桶就行了，达到了保护环境，没有往深层次去考虑，没有考虑怎样处理垃圾。其他回答中，有23人了解可回收垃圾，占21%；24人了解不可回收垃圾，占22%；只有12人了解有害垃圾，仅占11%(见图1)。可见，只有少部分村民对可回收垃圾和不可回收垃圾有一定的认识，只有十分之一的村民了解哪些垃圾是有害的。调研团队查阅文献资料发现，事实上，不仅农村很多人不清楚垃圾分类处理，即使在城市，尤其是像北京、上海、广州、深圳这样的一线城市，也有相当多的人不了解垃圾分类处理。目前国家还没有出台和垃圾分类处理有关的制度文件，2017年12月刚刚闭幕的十二届全国人大常委会第三十一次会议提出，推动建立生活垃圾分类管理制度，致力于让垃圾分类法律法规制度更加明确，推动垃圾资源化综合利用，是一个很迫切的立法任务。从这个意义上讲，大洼村村民只是了解一部分生活垃圾的分类知识也是在情理之中，符合实际的情况。

(2)大洼村村民对生活垃圾以集中处理和进行焚烧为主，需要进一步改进。调查问卷第5个问题"您是如何处理生活垃圾的"的回答结果显示，有73%的人选择"扔到村里公用的垃圾处理处"，也就是大洼村上几个大型的公共垃圾箱(为水泥砌成)，然后村委会会组织人进行焚烧处理，并不会出现个人对自己家庭垃圾进行焚烧处理的现象。有21%的人选择了"随意丢弃在别处"，他们为了贪图方便，随意扔在远离自己家的土地上、河里或路上，有一部分原因是公共垃圾箱离自己家太远，并且数量太少，无法满足自己的需求。还有 6％的村民们会对垃圾进行填埋,但是当被问及是否对塑料产品也进行填埋时,他们说填埋时并不区分是哪些类别(见图 2)。

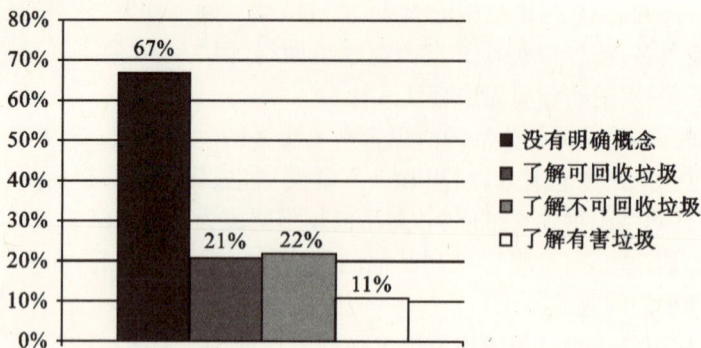

图 1

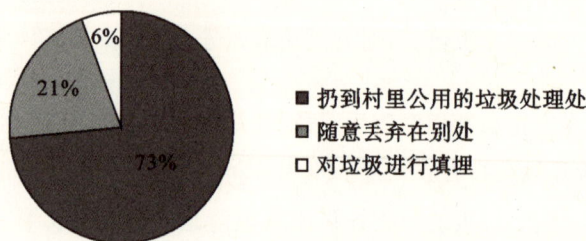

图 2

在谈及厨房垃圾的问题时,村民们大部分表示会把一些剩菜剩饭喂养给家畜,不造成浪费。家中没有家畜的村民,也会把这些扔到河里去喂养鱼。调研团队认为大洼村村民对厨房垃圾的处理方式相对正确,不会造成二次污染和二次浪费。

大洼村村委会对生活垃圾大部分集中处理,进行焚烧。因为大洼村离城镇太远,并不会有垃圾处理车来进行统一处理。焚烧虽然对整个环境有负面影响,但这却是最有效的方法。垃圾填埋方法在村里很不适用,因为大部分土地都是用来种植农作物,不可能进行大范围的填埋,而且填埋降解垃圾花费的时间太久。这其实也是未来国家在出台垃圾分类处理制度时应当考虑到的问题之一。调研团队在调查是否会对焚烧前的垃圾进行分类时,村里相关负责人摇着头告诉我们,村民们向垃圾箱扔的垃圾并不会处理,我们也很难去分类,有时候连电池都有(只是少数)。

(3)大洼村村民对环境保护相关知识的了解程度一般。调查问卷第 10 个问题"您对生态环境的保护是否有了解"的回答结果显示,只有 3％的村民对环境保护有很明确的认识,能和我们谈到环境保护的重要性以及相关的措施,5％的人基本了解,69％的人了解很少,23％的人几乎不了解,甚至有村民向调研团队说道,"家都顾不上,哪还能顾上这些"(见图 3)。不过调研团队始终认为,环境保护应该是所有村民的责任,对所有村民都有利,每一位村民都有责任和义务对自己所处的环境进行保护。

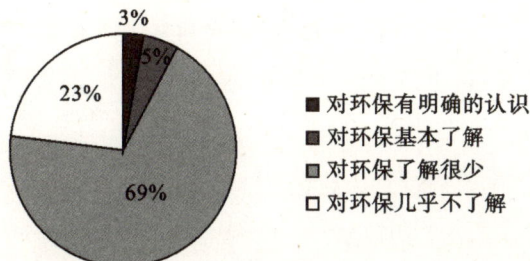

图3

三、大洼村生活垃圾治理建议

结合我们在大洼村生活的这些天进行的实地观察走访,对问卷调查的收集、处理、统计与分析以及与老人们的访谈,调研团队给出了以下对策和建议。

(一)村委会方面:村委会有责任和义务对大洼村的生活环境进行治理,并且要想方设法治理好

(1)在垃圾箱方面需要增加数量,并且分布均匀,不要建在同一个地区。这样便于各个位置的村民们对自家垃圾的处理,既方便了村民,也为垃圾的集中处理提供了很大的帮助。

(2)加强垃圾焚烧(现在我们并不能给出更适用于大洼村的垃圾处理方法)的频率,长时间不去处理垃圾,可能会导致垃圾溢出,并且散发的气味对过往的村民有一定影响。

(3)加强村民的环境保护意识,并且让村民们了解生活垃圾的种类,特别是关于有害垃圾方面一类,需要进行特定的处理,不能和其他垃圾一块丢入垃圾箱。村委会可以在公告栏等地方进行科普宣传。

(4)村委会应定期组织村民对大洼村的生活垃圾进行清除,可以投入一部分资金。

(二)村民方面:村民从自身做起,科学处理生活垃圾

(1)加强自己对生活垃圾治理的认知。并不需要有多深的了解,但一定要知道一些特定的垃圾处理方式。

(2)对后辈进行环境保护的教育。一代人影响一代人,对于下一代的环保教育尤为重要,一定要让他们了解不能随手乱扔垃圾,长辈们也要发挥这方面的模范作用。

(3)对自己周边的垃圾进行处理,有利于自己生活的环境。

参考文献

[1] 刘薇. 农村生活垃圾管理机制研究[D]. 燕山大学,2016.

[2] 许增巍. 农村生活垃圾集中处理农户合作行为研究[D]. 西北农林科技大学,2016.

[3] 张乐伟. 农村生活垃圾收集与处理问题分析及策略研究[D]. 天津商业大学,2016.

[4] 闫骏、王则武、周雨珺、张纯. 我国农村生活垃圾的产生现状及处理模式[J]. 中国环保产业,2014(12):49-53.

[5] 郑飞. 山东省新农村建设环境瓶颈问题解析[D]. 青岛理工大学,2011.

"农村生活垃圾治理"调研团队基本信息

团队指导老师：鹿锦秋、王丽、王超

团队队长：刘磊

团队成员：耿子耀、刘健、赵发

附录：

农村生活垃圾治理问题调查问卷

尊敬的先生、女士：

　　您好！

　　我们是"农村生活垃圾治理"调研团队，此次我们很荣幸来到泰安市大洼村进行关于农村生活垃圾治理问题的暑期思想政治理论课的社会实践调查，目的是为了了解现在农村生活垃圾处理的现状，以及村民们对生态环境保护的认识。

　　您的积极配合调查对我们有很大的帮助。

　　感谢您能抽出宝贵的时间来完成这份问卷调查。

　　此次问卷调查是无记名式，不会对您的任何信息进行泄露。

　　希望您能实事求是地完成这份调查，谢谢您的合作！

1. 您的性别（　　　）

　 A. 男　　　　　　　　　B. 女

2. 您的年龄（　　　）

　 A. 12～18 岁　　　　　 B. 19～29 岁　　　　　 C. 30～49 岁　　　　　 D. 50 岁以上

3. 您的文化程度（　　　）

　 A. 从未上过学　　　　　B. 小学　　　　　　　　C. 初中　　　　　　　　D. 高中及以上

4. 您认为生活中的垃圾有哪些？（可多选）（　　　）

　 A. 厨房垃圾（如剩饭剩菜等）

　 B. 可回收垃圾（如一次筷子、废旧的报纸等）

　 C. 有害垃圾（如废旧的电池等）

　 D. 不可回收垃圾（如塑料袋等）

　 E. 没有明确概念

5. 您是如何处理生活垃圾的？（　　　）

　 A. 扔到村里公用的垃圾处理处　　　　　　　　B. 随意丢弃在别处

　 C. 进行填埋　　　　　　　　　　　　　　　　D. 进行焚烧

6. 在工作中或路上你对手中的垃圾是如何处理的？（　　　）

　 A. 随意丢弃　　　　　　　　　　　　　　　　B. 会把垃圾扔如垃圾桶

　 C. 会把垃圾扔如指定类别的垃圾桶　　　　　　D. 其他

7. 村委会是如何集中处理生活垃圾的？（　　　）

　 A. 丢弃到其他处　　　　　　　　　　　　　　B. 进行焚烧处理

　 C. 由专门的垃圾回收车处理　　　　　　　　　D. 其他

8. 您是否了解村里处理生活垃圾的方式?( )

    A. 了解得很全面   B. 基本了解

    C. 了解一些   D. 几乎不了解

    E. 完全不了解

9. 您是如何看待村里生活垃圾的污染的?(可多选)( )

    A. 破坏了大洼村的生态环境   B. 对大洼村的土地有严重的污染

    C. 对村民的生活利益也进行了损害   D. 并没有对自己造成任何的伤害和损失

    E. 其他

10. 您对生态环境的保护是否有了解?( )

    A. 了解得很全面   B. 基本了解

    C. 了解一些   D. 几乎不了解

    E. 完全不了解

11. 是否对子女(无可跳过)进行环境保护的教育?( )

    A. 有   B. 没有

12. 您对大洼村生活垃圾污染的治理的建议。

城市农民工生存状态调研

——以淄博市张店区为例

余航团队　指导老师:鹿锦秋　王超

摘　要:调研团队深入了解农民工的工作内容、工作环境、生活方式和现状,了解他们外出打工的目的是什么,基本生活有没有得到明显改善,合法权益是否得到充分保障,等等,并根据在实地访问过程中发现的问题提出合理化的建议。调研团队始终认为,只要在国家、企业、社会各界的共同努力下,一定可以为农民工群体提供更好的工作环境和福利待遇。

关键词:农民工;生存状态;城市化;制度保障

一、调研项目概述

进入 21 世纪以来,随着中国城市化、工业化水平的不断提升,越来越多的农村人员涌向城市寻找就业机会,农村人员外出务工成为一种趋势,而农民工也成为中国历史上的"新生人群"。农民工对于我们来讲是一个独特的人群,他们既是工人又是农民,他们出了村子就成了务工人员,回到村子就还是农民。他们为我国城市现代化建设做出了巨大的贡献。尤其是山东省某些经济困难县的农民,由于家乡发展程度较为落后,仅在家乡务农已经满足不了全家的生活所需,所以他们外出打工的概率较其他县区更高,并且进城务工人员的年龄结构越来越年轻化,他们想要在大城市谋求发展。现在很多"农二代"正成为进城务工人员的主力军。但是也不得不承认,农民工群体大多数人受教育程度较低,法律意识不强,还存在很大的提升空间。现在,在许多城市为了改变农民工在城市市民心目中的形象,提出尊重农民工的号召,把农民工改称为"新市民",从地位上把农民工与市民等同起来。但是,农民工的社会保障等许多问题依然没有得到彻底解决。

为了探究农民工群体在城市务工的真实工作状况和生活状况,他们的生活、工作环境以及待遇问题能否得到保障,如何从长远角度思考农民工群体的未来发展规划,国家当前的经济状况对务工人员的影响以及农民工群体应如何融入城市,"城市农民工生存状态"调研团队成立。调研团队选取淄博市张店区作为实践地点,采取实地考察、亲身体验、街头采访等方式,展开了一系列调研。调研团队走访了山东万鑫建设有限公司、路边摊、招工处、奥朗特购物中心以及人力资源与社会保障服务中心,并对街边绿化拾草工人进行了采访,获取了有效数据。调研团队成员还以劳动者的身份加入到"务工大军"队伍中去,通过劳动来体验、观察务工人员的工作环境、工作强度以及住宿生活环境。在此基础上,调研团队总结发现了农民工在城市打工过程中产生的一些问题,分析了问题产生的原因,并在最后提出了合理化的建议,希望这次能够为政府和社会解决这些问题提供帮助。调研团队始终认为,只要在国家、社会各界的共同努力下,一定可以为农民工群体提供更好的工作环境和福利待遇。

二、调研初步结果及分析

（一）城市农民工群体面临的主要问题分析

1. 农民工的个人和家庭生活水平差异较大，务工环境也有很大差别

本次调研的农民工，主要从事建筑、搬运等技术含量较低、重体力的工作；而拥有一定文化、年龄较轻的人则会选择在超市、饭店工作，拥有一定技术的像木工、水工、钳工、电焊工会在工厂从事生产工作。农民工群体的住宿环境较差、饮食水平较低。就像调研团队考察的王村劳务中心一样，一张床加一张四方桌子就解决了住宿，而吃饭有的是一瓶冰啤酒加泡面，有的会去小饭馆吃好一点的，但总体而言饮食水平偏低，无法做到健康营养，而一般有妻子、孩子的工人会在饮食开销上尽可能地节省。他们外出务工的主要目的还是多赚钱，养家糊口。农民工群体的年龄主要集中在 40～60 岁，30 以下、60 岁以上的占少数。在建筑工地、搬运公司从事这种重体力劳动的主要是男性，超市、饭店等较轻快的工作女性居多，他们的子女、老人留守在家的居多，平均半年回家一次。另外，通过与农民工交流，调研团队发现他们的父母、子女长时间留守在家，子女由祖父母照看。每次回家也只是停留很短时间就匆匆返回，来不及与父母、子女详细沟通。一方面，父母的晚年得不到较好的赡养，空巢老人现象时有发生；另一方面，父母关爱的缺失对子女的成长和教育都有很大程度的影响，子女得不到关爱和保护，成为所谓的留守儿童。

2. 农民工的安全意识较差，缺乏健康的"身体"意识和签订保险合同的法律意识

调研团队发现，很多农民工的安全意识、自我保护意识较差，尤其从事简单体力劳动的工人，他们没有与用人单位签订劳动合同，公司也没有给他们买相应的保险。一方面，人员太多，公司负担太重；另一方面则是工人们缺乏保险意识，挣的钱更愿意存起来而不是交保险。有些工人则为了获取更高的薪酬，从事对身体健康危害较大的工作。农民工的合法权益是务工人员应得的正当利益，部分农民工在流动就业期间出现的日均工作时间超过规定小时、月收入低于城市最低标准、未签订劳动就业合同、未参加社会保险等现象，严重侵害了农民工的合法权益。

调研团队在调研期间，通过中介给我们介绍的一个装卸工作，亲身体验了农民工艰苦的工作环境和单调的生活状态。调研团队成员来到有很多农民工居住的院子由几间平房包围，而这些平房中除了宿舍，还有一间简陋的浴室，屋顶安装了一个太阳能热水器，浴室旁边是一个简陋的看上去没人使用的露天厨房，只有一些空瓶子和几个锈蚀的炉灶。房子是由水泥、砖、窗户、雨棚组合而成的，看起来十分简陋。进了宿舍，床铺是由双层单人床及一些单层单人床组成，屋内的中间摆了张四方短桌，靠门的一边有一张折叠床被当成了桌子，上面有一些锅、菜刀、瓶子等。宿舍的地上散落着烟头和鞋子，有些工人因为天气炎热而自己在床上装了小吊扇。调研团队成员去看了其他几间宿舍，和第一间相比，除了面积大小以外相差不大，但其中一间安装了一台电视。

调研团队成员随后到了务工的地方，在那里待了两天。务工的地方看上去是一个小型仓库，工作是将几个机器、一堆木板和几吨类似水泥石灰的建筑材料堆成立方体，由起重车抬到合适高度后，由工人站在卡车上从起重车上一袋一袋的搬运，尽可能整齐地放到卡车上。由于编织袋的密闭性较差，再加上运输过程中出现不同程度的磨损，导致空气中

粉尘四处飞扬,装卸工人直接就在不同颜色的浓雾里干活。工人的工资是按吨计算,或是工人和厂房的人说好价格,或是厂房预先和中介讲好价格,结束后一组工人的负责人会去领工资和一份回单,农民工们不会立刻领到钱,而是等到第二天早上中介老板根据昨天的纪录按吨发工资。这里的装卸工作环境令人担忧,如果长期干下去会对肺部造成不可逆转的损害,甚至会得尘肺病。在工作空余时间,调研团队成员与农民工们进行交流,也咨询了劳务中心的老板,发现他们一般是 40～50 岁,30 岁以下的不多,大部分是来自其他地方的贫困农村并在这常年务工,工资水平不低,一月能挣七八千。领取工资时,出现了雇佣方想少给、务工方想多要的现象,但最后都"默契地"解决了。调研团队成员认为这是没有务工合同的潜在危险。另外,调研团队成员也向老板提出了关于粉尘有害工人健康的问题,但老板却不以为意,说这种工作每天没两三百没人会干。工人们缺乏较强的健康意识,在能拿到较高工资的情况下他们可以"无视"这样的工作环境,但是调研团队成员认为,用工单位要充分考虑工人面临的安全隐患,尽量为他们提供好的工作环境。

3. 农民工的精神生活不够丰富,在融入城市生活时会产生一定的思想阻碍

农民工的精神生活并不丰富,缺乏自己的文化和活动阵地。他们把绝大部分时间用在工作上,而闲暇时间只是打牌、聊天、看电视。虽然不少人用上了智能手机,没有被信息时代抛下,但因为文化水平和观念因素限制,很多人不知道继续学习来提升自己。在实地调研过程中,调研团队发现,多数农民工存在改变当前职业的想法,想转行去经商或从事工资更高的技术工作,但他们也困于不知道如何学习,或是不了解学习途径。对于学生来说获取知识的方法有很多,但是农民工需要引导,政府部门应该提供更多学习机会并加大宣传力度。

在人文娱乐及子女教育方面,雇佣单位可以开展活动丰富农民工的生活,国家应逐步消除户籍制度的限制,保障希望在城市发展的工人能更好地融入城市。归属感的提升、精神生活的丰富不仅提升的是工作效率,更提升了整个社会的和谐氛围。

4. 掌握更多技能的农民工能更好地实现自我发展,增加收入,拉升经济

在王村当装卸工真实体验生活时,调研团队发现让工人把水泥袋一袋一袋地装上车完全没有必要,既然有起重车和垒好的水泥袋,为何不直接整堆抬起放在车上。经过调研我们发现,这是因为整堆装车会造成空间利用率下降,而装卸工的工资总和远远低于整堆装车运量上的损失。

当前,我国正处于产业转型期,无论工人还是工厂都应该主动改变和提升自己,工厂向自动化、智能化的方向转型升级,工人应该在学习新技能后,更多的从事技术水平高的工作。如果全国的装卸都能实现机械化、自动化,将有多少装卸工人可以从无意义的工作中解脱出来,从事更有意义的工作,无论对中国经济还是个人收入都是有利的。

5. 对劳动力外流地的担忧

农村及三四线城市的大量劳动力外出造成空巢家庭、留守儿童的现象比较严重,这种现象不利于儿童的身心健康发展,也不利于劳动力外流地的经济可持续发展。当前,产业间收益差异明显,工业收益大于农业,商业收益大于工业,形成促使社会劳动者从农业流向工业和商业的迁移动机。而转移动机主要取决于城乡收入差异,只要城市工业部门的工资水平高于农业,农村剩余劳动力就愿意放弃农村土地到城市谋求新发展。但调研团

队也了解到农村很多地方的田地是荒废的，人人都想要一个更好的生活，可是过多的人拥挤在城市中而从事农业生产的人越来越少，势必会影响国家经济的健康发展和社会稳定。因此，充实和振兴乡镇及经济不发达城市的工业、农业和商业建设，让迁移到城市中的流动人口重新回乡就业，是一个不错的选择。

（二）造成城市农民工群体问题的产生原因分析

1.我国经济发展地区不平衡，造成农民工群体的城乡预期收入存在较大差异

西方经济学家认为，农民试图离开农村而进入城市的动因主要是城乡预期收入差异。结合中国的国情，比如一个成年男性，他有个人美好生活的需求，结婚后有子女教育的需求，年老时有养老需求。经济发展较好的城市有更多的薪资、更好的教育资源以及更好的医疗体系。这些都是他们的迁移动机，所以从宏观上看我国的劳动力迁移情况是发展不均衡造成的。

同时由于经济水平受限及户籍制度的限制，很多务工人员没有把父母、子女接来一起生活的能力，造成了儿童留守现象。

2.农民工群体的工作性质不稳定，没有足够的安全意识和法律知识

农民工的社会地位较低的原因主要是他们文化水平较低，他们与这个知识就是力量、互联网飞速发展的时代无法紧密结合，不能从事一些技术类工作，而只能靠自己的双手和力气来赚钱。

当前我国还存在许多贫困县区，经济发展比较落后，这里的人们往往很早就辍学，走上工作岗位赚钱。在这里社会和政府对教育重要性的宣传力度不够大，对于辍学后的人员也没有提供技术性的学习培训。很多农民工来自贫困地区，他们没有足够的安全意识和法律知识，使得他们成了劳务纠纷的主要受害者。

国家没有对流动劳动力实行登记制度，流动劳动力大多自主就业，工作方式有一定的暂时性和灵活性。但很多人工作时没有劳务合同，也缺乏相关的监管，使得社会保障上出现很多漏洞。

3.农民工的自身发展规划受限，融入城市比较困难

随着经济科技的快速发展，低效率的体力劳动被自动化机器替代的可能性越来越高，如果不与时俱进，可能会产生低素质、低学历、低技术的劳动力大面积失业或薪资降低的情况，而从个人发展的角度看，选择技术含量更高、收入更多的工作是多数人所希望的。而农民工虽有意愿更换工作，却在学习技能上有困难。在和农民工交流中，调研团队发现，他们不懂得获取知识的方法，也没有人去引导。自身能力有限和没人帮助是农民工无法更换工作的主要原因。

很多农民工都希望在城市发展，但是融入城市的阻碍除户籍制度、住房问题以外，还有生活习惯、思想观念的隔阂，等等。户籍制度对农民工迁移户口，特别是在看病就医等需要社会保障的方面造成了很多不便。此外，房价高昂不仅使得工人买不起住房，也阻碍了工人的住宿环境的改善。

三、有效改善城市农民工生存状态的建议分析

（1）设立专业培训机构，提高农民工的技能和素质。从本次调研结果及问题分析中，

调研团队发现,受教育程度的高低直接影响到了农民工的工作层次、月收入水平等决定生活现状的各个要素。针对这一问题,政府可以建立专业的培训机构,有助于提高农民工的学识、技能、综合竞争力等方面的能力,让他们有技术、有门路,帮助他们在城市发展中铺设道路。这样做可以提高农民工的个人素质和就业能力,增强个人的就业竞争力,就业后可以为自己谋得更好的福利待遇。此外,农民工在学习后开阔眼界,树立正确的人生观,有利于农民工更清楚地了解自己的就业目标。

张店区人力资源和社会保障服务中心在这方面做得比较不错。该机构可以根据求职者的学历、意向以及工作经验向企业输送员工。每周五举行招聘会,每次会有很多人来寻求工作岗位。通过此途径找工作的人大都是有一定学历或技能的,主要从事综合类、销售类等工作。对于希望学习技能转型就业的,中心提供了一些免费培训的机会。该机构与淄博财经培训学校、淄博新星技术学校、淄博职业技术培训学校、淄博创业大学等11家单位合作,培训内容有厨师、家政、电工、计算机、会计等,也有创业、电子商务类的项目。这些单位每两年会进行一次公开招标,政府补贴培训费用,对接受培训的人是免费的。技术类的培训大约25天共200个课时,创业类的培训则是17天,培训合格后颁发培训合格证书。

(2)社会就业信息咨询和就业介绍平台也应当发挥自己的专业优势,为农民工提供更多的就业岗位咨询信息。一方面应该积极主动地为农民工提供就业机会;另一方面,应该加强宣传引导,让农民工知道就业信息获取的方法,授人以渔,让农民工主动关注各社区、各事业单位、各社会组织等公布的就业信息,充分利用社会各种资源。

调研团队在淄博市火车站北面的招工处,对多家招工中介单位进行了咨询,获取了大量关于社会就业信息咨询和就业介绍平台的信息。第一,招工中介单位的生意与该地方经济发展有着密切的关系,该地区经济形势越好,招工中介单位的生意就越好。当前该招工中介单位生意不太好,平均每月仅有二三十人过来咨询工作,主要都是淄博市其他地方的人。其中一家店面较大的招工中介单位负责人对调研团队说,他们这个中介每月来咨询工作的大约有100多人,但介绍成功的也就30多人,主要也是从农村出来打工的,年龄主要是40~60岁,短工没有合同,长工都有合同。相对来说,一年中,春节过后来咨询的人会更多一些。这些招工中介单位可以给求职者介绍保安、装卸工、木工、电焊工、送货员等技术含量较低的体力劳动。一旦他们有意向从这找工作,他们就要收取当事人数量不等的中介费用,调研团队成员随后请其中一家招工中介单位介绍一份短工,那个老板收了我们100块钱,并承诺服务一年,如果对工作不满意,一年之内还可以与他们联系换取另外一份工作。

(3)加强农民工权益保护,改善农民工的工作条件,使雇佣关系规范化。农民工的工作生活环境、工资等福利待遇、社会保障水平等都是与自身合法权益相关的方面。但是,现实生活中,农民工作为弱势群体,往往会遭到不合理的对待,比如,工作时间过长且强度过大,工资待遇过低,遭到歧视,等等。有些甚至是无偿加班,严重超过了工作时间。

(4)政府应完善社会保障体系和监查制度,完善法律法规。

第一,政府应制定农民工的生产安全及食宿的相关标准,并将其按照最低工资标准执行。同时设立举报机制,对违反规定的单位进行查处。第二,国家应积极整合各类厂家,淘汰落后产能及不符合规定的工厂，并支持新兴产业的发展。只有将用人单位规范化、高效化才能保障农民工的合法权益。第三，政府应该强化相关政策，严肃企业的管理制度，即使像打短工这样的情况，也应该要求记录存档以备检查和统计。第四，实行优惠政策，提高底层农民工的生活质量。政府应该为农民工制定相应的优惠政策，比如贫困申请，为低保农民工子女减免学费，就业培训及引导等。

（5）转变农民工弱势地位的思想观念，提高其在现代化建设过程中的主体意识。

第一，转变农民工弱势地位的思想观念，农民工应主动争取并维护自己的合法权益。第二，改变对农民工的认识，尊重他们的生活和工作。社会上很多人因为务工人员从事体力劳动，常常会歧视、厌恶他们，这势必会对他们造成压力和困扰，让他们觉得在这个城市受到排斥。所以国家社会应当倡导树立正确的价值观和职业观，工作不分贵贱，他们应当受到我们最起码的尊重。第三，加强子女教育，护航下一代成长。农民工由于长期在外务工，缺失了对子女的教育，国家应该制定方便工人子女就近入学的政策，帮助农民工树立正确的家庭教育观念，提高外来务工人员家庭教育的基本条件，切实保障他们的身心健康。

结语

通过与农民工的交流以及亲身工作体验，调研团队切实感受到了大多数农民工生活的艰辛与不易，他们的生活状况、工作状况却常常被忽略，高强度、长时间的体力劳动，不公平的待遇，经常面临着失业的危险，都让他们在城市生活得举步维艰。这些问题常常围绕着他们，然而却很少有人能顾设身处地地为他们着想。随着农民工这一队伍的日渐庞大，诸多社会问题不断暴露出来。所以，关注农民工生活现状，改善农民工生活水平，必须成为当务之急。在这方面，调研团队呼吁：我们应该多为农民工创造一个良好的生活环境，减轻他们的生活负担，减少对他们的异样眼光，平等对待他们。在福利待遇方面，政府相关部门应尽可能多地向农民工宣传法律方面的知识，提高他们的维权意识，让他们都能得到自己应有的福利待遇，懂得如何去维护自己的权利。调研团队相信，在政府、社会各界的共同努力下，一定可以为农民工创造更好的工作环境以及福利待遇。

参考文献

[1] 张洁.高龄农民工的生存状况研究[D].南京大学,2016.

[2] 周春鹏.农村劳动力转移视域下中国农民工生存与发展问题研究[D].东华理工大学,2015.

[3] 陈倩倩.社会支持视角下新生代农民工生存现状研究[D].复旦大学,2011.

[4] 徐新林.新生代农民工城市生存处境的非传统挑战及社会调适[J].理论导刊,2010(08):63-65.

[5] 俞林伟、陈小英、林瑾.生存状况、生活满意度与农民工城市融入——基于杭州、宁波和温州1097个调查样本的实证分析[J].经济体制改革,2014(06):82-86.

"城市农民工生存状态"调研团队基本信息

团队指导老师：鹿锦秋、王超

团队队长：余航

团队成员：张海萍、聂琨璞

淄博市张店区食品安全情况调研

杨光平团队　指导老师：丁乃顺　王国昊

摘　要：面对目前屡禁不止的食品安全问题，调研团队通过问卷调查与实地调查相结合的方式，对淄博市张店区的食品安全现状做了调研。调研结果表明，普通市民在食品安全意识方面有一定基础，但还有待提高；部分商贩在食品卫生方面做得不够好；政府部门还应该加大监管力度，严格执法，以尽量减少食品安全问题。

关键词：食品安全；监管制度；食品安全意识

一、调研项目概述

古时候，食物关乎王朝兴亡，如今，虽然温饱问题已经不是时代问题，但是温饱之后的食品安全问题却越来越引起人们的关注。有句话说，民以食为先，食以安为先。食品的食，由两个汉字组成，上部分是个人，下部分是个良，给人一个简明的构想，做食品的人要有良心。调研团队查阅相关文献资料，发现食品安全的广义概念指食品无毒、无害，而且符合应当有的营养要求，对人体健康不造成任何急性、亚急性或者慢性危害。根据世界卫生组织的定义，食品安全是"食物中有毒、有害物质对人体健康影响的公共卫生问题"。然而近几年来，食品安全问题频频发生、屡见不鲜，含瘦肉精的猪肉，敌敌畏的金华火腿，导致"大头娃娃"的阜阳劣质奶粉，含三聚氰胺的婴幼儿奶粉……经历了这一连串食品安全事件后，中国的食品安全问题被推向社会舆论的风口浪尖。食品安全就像是悬在我们头顶的达摩克利斯之剑，你永远不知道剑会什么时候落下。

在食品安全问题中，最受人民群众关注的是食品添加剂的安全使用。《国务院办公厅关于严厉打击食品非法添加行为切实加强食品添加剂监管的通知》中虽然要求规范食品添加剂的生产使用，比如，严禁使用非食用物质生产复配食品添加剂，不得购入标识不规范、来源不明的食品添加剂，严肃查处超范围、超限量等滥用食品添加剂的行为。但是部分不良商家无视法律法规，部分官员不作为现象严重，甚至个别官员贪污腐败纵容有害食品流入市场。普通人对食品添加剂不了解，谈起食品添加剂就产生恐惧，也很容易造成他们对食品安全问题的担忧以及引发一些不明智的看法。所以调研团队通过这次调查，一是改善群众对于食品安全方面的误解，二是希望督促有关部门加强对食品安全问题的监管。

针对让人逐日担忧的食品安全问题，"食以安为天：食品安全"调研团队对淄博市张店区关于食品安全问题以及居民对食品安全问题的防范意识进行了一次调研。调查对象为张店区居民以及在张店区上学的大学生，调查方法为网上随机抽样问卷调查与实地调查相结合的方式，完成后我们对数据进行了详尽的分析。经过调查研究发现，大部分人对食品安全事件的关注程度还是很高的，借此呼吁更多的人关注食品安全。

二、调研初步结果及分析

(一)公众的食品安全意识情况分析

1.绝大部分人遇到问题食品时扔掉不吃,没有进一步的责任追究行为

调查问卷第1个问题"如果您购买了不安全的食品,您一般都怎么处理"的回答结果显示,当购买到问题食品时,有79％的人选择扔掉不吃,9％的人选择了向有关部门投诉,3％的人认为问题不大时选择继续食用,还有9％的人选择其他方式解决(见图1)。从以上数据可以看出绝大部分群众具有基本的食品安全意识,可是依旧存在一个较为明显的问题,即只有极少一部分人选择向有关部门投诉,说明群众的食品安全防范意识还是较为薄弱,需要进一步加强食品安全防范意识,维护自身的健康与安全,也有责任和义务及时向有关部门举报,防止更多人的利益受损。

2.多数人对打折促销商品保持相对理性的态度,尤其关注打折促销商品的保质期,食品安全意识比较高

调查问卷第2个问题"对于商场内的打折促销食品,您的态度是"的回答结果显示,有64％的人选择了注意保质期后再购买,30％的人选择有需要再购买,6％的人认为便宜就会买(见图2)。从该数据可以看出大部分人不会因为商品价格的便宜就盲目购买。

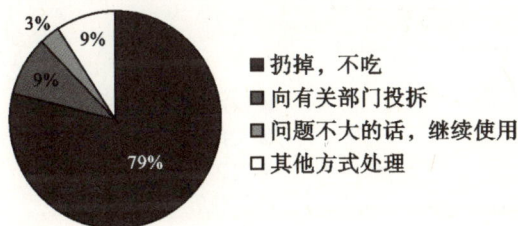

图1

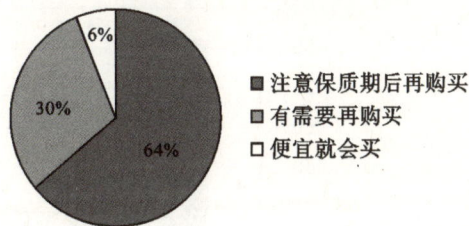

图2

3.大多数人已经拥有最基本的食品安全知识

调查问卷第3个问题"在选购食品时,您最关注哪些方面"的回答结果显示,有32％的人最关注食品生产日期与保质期,有22％的人最关注食品包装,有20％的人最关注食品安全标识,有16％的人最注重食品品牌,10％最关注食品配料表(见图3),这说明多数人拥有最基本的食品安全意识。

4.当前食品安全问题仍然屡禁不绝,过期销售、虚假宣传、假冒伪劣等现象仍然时有发生

调查问卷第4个问题"您遇到最多的食品安全问题是什么"的回答结果显示,27％是过期食品还在销售,16％为宣传虚假,14％为假冒伪劣,13％是包装不合格,11％是虚假或错误标签标识,10％是三无食品,8％是没有达到国家卫生标准,还有1％属于其他情况(见图4)。可以看出食品安全问题仍较突出,对于超市及商场所销售的食品,需不定期抽查。对于农副产品,我们应从源头解决问题,如加大对农药、化肥的使用量及使用时间的约束力。对于食品生产单位为家庭作坊式经营的产品,存在质量保障体系不健全、滥用食品添加剂等安全隐患,所以要加强食品安全监管合力。

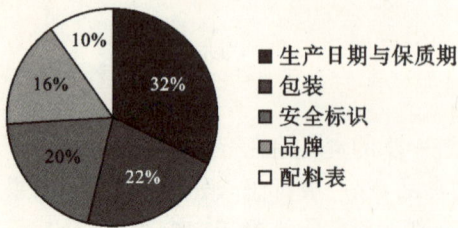

图3

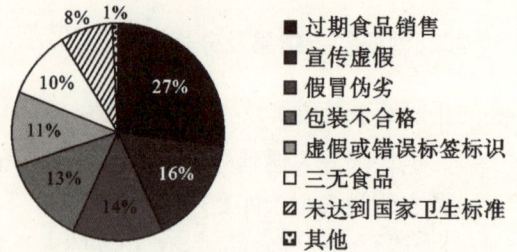

图4

5.经常发生食品安全问题的场所以路边摊、大排档、网店、便利店农贸市场等地方为主

调查问卷第5个问题"您遇到最多的食品安全问题是在什么地方(可多选)"的回答结果显示,82%的人选择了路边摊,42%的人选择了大排档,39%的人选择了网店,39%的人选择了便利店,30%的人选择了超市,6%的人选择了其他场所(见图5)。从上述数据可以看出,公众比较担忧路边摊等手工作坊的食品安全情况,他们对食品安全比较不重视,往往以盈利最大化为目的,出售过期与变质食品的现象也比较多,还有食品制作流程不规范,流动性强难监管等问题。

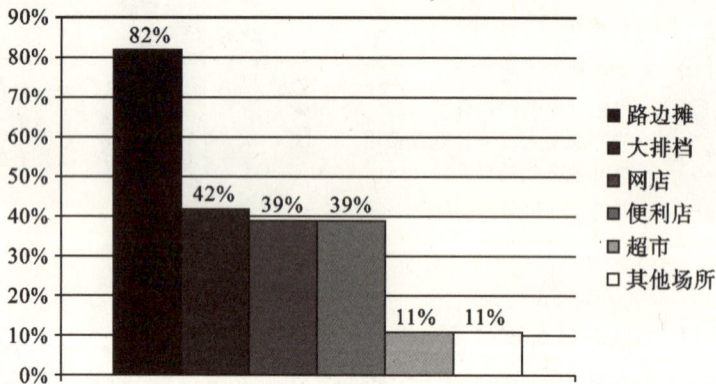

图5

6.公众获取食品安全相关新闻或信息的渠道以网络和电视媒体为主

调查问卷第6个问题"您主要从什么渠道获得食品安全的新闻(可多选)"的回答结果显示,公众通过网络渠道获取食品安全相关新闻占比82%,通过电视媒体渠道获取食品安全相关新闻占比70%,通过学校教育、杂志报刊和亲人朋友等渠道获取食品安全相关新闻各占比为33%(见图6)。在现今的信息化和自媒体时代,食品安全与互联网密不可分,公众可通过互联网获取新闻,同时相关部门要净化网络环境,以确保更多真实的食品安全新闻。国家及地方食品安全监管部门要通过网络与群众联系起来,以加强食品监管合力。

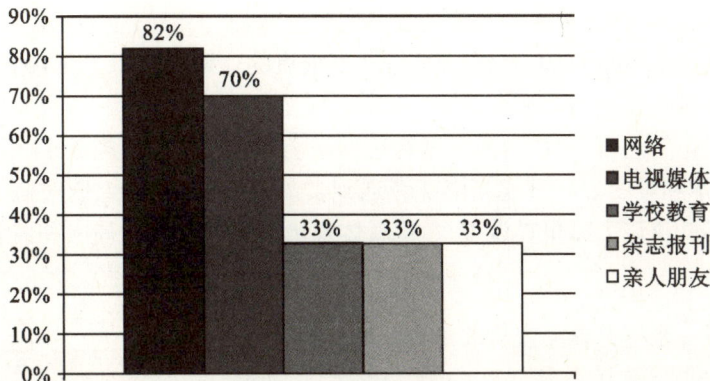

图6

(二)当前食品安全存在的问题分析

近年来,我国不断加大对食品安全的监管力度,但是,社会上食品安全问题依旧层出不穷,这不得不引起人们的重视。

1.公众食品安全意识有待于进一步提升

人们的生活水平不断提高,食品安全意识不断增强,但是频繁曝光的食品安全事件,表明我国当前食品安全情况不容乐观。调研团队在调研过程中发现,在进行食品消费时,对于糕点等保质期较短的食品,仅54%的人对食品的生产日期和保质期等有所关注;33%的人则选择买完尽快食用,不看也不问食品的生产日期和保质期;仍然有一部分人对此没有任何关注,而主要是被食品价格等其他要素所吸引,由此可见消费者食品安全意识需要进一步加强。在现实生活中,当买到劣质、过期等不安全食品时,人们的权益受到损害时,公众应该学会运用合理手段维护自己的合法权益。食品安全问题关乎国计民生,与人们日常生活息息相关,可以想象,如果每个人都坚持对自己正当利益的维护,那我国的食品安全问题现状必然会得到更快速度的改善。

2.食品企业诚信经营存在不同程度的问题

目前,食品企业已经不仅仅局限于大的食品生产企业,同时还存在于各种个体经营小企业以及小摊小贩。各个企业对于食品安全标准的规定也会有所不同。因此,保证食品在出厂时是安全的这一点至关重要,这体现了一个企业自身的诚信与社会责任感。如果出厂的食品本来就是不安全的,直接进入市场,给消费者带来的是无可避免的灾难,虽然短期内会使企业获利,但是长久为之,将会给企业带来巨大的灾难,也会给社会造成巨大的灾难。当今社会,很少有食品生产企业与消费者能够直接交流,大多借助第三方平台,例如超市实现消费者选择食品的意愿。在选购食品中,因食品种类繁多,如何选购安全的食品至关重要,最重要的是出厂的食品本身是安全的,这就要求企业生产合格产品。企业生产出厂的产品也会存在着各种各样的问题,人们也遇到各种各样的问题,比如,过期的食品仍然在继续销售,这个与企业并没有直接联系,但是如此之多的过期食品,企业可以选择统一回收并集中销毁,这样就不会使这些过期食品出现在消费者眼前。

3.监管力度不够强,食品安全法律体系不够完善

食品安全是重中之重,关系着社会平稳发展、人民安居乐业。民以食为天,食品安全

问题是大问题。面对社会上各种各样的食品生产企业,有关部门应加强监管力度,保证出厂食品安全,这是非常重要的,然而却又是困难重重的。调查结果显示,路边小摊存在安全问题最多,各种小摊没有人监督,同时也没有安全生产标志,并不是说要杜绝这种小摊食物,而是通过监管监督,争取使所卖食物达到安全标准。这样实施起来无疑会增加政府监管部门的成本和难度。有时候当消费者遇到食品安全问题时,人们对监管部门了解甚少,遇到问题不知道该去哪里投诉维权,这就体现出了监管制度的局限和监管力度不足的问题。

三、当前进一步提升食品安全的建议分析

食品作为人类赖以生存和发展的最基本的物质条件,是人们生活中最基本的必需品。因此,解决食品安全问题,提高食品安全系数,改善人们"吃"的环境迫在眉睫。调研团队发现,腌制食品的质量、过期的包装食品、小吃摊和私人小餐馆的卫生环境以及农药残留、农产品质量备受人们关注。因此,可以从源头(包括农产品生产、集散地、食品加工企业、小吃摊、私人小餐馆等)和消费者两个方面来改善人们在食品消费方面的顾虑。

(一)进一步提升个人的消费理念

食品安全的维护需要依靠人民,只有发动群众,切实提高人们关于食品安全方面的知识、树立安全消费的理念,才能从根本上改变食品消费市场的环境。大学生作为现代社会的中坚力量,可以作为志愿者到农村等地方进行义务宣传,普及食品安全知识,提高人们维护自身权益的意识,改善人们因食品消费"吃哑巴亏"的状况;同时也可以在各个乡(区)、镇建立健全食品安全有奖举报制度,提高公众互相监督、监管的积极性,营造安全的食品消费环境。

(二)提高生产经营者的安全意识

提高生产经营者的自律意识,强化食品生产经营者的社会责任,提高食品生产、加工企业的产品质量和管理水平,形成生产商守法经营、文明经营的良好社会风气。提高生产经营商的自律意识和质量管理水平,促使企业在追求经济效益的同时更加注重产品的质量,从根源处杜绝食品安全隐患。

(三)加强政府监管制度

由于小作坊、小吃摊以及私人小餐馆数量众多,分布散乱,进而对其进行监管、治理带来了很大的困难,而且这些地方生产条件简陋、卫生状况差,有很大的食品安全隐患。因此,对于小吃摊等地方应该进行集中管理,为其划定一块区域,将零散的小吃摊集中起来形成小吃城,这样既可以成为该地区一道亮丽的风景线,又便于有关部门进行监管。对于生产条件差的小吃摊,相关部门可对其提供一些支持,提高其生产的质量。同时,食品监管部门应对小吃摊的卫生状况进行不定期的抽查,使其生产的食品逐步达到卫生标准,使经营商做到安全、卫生、有证经营。对于小吃城的食品可以采取一定的限制措施,当其中一家的食品生产严重违规时,限制所有商家的商品出售,使其相互制约、互相监督,共同提高食品质量,更严重者可取消其经营资格,从而改善食品生产的环境。

众所周知,不管是大型企业的食品加工、包装还是小餐馆等地方的食品制作,都离不

开果蔬、面粉等原材料。对于现代社会备受关注的重金属污染、农药残留等问题,相关部门应加大监测力度,提高农产品质量。对于农产品生产基地应统一管理,集中起来进行规模化生产,对生产区的土地进行质量检测(如土壤酸碱度、重金属含量等),找到适合该地区的农作物统一生产。这样既有利于检测、控制农作物中各种物质的含量,又能使该农作物的产量达到最大化。对于农药残留问题,相关部门应检测农药的可降解程度,推行使用降解度好的农药、化肥,严格限制难降解的农药、化肥的生产。同时,有关部门要对农产品批发市场的农产品进行不定期的检测,禁止不合格的农产品进行销售,双管齐下,切实保证农产品的绿色健康。

(四)健全食品安全法律法规体系

对于制假售假的违法犯罪行为进行严厉的打击,对一些违规生产、经营不合格的企业和商家从严惩处,加大惩罚力度,切实有效地保护食品安全。食品安全问题关乎国计民生,是一项大工程,仅仅依靠现有的监督体制是不够的,必须建立健全食品安全法律法规,形成严谨完善的法制体系,为食品安全提供重要的法律制度保障。

结语

调研团队以食品安全调查为目的,通过调查问卷和实地调查的方式,了解了以张店区的食品安全现状。调研团队认为,消费者和相关部门都应该积极行动起来,对消费者,应该增强其食品安全意识,在遇到食品安全问题时应该积极维护自身利益,不能对不法分子置之不理;对相关部门,应该继续健全法律机制,坚决打击伤害群众利益的不法分子,维护人民的利益。只有全民都行动起来,才能缓解我国目前日益严峻的食品安全形势,保障人民群众的生命安全。

参考文献

[1] 周应恒、王二朋. 中国食品安全监管:一个总体框架[J]. 改革,2013(4).

[2] 全世文、曾寅初. 消费者对食品安全信息的搜寻行为研究——基于北京市消费者的调查[J]. 农业技术经济,2013(4).

[3] 张曼、唐晓纯、普蓂喆、张璟、郑风田. 食品安全社会共治:企业、政府与第三方监管力量[J]. 食品科学,2014(13).

[4] 李伟. 我国食品安全的政府监管研究[D]. 首都经济贸易大学,2005.

[5] 戚建刚. 食品安全风险属性的双重性及对监管法制改革之寓意[J]. 中外法学,2014(1).

"食以安为天:食品安全"调研团队基本信息

团队指导老师:丁乃顺、王国昊

团队队长:杨光平

团队成员:付家根、李振、郝天豪、高峻

附录：

"食以安为天：食品安全"调查问卷

尊敬的女士/先生：

您好！

我们是"食以安为天：食品安全"调研团队，正在进行山东理工大学暑期实践调查。为了更好地了解当前食品安全现状等问题，我们开展了这项调查。本调查属无记名调查，大约只会耽误您五分钟左右的时间。请您根据自己的实际情况如实填写。根据《中华人民共和国统计法》，您所提供的情况或想法将予以保密，完全用于科学研究，不会与您个人联系在一起。

十分感谢您的支持与合作！

感谢您的支持！

1. 如果您购买了不安全的食品，您一般都怎么处理？
   A. 扔掉不吃　　　　　　　　　　　B. 向有关部门投诉
   C. 问题不大时选择继续使用　　　　D. 其他方式

2. 对于商场内的打折促销食品，您的态度是？
   A. 注意保质期后再购买　　　　　　B. 有需要再购买
   C. 有需要再购买

3. 在选购食品时，您最关注哪些方面？
   A. 食品生产日期与保质期　　　　　B. 食品包装
   C. 食品安全标识　　　　　　　　　D. 食品品牌
   E. 食品配料表

4. 您遇到最多的食品安全问题是什么？
   A. 过期食品还在销售　　　　　　　B. 宣传虚假
   C. 假冒伪劣　　　　　　　　　　　D. 包装不合格
   E. 虚假或错误标签标识　　　　　　F. 三无食品
   G. 没有达到国家卫生标准　　　　　H. 其他情况

5. 您遇到食品安全问题最多的是在什么地方？（可多选）
   A. 路边摊　　　　　B. 大排档　　　　　C. 网店
   D. 便利店　　　　　E. 超市　　　　　　F. 其他

6. 您主要从什么渠道获得食品安全的新闻？（可多选）
   A. 网络　　　　　　B. 电视媒体　　　　C. 学校教育
   D. 杂志报刊　　　　E. 亲人朋友

7. 您对当前的食品安全还有什么样的看法？请简要陈述。

"食以安为天：食品安全"调研团队

2017 年 7 月

下篇

指导教师教研论文

整合两支队伍 强化学生体验 构建思政课实践教学新模式

——以山东理工大学为例

王　环　张慎霞　房晓军

（山东理工大学 马克思主义学院，山东淄博 255000）

摘　要：针对思想政治理论课教学中存在的理论与实践相脱节、思想政治理论课教师与学生工作部门教师相脱离、思想政治理论课教学实效性不足等问题，山东理工大学在提高思想政治理论课教育教学实效性方面，注重整合思政课实践教学资源，创新思政课实践教学组织模式，建立和完善实践教学保障机制，积极探索实践育人的长效机制。

关键词：实践教学；组织模式；运行机制；学生体验

针对思想政治理论课教学中存在的理论与实践相脱节、思想政治理论课教师与学生工作部门教师相脱离、思想政治理论课教学实效性不足等问题，山东理工大学在提高思想政治理论课教育教学实效性方面，注重整合思政课实践教学资源，创新思政课实践教学组织模式，建立和完善实践教学保障机制，积极探索实践育人的长效机制。

一、整合实践教学资源，加强协同合作，创新实践教学组织模式

根据教育部相关要求，山东理工大学马克思主义学院在前期研究、试点的基础上，提出了"整合两个体系，实现两个结合"的思政课实践教学模式，即整合学生思政课教学体系和学生思想政治工作体系，实现思政课课堂教学与实践教学的结合、思政课教师与学生工作人员的结合。学校于 2012 年 3 月出台了《思想政治理论课实践教学组织实施方案》，将思政课实践教学纳入本科培养计划中，计 2 个学分；成立了由宣传部牵头，校团委、学生工作部（处）、教务处、马克思主义学院负责人及有关专家组成的学校思政课实践教学工作领导小组，负责全校学生思政课实践教学的组织实施；各学院成立由分管学生工作的副书记牵头负责，马克思主义学院教师与学院辅导员联合组成的实践教学指导小组，具体组织指导本学院学生思政课实践教学活动。这是学校着眼大学生思政课教学模式创新的重要探索。

这种制度设计发挥两支队伍各自的优势，大大提高思想政治理论课实践教学的组织指导力量。教学改革试点表明，思想政治理论课教师与学生工作教师的双向结合，能够迸发出更多的火花，发挥各自优势，相互促进，相互激励，相互沟通，相互合作，共同提高，产生合力，形成了两个队伍一家人、一家亲，融合沟通、共同发展，共同推进大学生思想政治理论课教育教学工作的良好局面。这一组织领导机构的构建，给我校的思想政治理论课实践教学提供了健全的、强有力的组织保障，保证我校实践育人工作的顺利开展。

二、制定具体实施方案，周密部署，不断完善实践教学运行机制

按照学校分步组织实施的部署，每年思政课实践教学实施前，都由马克思主义学院负责，经过与宣传部、教务处、团委、学生工作处、相关学院等多次研讨论证，制定实践教学具体实施方案。按照实施方案的精心设计,思政课实践教学安排在大二暑期进行,组织实施分为三个阶段,每个阶段都有具体任务、时间安排和工作流程。第一阶段为准备阶段。各学院成立实践教学指导组,由思政课教师和学院学生工作人员共同组成。在指导组的组织下按学生班级召开实践教学动员会,向学生讲解思政课实践教学的目的和意义、时间安排、题目选择、方案制定、日志填写、报告撰写规范以及其他基本要求等。组织学生组建团队小组,确定实践选题,联系实践单位,填写策划书,并举行启动仪式。第二阶段为实践教学阶段。实践教学活动时间为2周,在联系确定的实践基地或单位进行。指导组教师跟踪和掌握学生实践的表现和实践进展情况,及时给予指导,并选择部分学生实践基地或单位进行现场指导。第三阶段是考核总结阶段。马克思主义学院组织指导教师在暑假开学后两周内,依据学校《思想政治理论课实践教学成绩考核办法》查阅实践日志、批阅调研报告,将评阅结果与辅导员的评价结合确定成绩,并将调研报告等教学形成材料整理存入教学档案。各学院对本学院思政课实践教学情况进行全面总结。学校以适当的形式对思政课暑期实践活动教学优秀团队和个人进行表彰。整个方案科学合理、组织严密、周密细致、分工明确、步骤清晰、流程合理、可操作性强,大大增强了思政课实践教学的科学性和组织管理水平。为全面掌握思政课实践教学的进展情况,保证实践教学效果,马克思主义学院还成立了以院班子成员及相关人员组成的协调督导小组,全面负责实践教学的具体实施,并了解和掌握整体进展情况,及时获取各学院指导小组的有关信息,加强协调督导,全面推进实践教学各项工作开展。

结合思想政治理论课教学实际,对实践教学的运行机制进行了系统研究和整体设计,通过制定思想政治理论课实践教学组织实施方案,将思想政治理论课实践教学作为必修课纳入教学计划,规定学时、学分,建立起学生参与的动力机制和全体参与的制度要求;将教师指导纳入教学分工体系,计算教学工作量,从制度上规定指导大学生社会实践是教师教学工作的重要内容之一,从导向上调动教师指导大学生社会实践的积极性。同时,将思想政治理论课实践教学分为准备阶段、实践教学阶段和考核总结阶段三个阶段,规定了每个阶段的具体任务、时间安排和工作流程。整个实践教学安排科学合理、组织严密、分工明确、可操作性强,具有稳定性、可持续性。

三、结合课堂教学和时事,提高实践教学选题的科学性与广泛性

作为思政课实践教学环节,选题的确定必须与思政课的教学内容相结合。在此基础上,马克思主义学院各系根据思政课各门课程的教学内容,深入研讨,加强论证,同时结合国内外经济和社会热点问题、百姓关心的重大民生问题、大学生比较关注的社会热点焦点问题、课堂教学中发现的适合做社会调查与研究的问题向学院推荐选题,学院组织专家进行论证。所有选题分为经济建设、政治建设、文化建设、社会建设、生态文明建设、创新驱动发展战略六大类,便于学生有针对性地进行选择。学生也可以结合所学专业和个人兴趣自拟题目,与指导教师协商确定,但选题内容须与思政课教学内容相关。科学、广泛的调研题目激发了学生参与的热情,在指导教师的悉心指导下,学生认真修改完善调研内容和策划方案,大大提高了选题的可操作性。在几年实践中,各实践团队调研内容更为丰富,实践主题涵盖了留守儿童、空巢老人、生态农业、科技支农、农民收入与农业生产结构

调整、社区建设、公益行动、环境保护与治理、非物质文化遗产保护、大学生就业与创业、助学支教、扶贫脱困等各个方面。其中,关注留守儿童、助学支教是学生选择较多的实践内容,实践效果最好。学生们既能行有所获、增长才干,又能真正服务社会、学以致用,解决暑期留守儿童的教育和安全问题,得到了留守儿童家长及社会的一致好评和欢迎。

针对思想政治理论课教学中存在的重视理论阐述、轻视实践本源,思想政治理论课教学针对性不强,理论与实践结合度不高、实效性差,理论教学与社会实践两张皮等问题,通过对思想政治理论课实践教学内容的科学设计和重新建构,使思想政治理论课更加面向学生主体关切,更加面向实践体悟,更加面向社会热点问题,使思想政治理论课实践教学内容突破了课本的局限,让大学生走出教室,走出校门,走向更加广阔、更加丰富的社会实践的大舞台,在参与社会实践活动的过程中自我感悟、自我教育,大大增强了思想政治理论课教学的针对性、实效性。这样的实践教学内容贴近实际、贴近生活、贴近群众,具有鲜明的时代特色和极强的现实针对性。

四、以教研促教改,提高教育教学质量,提高实践育人实效性

具有本校特色的思政课实践教学模式正是基于思政课教学研究成果基础上的探索成果。马克思主义学院课题组 2009 年、2012 年先后承担了山东省重点教改项目"整合两个体系 强化学生体验 构建思想政治理论课教育教学新模式的探究"和"构建内容体系 创新组织模式 强化高校思想政治教育实践教学研究",项目组在进行项目研究和理论探讨的同时,于 2010 年、2011 年在法学院、机械工程学院等 5 个学院进行了试验,取得了初步成效,得到了参与学生和教师的好评。经过对理论与实践的认真梳理和总结,项目组提出了思政课实践教学的新模式,并向马克思主义学院和学校有关部门进行了汇报和建议。2012 年至 2014 年,在教务处、校团委等有关部门的大力支持和统一部署下,思政课实践教学新模式开始在校内试点,得到思政课教师、学生工作人员和大学生的积极响应,并不断扩大试点范围,增强了思政课实践教学的效果,取得了令人满意的效果。从 2015 年开始,我校实现了思政课实践教学全覆盖,至今已实施了三个循环,不断总结经验,完善方案。

2012 年 12 月 12 日,《光明日报》以"体验式思想政治教育教学新模式——思政课开在田野里"为题,对我校思政课实践教学改革做了专题报道。2013 年 10 月 15 日,山东省高校工委举办的增强思想政治理论课实效性专题座谈会在我校召开。2014 年 7 月,我校承担的山东省重点教改项目"整合两个体系 强化学生体验 构建思想政治教育教学新模式的研究"获山东省教学成果二等奖。近些年,许多省内外高校到我校考察、交流思政课实践教学。

思想政治理论课实践教学在提升思想政治理论课实践教学效果、增强思想政治理论课的实效性和针对性等方面发挥了积极作用,达到了预期效果。对于大学生来说,在思想政治理论课实践教学中,大学生走出校门,通过深入企业、农村、社区等进行考察调研和实践锻炼,学到了课堂上、书本上所学不到的东西。在思想政治理论课社会实践中,大学生培养和锻炼了实际工作能力,进一步增强了大学生适应社会、服务社会的能力,大学生的组织协调能力和求实创新精神也得到了进一步增强。学生通过实践和切身体验,更好地促进对思想政治理论课教学内容的理解和转化,达到从对马克思主义理论的自信与自觉

走向对中国特色社会主义实践的自信与自觉。

对于指导教师而言,思想政治理论课教师和学生工作教师共同参与、指导思想政治理论课实践活动,一方面发挥自身理论优势,帮助学生用马克思主义的科学立场、观点、方法,观察、分析、研究改革开放大背景下的社会热点、难点问题,这对于提高大学生社会实践的质量、水平和效果,发挥着不可替代的作用。另一方面,在参与、指导学生社会实践的过程中,教师自身也获益匪浅。通过指导学生社会实践,加深了教师对学生的了解、对社会的认识,能够获取实践发展与理论进步的鲜活案例,为课堂教学提供许多有益的资料,有利于思政课教师进一步提高课堂教学的现实针对性,避免理论与实践脱节的尴尬,达到了课堂教学与实践教学相互促进、相互激荡、相辅相成、良性互动的效果。

五、建立起保障思想政治理论课实践教学良性运行的一系列配套制度

思想政治理论课实践教学是一项复杂的系统工程,要保障思想政治理论课实践教学的顺利开展并取得实效,就要在组织领导、教学管理、经费保障、考核评价等方面,形成了完善的制度体系,为此我们建立完善了体验式大学生思想政治理论课实践教学新模式的相关制度和长效机制,使思想政治理论课实践教学有了可靠的保障。

一是建立教学管理制度,将思想政治理论课实践教学列入学校教学计划,纳入教学管理的正规渠道。同时,要求思想政治理论课教师、辅导员和有关教师必须参与、指导学生思想政治理论课社会实践活动,其工作量参照专业课实习工作量计算办法执行。这些规定使思想政治理论课实践教学与学生专业课实践教学环节一样,形成了规范的教学管理和运行机制,有力地保证了思想政治理论课实践教学活动的顺利开展。

二是建立经费保障制度,将思政课实践教学的运行纳入学校预算体系。学校每年将思想政治理论课实践教学经费纳入财务预算,实行专款专用,保证进行实践教学指导教师的交通、食宿、奖励、劳务等必要开支,为思想政治理论课实践教学的顺利开展提供经费保障。立项的校级、院级重点团队,也能够获得数量不等的资金支持。这就从政策的层面大大激发了大学生参加思想政治理论课实践教学的积极性,以及思想政治理论课教师和学生管理人员参加指导和管理大学生社会实践的积极性和工作热情,从制度上激活了思想政治理论课实践教学的组织机制。

三是建立考核评价制度,确保思政课实践教学的效果。学校出台了《山东理工大学思想政治理论课实践教学组织实施方案》《山东理工大学思想政治理论课实践教学成绩考核办法》《山东理工大学思想政治理论课社会实践报告撰写要求》等文件,对学生的社会实践活动如何规范和考核评价都做出了明确的规定。学生只有各方面的考核结果都合格,才能最终被评定为合格,获得相应的学分。凡考核成绩不合格的学生,需要重修思想政治理论课实践教学。

上述制度、机制的建立和完善,有力地保证了大学生思想政治理论课实践教学在我校的顺利开展。

注:本文系2015年山东省社会科学规划高校思想政治教育研究专项:"深入社会 五方协同 创新思想政治理论课实践教学模式研究"(15CSZJ46)的阶段性成果。

中外合作办学模式下加强爱国主义教育的路径研究

刘兴清　牛凤燕

（山东理工大学，山东淄博 255000）

摘　要：中外合作办学项目因培养的学生群体以及办学模式有其特殊性，在此学生群体中开展爱国主义教育更显紧迫。本文分析了中外合作办学项目中学生的特点，针对存在的主要问题，从教育内容、教育主体、教育方式、教育平台等方面探讨了在中外合作办学专业加强爱国主义教育的路径。

关键词：中外合作办学；爱国主义教育；路径

随着全球一体化，我国的高等教育也开始面向国际市场开展各种交流和合作，作为对我国教育资源不足的一个有益补充，以求培养出具有国际视野、专业素养突出的复合型国际人才。山东理工大学目前与3个国家的4所高校开展5个中外合作办学项目，其中3个本科项目，2个专科项目。中外合作办学专业的学生与其他国内普通专业的学生相比，在教育主体和办学模式上存在特殊性。人才国际化是促进山东省技术创新的重要战略组成部分。[①] 对这些学生群体进行爱国主义教育，更有其现实意义。本文主要分析中外合作办学项目大学生的主要特点以及存在的问题，提出有效开展爱国主义教育的路径。

一、中外合作办学模式下大学生的主要特点

（一）家庭经济环境良好，学生思想活跃

以山东理工大学中外合作办学环境设计专业本科项目为例，每年学费27000元人民币；应用韩语专业为专科项目，学费在5个中外合作办学项目中最低，每年也需15600元人民币。而普通专业学费仅为6000左右。绝大部分中外合作办学专业的学生家庭经济条件良好，能为孩子的学习和生活提供强有力的支撑。家长希望能利用中外合作办学这种办学模式给孩子争取到国外学习的机会，开阔眼界，提高未来就业的竞争力，争取更好的就业机会。但是这些学生由于家长对其管理比较松散，在大学学习期间自我管理能力较差，自律性不强，缺乏学习的主观能动性。同时这些学生大部分思想活跃，个人意识较强，对各种新兴事物有浓厚的兴趣，社会事务参与度较高。比如有同学组织探店活动，帮各种商家拍美食照片，通过公众平台加以推广来获取佣金收入等。

（二）学生学习基础薄弱，学习压力较大

中外合作办学专科项目学费较高，使学习成绩较好而经济条件欠佳的学生难以入学，导致专业录取分数较低。很多学生基础知识学习不够扎实，学习能力不强，对新知识的理解吸收较慢。课堂教学在老师的引导下，能有师生互动，一定程度上能达到教学目的，但

---

①　朱敏.海外人才回流的溢出效应研究［M］.济南:山东人民出版社,2016:107.

是考试成绩明显存在差距。在中外合作办学模式下,大部分学生都把目标定在出国深造,语言和专业成绩要达到外方学校选拔的要求才能继续出国学习。因此语言和专业学习压力较大。

（三）受社会环境影响较大,政治理论学习积极性不高

当今社会网络信息铺天盖地,中外合作专业的学生年龄一般在 20 岁左右,非常容易受社会各种信息的影响,喜欢追逐社会热点问题。比如江歌刘鑫事件,很多同学在微信朋友圈纷纷声援江歌妈妈,谴责刘鑫的冷漠。这些学生有爱国热情,情绪也容易受鼓动,但是政治敏感度不高,对政治理论学习有抵触心理,单纯依靠课堂灌输式学习和方法生硬的理论教育对学生爱国主义教育作用有限。

二、中外合作办学模式中大学生爱国主义教育存在的主要问题

（一）国外强势文化对中国传统文化教育的影响加大

中外合作办学模式下的大学生为了学习留学国的语言,学习过程中与外教接触较多,还要了解留学国的文化传统、风俗习惯,与社会主义核心价值观、中国传统文化不相符的意识思潮对学生有较大的冲击。这些"九五后"学生的世界观、人生观和价值观尚未正确形成,缺少对客观现实的明辨能力,容易受外来文化的影响。特别是这些学生到国外以后,比较容易受到西方意识形态的影响。更何况国外反华势力和某些别有用心的社团组织对所谓的西方自由思潮的宣传从未停止。对未来即将赴国外深造的学生进行爱国主义教育,提高他们的民族自信心和民族荣誉感,是一项不容忽视的任务。

（二）爱国主义教育没有体现中外合作模式下大学生的特殊性

中外合作项目的学生家长把目标定在孩子能顺利申请上心仪的国外大学,更重视学生的人身安全、语言以及专业课的成绩是否达到国外大学要求,对学生的道德素质教育关注度不够。并且中外合作项目的学生普遍家庭条件优越,自我意识强烈,思想观念较为复杂,这些学生对刻板的教材宣讲和理论灌输有抵触情绪。现有的政治教育思维方式和教学研究方法缺少创新,更多的还是靠思想政治课的理论学习。这与现在社会复杂的政治、经济环境存在某些程度上的脱节,爱国主义主义教育很难引起学生情感上的共鸣。

（三）对出国学习的学生缺乏有序的追踪和管理

应用韩语专业的学生在大二期间就有接近一半的学生选择赴韩国留学,对已经在国外开始留学生活的中外合作办学的学生群体,很难继续开展有效的追踪管理。一方面是随着招生规模的扩大,学生的数量在不断增加;另一方面不容忽视的因素是,从事高校思想政治工作的队伍存在数量不足的问题,有些高校往往是一个辅导员老师负责管理三四百个学生,国内学生的日常管理已经不堪重负,对已经出国的学生精力上无暇顾及。对那些刚开始国外学习生活的学生来说,正处在环境转型的适应期,学习压力较大。国内老师及时地给以引导和鼓励,更能激发学生对国家、民族的认同感。而连续开展国外追踪管理积累的经验,也能帮助国内的学生更加了解留学生活,在各方面做好出国学习的准备。

（四）爱国主义教育难以量化评价,实施路径单一

目前高校的评价系统通常量化考查科研工作量和教学水平,而对于思想政治教育工

作还没有形成科学合理的量化爱国主义教育的指标体系,难以提升思想政治教师和专业课教师对中外合作办学学生主动进行爱国主义教育的积极性。目前爱国主义教育路径比较单一,主要靠思想政治课的大量灌输来学习,效果不明显。爱国主义教育需要给学生更多现实、生动的案例来潜移默化地影响学生,引起学生情感上的认同。

三、爱国主义教育对中外合作办学专业学生的主要开展路径

爱国主义教育不同于一般的政治理论教育,这是基于对历史的深入思考和现实社会的亲身体验感悟下产生的一种高度的个人自觉性、历史责任感和社会责任感,总是把个人命运与整个国家、民族、社会联系在一起,把国家、民族、人民的前途命运作为自己的终极关怀和最高目标。[①] 首先是需要情感的培养作为重要基础,然后用理性教育加以引导,再用很长的时间养成一个习惯。[②] 因此要拓宽爱国主义教育的路径,应从社会、家庭、学校全方位、长时效地进行润物细无声的渗透与潜移默化的引导。

(一)加强历史与传统文化教育,丰富爱国主义教育内容

中国有 5000 年灿烂的民族文化历史,积淀了宝贵的精神财富。这是炎黄子孙共同的根,故土对我们一生都有深厚的影响。[③] 在中外合作办学学生群体中加强历史与民族传统文化的教育,充分利用本民族的文化遗存和文化资源,保护中华民族的群体记忆和历史文化传承[④],鼓励学生继承和发扬中华民族优秀的文化传统,增强学生的民族认同感,在心里埋下报国之志的种子,未来学成之后能主动回国效力。而回流的海外人才是国际技术溢出的主要渠道,对中国梦的实现有重要意义。[⑤] 以美国的公立教育为例,美国的小学非常注重开展历史教育,虽然美国历史只有短短 200 年,仍然不断地从中选取能代表美国精神的历史事例,对中小学生用各种方式加以宣讲。历史与传统文化教育应坚持连续性、全方位,从小学、中学、大学不间断地对学生进行爱国主义教育,培养他们的民族自尊心和民族荣誉感,引导学生树立民族复兴的责任感。

(二)加强爱国主义教育教师队伍建设,发展爱国主义教育主体

经济全球化与网络信息的丰富不仅对大学生的社会观、人生观与价值观有巨大的影响,对高校从事思想政治教育的教师队伍也有巨大的冲击。要加强教师队伍建设,关注教师的思想动态,从绩效考核上可把教师的爱国主义教育列入考核体系[⑥],鼓励思想政治之外的专业教师把爱国主义融入日常的授课过程。采取多种方法,组织教学研讨,进行教学方法的创新。帮助教师了解新形势下学生的思想特点,掌握爱国主义教育的科学方法和有效手段。对学生思想波动从理论和实践两方面加以分析和引导,避免生硬刻板地说教,提高思想政治教育的效果。

① 刘芹. 王树楠史学研究[M]. 天津:天津人民出版社,2012:263.
② 伍志显. 湖北高校中外合作办学学生的爱国主义教育研究[D].武汉工程大学硕士学位论文,2014.
③ 朱敏.海外人才回流的溢出效应研究[M].济南:山东人民出版社,2016:203.
④ 刘芹. 王树楠史学研究[M].天津:天津人民出版社,2012:245-246.
⑤ 朱敏.海外人才回流的溢出效应研究[M].济南:山东人民出版社,2016:78.
⑥ 罗攀.浅析中外合作办学模式下的大学生爱国主义教育[J].科技信息,2010(20).

（三）加强网络信息交流，建设爱国主义教育平台

国外大学大多实行宽进严出，国外学习相较于国内的大学更为严格。中外合作办学的学生置身于陌生的生活和学习环境，思想经常会出现孤独迷茫。学校可以利用信息社会的便利化，突破时间和空间的局限，设立网络交流平台，利用 QQ 群或者微信群与学生保持交流和沟通，在学生困惑的时候及时地进行关心和帮助，让学生置身国外也能感受到祖国的温暖。朱敏提出我们应该积极建立海外留学生档案，并建立机构与措施与他们保持联系，及时了解学生的发展情况和动向，定期征询他们的回国意愿并整合国内的人才缺口状况和单位职位，供他们参考。①

（四）开展多种教育实践活动，丰富爱国主义教育手段

中外合作办学项目的在校学生一般是"95 后"，思想活跃，丰富多彩的实践活动比理论学习和文件阅读更能调动学生的主动性。中国历史悠久，有各种传统的节日，高校可以鼓励学生组织各种以爱国主义为主题的传统节日庆祝活动，培养学生的民族身份认同感。组织学生在节假日赴爱国主义教育基地参观，了解国家的解放历程和改革历程。认识到当今和平幸福生活的来之不易，增强学生的民族忧患意识，改变自近代以来在学习西方文化过程中出现的文化自卑倾向，恢复中国人对中华民族优秀历史传统文化的自尊心和自信心，提升中国人的文化自信意识②，达到爱国主义教育的目的。在寒暑假学生有社会实践活动，中外合作办学的学生家庭条件较为优越，可以引导学生去贫困地区或者革命老区开展下乡实践活动，体验百姓生活，更直观地认识中国的国情，唤起学生的爱国主义情感，树立学成回国、报效国家的民族责任感。同时政府也应全面贯彻和细化国外人才回流政策，改善国内硬件及软件环境，做好海外人才回流的工作。③

爱国主义是中华民族精神的核心内容，爱国主义教育是高校教育一个永恒的课题。中外合作办学模式是在全球化浪潮下充分利用国外教育资源的新生办学模式。针对这部分学生特点，从教育内容、教育主体、教育平台、教育手段等方面开展爱国主义教育，对引导学生出国学成后，将爱国主义情怀转化成爱国主义行动，参与到中华民族伟大复兴中国梦的建设中，有更加积极的历史意义和现实意义。

作者简介：

刘兴清（1977—　），男，山东临朐人，山东理工大学体育学院党总支书记，主要从事大学生思想政治教育研究。

牛凤燕（1981—　），女，山东青州人，山东理工大学马克思主义学院讲师，山东大学在读博士，主要从事思想政治教育研究。

---

① 朱敏. 海外人才回流的溢出效应研究［M］. 济南：山东人民出版社，2016：202.
② 刘芹. 王树楠史学研究［M］. 天津：天津人民出版社，2012：241.
③ 朱敏. 海外人才回流的溢出效应研究［M］. 济南：山东人民出版社，2016：204.

儒家德育思想融入思想道德修养教学的思考

——以《论语》为中心的考察

关利平

（山东理工大学 马克思主义学院，山东淄博 255000）

摘　要：《论语》是儒家的重要经典之一，蕴含丰富的德育思想。有必要尝试将《论语》的德育思想融入思想道德修养教学，但必须采取扬弃的处理方式，以期实现对《论语》德育思想的创造性转化。具体举措包括，从《论语》德育思想中关于"仁"的教育、"义"的教育、"礼"的教育三个方面阐释《论语》德育思想融入思想道德修养教学的必要性，与此同时克服传统文化德育思想中不合时宜的内容。

关键词：《论语》；孔子；德育思想；思想道德修养；教学

在物质文明高度发达的今天，精神文明建设，尤其是道德建设显得尤为重要，将《论语》中的德育思想融入大学生的思想道德修养教学是加强德育建设的重要途径之一。党的十八大报告指出，要建设中华优秀传统文化传承体系，弘扬中华优秀传统文化。党的十八届三中全会在"深化教育领域综合改革"中指出，完善中华优秀传统文化教育。教育部《完善中华优秀传统文化教育指导纲要》明确提出，把中华优秀传统文化教育系统融入课程和教材体系。随着社会的不断向前发展，旧的教育思想、教育体制的很多方面已经不适应新形势发展的需要，存在着许多弊端，尤其是"为应试而教，为应试而学"的智育教育倾向影响了当代大学生的全面健康发展，不能够适应新时代社会主义现代化建设和提高国民素质的迫切需要。因此，深化教育思想与教育体制改革，全面推进德智体美劳协调平衡发展，加快培养德智体美劳兼备的高素质人才，事关新时代社会主义现代化建设事业的全局。旧的教育思想与教育体制偏重智育，忽视德育、体育、美育和劳动教育，其中对德育教育的忽视已经导致严重的社会问题。将《论语》德育思想融入思想道德修养教学有助于完善大学生的思想德育教育，因而有必要尝试将《论语》的德育思想融入思想道德修养教学，通过对大学生们进行有目的、有意识的儒家德育思想的系统化教育，达到政治社会化与道德社会化的教育效果。①

一、"仁"的教育思想融入思想道德修养教学的必要性

爱人是仁的教育的核心。樊迟问仁。子曰："爱人。"②什么是"仁"呢？"爱人"。把"爱人"作为大学生思想道德修养教学的核心非常必要。"泛爱众，而亲仁。"③指出爱人的表现呈现多种多样的形式。

---

① 刘芹.王树楠史学研究[M].天津：天津人民出版社，2012：240.
② 论语·颜渊[M].北京：中华书局，2006：112.
③ 论语·学而[M].北京：中华书局，2006：2.

（一）爱人表现在父母方面——《论语》中所谓的"孝"

孝是中国文化的基础，不仅儒家文化中强调孝道，中国土生土长的宗教①道教也非常强调"孝"想想，甚至以因果报应的道教思想引导人们遵从孝道，《太上老君说报父母恩重经》中载："若孝悌者，一家之中老少安乐，天人钦仰，神明守护，子孙相承，孝慈不断，招感孝顺，以为其子。若不孝者，世世相继，一门之内总是冤家，虽为父子，甚于仇敌，招五逆以为其儿，父子兄弟各财异食，同园别菜，共田分谷，隐藏珍馐，吃食如偷，虽是人形，不如禽兽，神明不佑，天下轻欺，一生所为，诸不吉利，死入地狱，受一切苦罪毕，受报为百劳鸟，生子能飞，共食其母，百劫之后，托生人中，聚集五逆，诸不孝缘，共为父子，更相残害，死生忧苦，轮转无穷，天下苦痛，莫过于此。"②然而当代社会中，"孝"这种道德思想出现缺失，具体表现为老人儿女众多却无人赡养，年迈的父母流浪街头，甚至出现虐待老人的问题等。这与物质文明的发展是不相匹配的，《论语》中关于"孝"的论述非常丰富，如孟懿子问孝，子曰："无违。"孟武伯问孝，子曰："父母唯其疾之忧。"子游问孝，子曰："今之孝者，是谓能养。至于犬马，皆能有养；不敬，何以别乎？"子夏问孝，子曰："色难。有事弟子服其劳，有酒食，先生馔，曾是以为孝乎？"③因此，有必要将《论语》中关于"孝"的德育思想融入大学生思想道德修养教学中。在社会上已经掀起学习儒学热潮的过程中，在思想道德修养教学中可以引入《论语》中关于"孝"的论述，有利于大学生了解有关儒学的相关内容，也有利于满足大学生的好奇心，有利于提高思想道德修养教学的有效性。然而，在儒家孝道文化传承中存在的问题也必须予以指出，儒家追求君君、臣臣、父父、子子的纲常伦理④影响了中国古人，汉代以后，在意识形态领域儒家学说占据统治地位，其"身体发肤受之父母不敢有所损伤"的孝道传统，就抑制了解剖学的发展。⑤因此，必须谨慎处理儒家学说中的孝道思想中不利于科学发展的因素。儒家孝道思想传承中出现的"愚忠""愚孝"的思想影响至今，是不足取的，在思想道德修养教学过程中必须深刻的阐明。

（二）爱人表现在兄弟方面——《论语》中所谓的"悌"

在中国文化中，悌文化与孝文化是并举的，孝和悌是儒家非常提倡的两个基本的道德规范，常常孝悌并称。子曰："孝弟也者，其为仁之本与！"⑥可见《论语》把孝和悌放在同等重视的位置上。针对社会上许多亲兄弟反目成仇，甚至老死不相往来的问题，"悌"教育便是必要的。但在大学生思想道德修养教学中引入关于"悌"教育时必须注意，《论语》强调"悌"是对兄长的顺从，这是不全面的。在现代社会，我们必须辩证地看待《论语》中关于"悌"的思想，悌既有弟对兄的尊敬，也有兄对弟的关爱，两者互为前提，只有两者都做到的情况下，才有悌的存在，过于强调任何一方面都是对悌的片面理解。

（三）爱人表现在朋友方面——《论语》中的"信"

诚信问题在当今社会显得尤为重要，涉及生活工作的方方面面，人无信则不立，因此，

---

① 刘芳.道教与唐代科技[M].北京：中国社会科学出版社，2016：102.
② 刘芳.道教与唐代科技[M].北京：中国社会科学出版社，2016：76.
③ 论语·为政[M].北京：中华书局，2006：8-10.
④ 刘芳.道教与唐代科技[M].北京：中国社会科学出版社，2016：27.
⑤ 刘芳.道教与唐代科技[M].北京：中国社会科学出版社，2016：96.
⑥ 论语·学而[M].北京：中华书局，2006：2.

社会主义核心价值观的个人层面把诚信放在至关重要的位置加以弘扬与倡导,其中朋友之间的相互信任也是社会主义核心价值观倡导诚信的内容之一,在现代社会人与人的交往中,朋友的角色仍然非常重要,在人们的日常生活中,有各种各样的朋友,应该怎么样正确处理这些关系? 曾子曰:"吾日三省吾身:为人谋而不忠乎? 与朋友交而不信乎? 传不习乎?"①曾子说:"我每天都会几次反省自己:为别人做事是不是尽心尽力? 与朋友交往时是不是很诚实? 有没有温习老师传授的知识?"子曰:"主忠信,毋友不如己者,过则勿惮改。"②孔子说:"一切要以忠信为本,不要结交不如自己的朋友,有错误不要怕改正。"孔子曰:"益者三友,损者三友:友直,友谅,友多闻,益矣;友便辟,友善柔,友便佞,损矣。"③孔子说:"有益的朋友有三种,有害的朋友有三种。结交正直的朋友,诚信的朋友,知识广博的朋友,是有益的。结交谄媚逢迎的人,结交表面奉承而背后诽谤人的人,结交善于花言巧语的人,是有害的。"《论语》关于结交朋友的论述至今仍有借鉴意义。

二、《论语》的德育思想中关于"义"的教育

社会主义核心价值观之社会层面大力倡导"公正"一词,即包含关于"义"的思想,为了阐述义之重要,在大学生思想道德修养课中,可以将《论语》中孔子关于"义"的论述与当代社会的"义"思想对照讲解,以提升思想道德修养教学的有效性。子曰:"君子喻于义,小人喻于利。"④孔子说:"君子明白大义,小人只知道小利。"孔子认为,利要服从于义,要重义轻利。这种"义"的教育思想有利于当代大学生树立正确的义利观。子曰:"君子义为上,君子有勇而无义为乱,小人有勇而无义为盗。"⑤孔子说:"君子把义看作是最高尚的品德,君子有勇无义就会作乱,小人有勇无义就会偷盗。"孔子把义的教育看得很重要,当代社会也需要大力倡导"义"的思想。子曰:"君子义以为质,礼以行之,孙以出之,信以成之。君子哉!"⑥孔子说:"君子以义为本质,合乎礼节地实行,谦卑地表达出来,诚实无欺地达成目标。这就是君子啊!"借鉴《论语》中"义"思想,深刻阐述"义"的内涵,依据"义"行事,是加强大学生思想道德修养的有效途径之一。

三、《论语》的德育思想中关于"礼"的教育

中国自古以来都以"礼仪之邦"自居,可见"礼"的教育不容忽视,要把懂礼、知礼、行礼的优良传统发扬光大,让中小学生学习《论语》的德育思想中关于"礼"的教育非常必要。"不知礼,无以立也。"⑦意思是:"不知道礼,就不能立身处世。"可见"礼"的教育的重要性。在六艺(礼、乐、射、御、书、数)的教授中,礼主要是指道德合礼仪规范,相当于我们现代课程中的思想道德、政治历史。受西方文化的影响,中国的礼在逐渐消失。如果失去了"礼"

---

① 论语·学而[M].北京:中华书局,2006:2-3.
② 论语·子罕[M].北京:中华书局,2006:78-79.
③ 论语·季氏[M].北京:中华书局,2006:152-153.
④ 论语·里仁[M].北京:中华书局,2006:28-29.
⑤ 论语·阳货[M].北京:中华书局,2006:166-167.
⑥ 论语·卫灵公[M].北京:中华书局,2006:144-145.
⑦ 论语·尧曰[M].北京:中华书局,2006:190-191.

的教育,那么中国懂礼、知礼、行礼的优良传统将不能发扬光大,中国便不可以"礼仪之邦"自居。因此,《论语》的德育思想中关于"礼"的教育需要得到继承与发展。将儒家关于"礼"的教育思想融入大学生思想道德修养课是发扬中国懂礼、知礼、行礼的优良传统的有效途径之一,也是加强大学生思想道德修养的重要途径之一。

四、结语

健全现代大学生的思想道德修养有必要从流传 5000 多年的典籍《论语》中取经。儒家非常看重教化作用,注重利用儒家思想教育内容与形式,达到对社会成员政治社会化与道德社会化的劝勉和道德垂训。[①] 作为受过现代教育的大学生,尽管有学习我们中国文化经典的想法,但缺少学习的自觉性和主动性,这种现象在现代大学生当中较为普遍。由于没有学校的要求、老师的督促,大学生自身很难把学习我们中国文化经典的实际行动落实。因此,有必要倡导在思想道德修养课程中融入儒家德育思想的内容,特别是儒家经典《论语》中的德育思想。

自汉代"罢黜百家,独尊儒术"以来,儒家学说一直是中国传统文化的正统。[②] 儒家学说影响深远,其中不乏德育思想精华,但也存在维护统治阶级地位的思想糟粕,在将《论语》德育思想融入思想道德修养教学时,必须根据时代要求注意适当地加以选择,采取扬弃的处理方式,对符合时代要求、对当今社会发展有积极意义的思想予以吸取,对不符合时代要求的内容予以摒弃。

---

① 刘芹.王树楠史学研究[M].天津:天津人民出版社,2012:235.
② 刘芳.道教与唐代科技[M].北京:中国社会科学出版社,2016:143.

利用微信公众平台改进高校思想政治理论课教学的策略研究

岳松

（山东理工大学 马克思主义学院，山东淄博 255000）

摘　要：做好高校思想政治理论课教学工作，必须紧跟时代变化。作为新媒体时代的重要标志，微信公众平台是当下用户量最大、受关注最多的媒介形式，这为高校开展大学生思想政治理论课教学提供了新的途径。依托《山东省高校思想政治教育类微信公众平台使用情况调查问卷》数据，研究分析微信公众平台在高校思想政治理论课教学工作中的效能，提出了微信公众平台改进高校思想政治理论课教学的应用对策。

关键词：微信公众平台；高校；思想政治理论课

一、研究背景

随着"互联网"技术的发展，新媒体时代已经到来，据 2016 年 8 月 3 日，中国互联网络信息中心（CNNIC）发布的《第 38 次中国互联网络发展状况统计报告》中指出，目前我国网民规模达到 7.1 亿，手机网民规模达 6.56 亿，20～29 岁的青少年网民占到整个网民的30.4%[①]，手机网民是新媒体技术的主要使用群体。十八大以来，习近平总书记高度关注互联网问题，高度重视网络意识形态安全问题，强调"作为思想政治教育工作者，要成为运用现代传媒新手段新方法的行家里手；要打破传统思维定式，工作中重点抓好理念创新、手段创新、基层工作创新；要着力打造一批形态多样、手段先进、具有竞争力的新型主流媒体。"[②]

微信公众平台无疑是当前新媒体中比较活跃的领域，自 2012 年上线以来，目前已有各类活跃账户数百万个，覆盖影响微信用户 5 亿多人，已发展成为新媒体时代信息传播的重要载体，在高校学生中用户多、影响力大。就日常工作观察，高校学生几乎人人使用微信，关注的公众平台多则数十个，少则三五个，其中既有学校"官办"，又有学生群体"自营"，学生关注度高，从各类平台获取的信息数量大、内容杂。这一方面为高校思想政治教育教学工作提供了新的机遇和新的平台，另一方面也带来了新的压力和新的挑战。如何探寻微信公众平台与高校思想政治理论课教学融合的新路径，已成为当前一个具有理论意义与实践意义的重要课题。

二、微信公众平台在高校思政教育场景中的应用现状

本研究依托山东省社会科学规划高校思想政治教育研究专项课题——"新媒体环境

---

① 第 38 次中国互联网络发展状况统计报告[EB/OL]. 中国互联网络信息中心，http://cnnic. cn/hlwfzyj/hl-wxzbg/hlwtjbg/201608/t20160803_54392. htm

② 习近平. 关于推动传统媒体和新兴媒体融合发展的指导意见[N]. 中国新闻出版报，2014-8-20(1).

下大学生思想政治教育路径研究"设计的《山东省高校思想政治教育类微信公众平台使用情况调查问卷》调研数据,对山东省高校青年学生的新媒体使用习惯(特别是微信应用场景)进行了分析,梳理出学生对相关媒体的使用情况,借以指导改进高校思想政治理论课教学工作。

(一)传统媒体影响力犹在,依托互联网而生的微博、微信等新媒体平台已成为高校学生获取信息的重要渠道,但其作用依然局限于浅层次的信息传递

在回答问卷问题"您经常使用哪些渠道获取信息(多选)"时,3989份有效问卷中,选择"电视广播"的占32.87%,选择"传统纸质媒体(如报刊、杂志等)"的占17.0%,选择"门户网站(如网易、搜狐、新浪等)"的占48.71%,选择"微博、博客、论坛"的占60.74%,选择"网络社交平台"的占37.03%,选择"即时通讯软件(如微信、QQ、飞信等)"的占85.16%。

虽然高校学生在获取思想政治教育类信息时,更倾向于通过便捷的新媒体平台和手机工具获取,但对为何使用这些工具的回复,学生倾向于用"方便""快捷""全面"来归因。这一方面说明了思想政治教育工作跟上了信息化的潮流,又同时说明了思想政治教育工作有滞后的地方。跟上的,是手段和形式;滞后的,是途径和方法。想把利用微信等新媒体工具将思想政治教育工作做实,就不能简单满足于"发通知""贴公告"等信息传递的浅层应用,需要探寻新的应用策略。

(二)各类新媒体应用软件、应用平台中,微信已成为高校学生最重要的信息获取与传播渠道,大部分学生赞同利用微信公众平台开展思想政治教育,但对各类信息的处理还需要引导

24.72%的受访对象非常赞同通过微信公众号开展网络思想政治教育,认为这可以让思想政治教育更加潜移默化;54.30%的受访者赞同在思想政治教育中应用微信公众号,表示了解信息的渠道多了,可以让同学们更加关注时政;也有15.64%的受访者表示无所谓,增加相应的渠道自己也会偶尔看看;另有5.06%的受访者不太喜欢新方式,更接受传统的思想政治教育模式。对于从微信端获取的思想政治教育信息,53.85%的受访者表示"对官方公众号信息比较信任,接受度较高,其他公众号推送的信息不太关注";9.10%的受访者表示"尽管知道有许多虚假消息,但很难辨认出,所以经常全盘接受";还有5.49%的受访者认为"很多消息都是不符合自己价值观的或者虚假的",所以经常全盘否定;对"对各类信息都能多方求证,加以自己的看法,辩证看待"的受访者只有31.01%。

相关调查说明,大部分受访者并不排斥采用新手段、新工具开展思想政治教育,对适应时代发展的做法持赞许态度。但在面对海量信息时,学生也表现出了一定的迷茫情绪和较差的分析判断能力,懒得判别甚至无力判别时有发生,大部分学生停留在需要"喂"、需要"扶"的能力层面上,能理性应对各类信息的学生不足三成。

(三)大部分学生对微信等新媒介在大学生思想政治理论课教学领域的发展持乐观态度,但亦指出应保留传统方式的功能和作用

在回答"在新媒体环境下,使用微信等软件打造专属公众号开展大学生思想政治理论课教学可行性"问题时,22.36%的受访者认为"完全可行,利用现有成熟的理论体系、实践平台和管理队伍,能够很好地引导大学生";57.23%的受访者认为"经过不断发展和完善,

或许能取得较好的效果,在引导大学生成长成才过程中发挥一定作用";也有 10.55％ 的受访者认为"理论和实践存在不足,缺乏针对性和实效性,要发挥出作用还需加以改进";另有 9.50％ 的受访者认为"对大学生的世界观、人生观、价值观形成有帮助,但不能作为主要方式使用"。

对于微信类网络新媒介在大学生思想政治理论课教学领域的发展趋势,21.86％ 的受访者认为"网络新媒介将会取代传统模式而成为思想政治教育的主流方式",63.15％ 的受访者认为"网络新媒介将与传统模式共存,共同助力思想政治教育",14.62％ 的受访者认为"网络新媒介较之传统思想政治教育方式还有许多不足,大学生思想政治理论课教学将仍以传统模式为主"。

从受访者的反馈可以看出,大部分受访者对利用微信公众号等新媒体手段开展大学生思想政治理论课教学工作的发展前景持乐观态度,也有相当数量的受访者发现了新手段较为明显的缺点和不足,如只能面对群体,无法面对个体,而显得针对性较差,浮于表面,具体成效难以评测,实效性一般等。基于以上原因,大部分受访者认为新的媒介形式不会完全替代大学生思想政治理论课教学的传统手段,两者共存互补,或是未来思想政治教育工作中更可能出现的现实场景。

三、利用微信公众平台改进高校思想政治理论课教学的对策

(一)利用微信公众平台创新大学生思想政治理论课教学方式方法应努力提升学生的信息素养

现代化是在科技革命影响下发生的人类社会的一种转变过程,这一过程涉及政治、经济、社会、思想等各个方面的变化。[①] 微信等这些现代科技产物自然会影响到人们的生活方式。通过调查可以发现,使用各类新媒体获取信息已经成了青年学生的日常习惯。不使用微博、微信、社交工具等网络手段获取信息的,仅占受访人员的 0.4％,其中不使用微信的,仅占 0.3％。但调研数据也显示,虽然用户习惯已经无须培养,这为高校思想政治教育工作者利用新手段开展工作提供了良好的先决条件,但信息获取者的素质,特别是在信息爆炸时代的甄别能力,亟待提高。

要利用好微信平台,除了做好平台自身的内容建设,还要通过各类手段,提升学生的信息素养。

第一,引导学生学会判断辨别,杜绝网上不良信息,增强安全防范意识。网络新媒体大背景下,应该及时更新工具、案例和方式,特别是主阵地,要及时调整到学生关注的重点、对学生影响最大的信息源上来。通过自有公众平台,用年轻人喜闻乐见的生动语言开展在线教学;通过推送网络热文,引导共同分析评判,提高课程的实效性和吸引力;通过内容建设,为学生推荐经过筛选的网站、论坛、公众号等媒介,影响改进学生的信息素养。

第二,鼓励学生充分发挥主观能动性,积极参与各类在线教育活动,协助改进思想政治理论课的教学模式。公众平台的运营、发布内容的编选、各类主题活动的策划,可以作为课程实践环节的有机组成部分,引入学生团队完成,既锻炼提高了学生的信息整合能

---

① 李建民.政治经济学视域下的科技与经济协调性问题研究[M].济南:山东人民出版社,2017:132.

力,也在实践中间接提高了其信息素养。

第三,提倡科学利用新媒介丰富自己的大学生活,增长见识、拓宽视野。教学中一方面要鼓励学生接纳、积极使用新媒体技术,另一面还要引导学生适度使用,避免沉迷,抵御媒体的消极影响。

第四,线上线下结合,不忘锻炼学生现实交际能力,引导其参与社会公共事务。搭建微信公众号,建设在线思政课教学平台,并不意味着对传统学习方式的放弃,新的信息化工具的使用,应是对拓展学生交际面、交际能力、信息获取能力、参与社会公共事务能力的延伸。

(二)利用微信公众平台创新大学生思想政治理论课教学要求一线教师不断创新工作模式

第一,利用微信、微信公众号建立"朋辈教育"体系,引领积极和谐的网络氛围,坚持网上教育与网下教育的联动结合。与过去信息交流工具单纯的在线沟通不同,微信公众平台兼具内容整合、信息推送的功能,可将信息一对多无损推送到任何人的手机。在具体工作中,应充分利用其"垂直"信息能力,分类型打造一批平台,建立垂直可直接把控"不变味""不走样"的课程教学体系。

第二,充分利用微信公众平台创新思想政治理论课的教学内容和方法,改进以文字、教师口述为主的传统思想政治理论课教学方式。传统的思想政治教育,还停留在教师讲、学生听的层面上,而当下年轻人,经过了网络时代的洗礼,早已不再对传统课堂那么敏感。微信公众平台作为最新颖的媒体承载方,可在文字内容的基础上,推送图像、音频,乃至视频,在形式上首先贴近大学生的喜好和需求。

第三,在大学生认同和树立社会主义核心价值观方面给予更多的指引帮助。引导学生知晓、领会、践行社会主义核心价值观,决不能依靠背、记、考等传统方式开展。灌输式、填鸭式的教育方式,即使入脑也无法入心,应利用新媒体,开展手绘、漫画、微视频等新形式,组织丰富多彩的在线校园活动,创新校园文化的内容,将社会主义核心价值观融入其中,吸引大学生的注意力。

第四,借助微信公众号等多种形式的新媒介提供更加宽松自由的师生沟通环境。传统的大学课堂外,师生沟通较少,相当多的教师并非不愿与学生沟通,实则受限于时间和空间,无精力与学生交流。微信公众平台创设了一种崭新的师生沟通形式,学生可以自由关注教师推送的内容并不受时空限制的发表评论,教师可根据浏览量与留言反馈及时更新内容,贴合学生需求与思想政治理论课教学需要。

(三)利用微信公众平台创新大学生思想政治理论课教学需要创设更加开放的工作环境

当下,微信公众平台还属于新生事物,应用其在传统思想政治教育工作中发挥作用则属新上加新,必定遇到一些新场景、新困难、新问题。在此背景下,需要政策、硬件、资金给予更多的包容与支持,创设更开放的工作环境,才能让其顺利成长,取得实效。

第一,应鼓励利用各类线上手段,通过对话的方式更加亲近地引导年轻人,让思想政治理论课更贴近学生。应将传统的思政课单方发声方式,调整至沟通对话的方式。如果说过去这种新方式还不现实或成本太高、实效性太低,现在的网络工具已为实现这种方式提供了充分的可能。必须畅通渠道,重视意见反馈,积极采纳好的意见建议,不断提高工作的实效性和针对性。

第二,要适应形势需要,积极汇集网络讯息,利用平台形成舆论导向,主动推送资讯,引导学生。思想政治理论课不是灌输,使用公众平台后也不是简单地将课堂灌输改为了网络灌输。传统内容必须与网络内容结合,进行整合与再创造,在相同工作目标框架下,也不妨突出学校特色,打造有个性、学生能够真正喜闻乐见的公众平台,只有这样,才能吸引学生的注意力,切实引导学生。

第三,必须跟上科技发展脚步,增加投入,打造相关团队,不断增强新时期思政教师的信息整合能力与信息工具应用水平。在全球化加速发展的今天,要想在各种价值观的竞争中取胜,不仅要注重物质文明的现代化,更需要在精神层面上充满危机感。① 当下的思政教师,已经不能再满足于会编辑 Word 文档,制作 PPT 课件。网络新媒体时代要求我们能够处理图像、编辑音频、剪辑视频,唯有从适应基本文字办公过渡到能够进行富媒体的编辑,才能适应新媒体时代的思想课教学需求。

参考文献

[1] 第 38 次中国互联网络发展状况统计报告[EB/OL]. 中国互联网络信息中心,http://cnnic. cn/hlw-fzyj/hlwxzbg/hlwtjbg/201608/t20160803_54392. htm.

[2] 习近平. 关于推动传统媒体和新兴媒体融合发展的指导意见[N]. 中国新闻出版报,2014-8-20,(1).

[3] 李建民. 政治经济学视域下的科技与经济协调性问题研究[M]. 济南:山东人民出版社,2017.

---

① 李建民. 政治经济学视域下的科技与经济协调性问题研究[M]. 济南:山东人民出版社,2017:246-247.

地方志编纂与社会建设

——以王树楠为例

刘芹

（山东理工大学 马克思主义学院，山东淄博 255000）

摘　要：地方志是全面系统地记述本行政区域的自然、政治、经济、文化和社会的历史与现状的资料性文献。王树楠关心国计民生及社会现实问题，同时又将地方志的"资治、教化、存史"功能融入撰述中，体现经世致用目的。其地方志著述为加强西北和东北等边疆地区建设，发展当地社会经济政治文化建设，强化国人对边疆地区的国家主权意识，加强我国边疆地区民族团结，巩固国家主权统一做出贡献。这对我们大力推进中国特色社会主义建设，实现中华民族伟大复兴中国梦，尤其是对当代边疆地区的社会发展与文化建设具有重要的历史借鉴和现实意义。

关键词：地方志编纂；社会建设；王树楠；文献资料

　　地方志书（地方志书和地方综合年鉴，旧称方志）是全面系统地记述本行政区域的自然、政治、经济、文化和社会的历史与现状的资料性文献。① 因其记录范畴相当广泛，被称作一个地方之百科全书，所记载当地的人口、地方风俗及财政经济制度等内容，可以为地方社会发展提供决策依据，具有"资治、教化、存史"的功能。它一般是在地方政府主持组织下，由学者们参与编纂的一项与地方社会发展建设密切相关的重要文化建设工程。而如何编纂地方志及编纂质量就成为学者们关心国计民生、参与社会管理的重要关注点。晚清民初学者王树楠关注国计民生等重大问题，诸如国家安全与领土完整、边界争端、民族融合、吏治民生等，积极主持参与修志事业并为此做出不少开创性贡献。本文拟从王树楠个人角度考察他所编纂地方志对地方社会发展状况的记载，及地方志为社会发展所提供的学术资料价值和社会文化价值。

一、王树楠《新疆图志》编纂

　　1907 年，新疆巡抚袁大化聘请官至新疆布政使的王树楠主持编纂《新疆图志》。修成后的《新疆图志》是新疆建省后第一部官修的全省通志。王树楠创设通志局，亲手制定志例，总纂兼办局务，自己撰成《国界志》《山脉志》《兵事志》《访古录》《新疆小正》《礼俗志》《道路志》《土壤表》八志，其主要特色如下。

　　（一）资料的广征博引

　　王树楠所撰志稿，征引材料范围较广，这与王树楠本人具有丰富深厚的学识底蕴有关，他对经史子集著作涉猎较多，引经据典，辨正误，探源流，认真严谨，是为志稿一大特

---

　　①　地方志工作条例（2006）［A］. 百色年鉴（2011—2012）［M］.桂林：广西人民出版社,2015：1.

色。整部《新疆图志》引用了大量的古籍、旧志、档案资料、测绘资料、金石、碑碣、家乘、传记、采访册以及民谣等资料，以及征引的各地旧志、档册、调查表等地方资料，为编纂图志服务，以保证图志编纂质量，如《物候志》有近 50 种，《道路志》有 50 多种，《山脉志》达百种以上①，总共引用材料多达 180 多种。

王树楠以存史为原则，认真撰写信史，使图志具有较高的史学价值。他在志稿中保存了大量原始文献，如志稿在论及勘界时，大量引用原始文献，保存了原始文献，具有很高的资料性。《国界志》中录有《中俄塔尔巴哈台条约》《中俄伊犁改订条约》等条约全文，同时还大量引用《中俄续约》《邹氏约说》《钱恂界约》等。还有一些已经遗失的文献，如隋朝裴矩的《西域图记》，早已佚亡，在和宁《三州辑略》保存其序文，王树楠在《山脉志》《道路志》也引用其部分资料，为保存历史文献起到存史作用。

（二）强烈的国家主权意识

王树楠重视舆地学考证，注重经世致用，通过考证国界历史沿革来捍卫国家领土主权的完整性，对沙俄侵略、逼迫立约、割占领土的记述，则达到以史为鉴、警示国人作用。他将《山脉志》与《国界志》巧妙地连接在一起，体现出其爱国、忧国意识，维护中国领土主权完整，谴责俄国侵略者野心与阴谋，其立意尤为深远。山川水道为天然的国界线，"山界即国界"，考山脉，定国界，重视山川界限，保护国家领土主权，体现王树楠较强的国家领土主权意识。通过文物证据等资料考证、纠谬工作进行准确定位，如塔尔巴哈台山"山隆然高耸，前斜后削，天险自成。光绪九年，中俄分界，议以此山岭为限，水向西北注者为俄境，水向东南流者为中国地……诚北方屏障也。"②

面对着晚清政府在一次次外交交涉中的被动局面，他以认真撰史的直笔态度，从清政府自身内部寻找原因，对清政府的昏庸无能敢于直面指出其过失，由于清政府及守边将士对领土主权的淡漠与不重视，导致俄国人鲸吞蚕食中国国土。"承平之时，边境敉平，故当日于界务视之漠然，而历年巡卡官卒，又以边卡荒凉，饮食不便，私将卡伦移至近边之地。俄人见之已熟，故乘机侵占有。"③在清政府内部虽有象曾纪泽那样为国争权益之人，但"我国执政诸臣，向于边防地理，概未讲求，故一遇定约，无不受人欺陷者，后虽知悔，悔而争，终无济也"④。清议界大臣的软弱无能时时表现出来，如沙可都林扎布、崇厚等人在议界过程中的懦弱，致使中国在帕米尔外交交涉中处处被动，英、俄乘机寻衅，掠夺中国将土，目的达成。

（三）独特的地域特色

《国界志》《山脉志》《古迹志》《土壤志》等志稿体现出新疆地区地域辽阔、资源丰富等独特性特色，展示了新疆地区丰富的自然资源、历史文化资源、矿产资源、动植物等物质形态。《山脉志》展示了山脉中所蕴藏的自然资源、珍奇特产，如"独山产石油……石油矿质，色黑，脉发自南山苗，露土面掘孔尺余，泉水出焉，油浮于水面，暑盛寒衰。又城西七十里

---

① 王广荣.《新疆图志》资料来源及运用[J].新疆地方志,1989(02).
② 袁大化,王树楠.新疆图志(卷64)[M].台北:成文出版社,1965:2355.
③ 袁大化,王树楠.新疆图志(卷5)[M].台北:成文出版社,1965:187.
④ 袁大化,王树楠.新疆图志(卷5)[M].台北:成文出版社,1965:193.

之旗桿沟,九十里之将军沟,皆产石油。""新疆石油,南北两疆随地有之,采炼得法,可擅五洲之利。"①利用机器开采加工生产,将是富国富民之举。《古迹志》则反映了新疆的历史文化遗存和历史文化遗产等所独有的文化景观及汉唐古城遗址、佛教文化资源。

　　新疆地区是我国少数民族汇集较为集中地区,其多民族共同生活、共同发展对我国西北边疆地区的巩固与发展尤为重要。《礼俗志》中分析了各个民族的生活习性、风俗习惯等内容,他清醒地认识到搞好民族问题团结和睦的重要性,从维护民族团结立场出发,反对沙俄插手少数民族事务分裂中国边疆的事实,告诫为政者重视民族问题,提倡民族平等,维护民族团结,积极开发经营落后民族地区经济,开办学校提高其文化素质,这些措施都是值得我们肯定的,具有进步性,这也是王树楠撰写新疆地区民族问题的主旨所在。

(四)开阔的世界意识

　　王树楠通过对当时国际关系的分析,认识到英俄是威胁中国西北地区最大的两个侵略者,俄国则是最为凶险的敌人。"俄国之欲吞并亚州大陆,有一强国利害与之相反,势力充盈,足以阻其南进者,此国维何? 印度是也。印度者,英之外府也。近二百年来,两国之竞争逐日激烈,殆有势不两立之概。"②俄国人在日俄战争和克里米亚战争中均不能取胜,则"积辱成羞,积羞成忿,其不能甘心于我国,别思以所得者偿所失……俄人经略中亚洲诸部,开边拓土,新疆一省久在其囊括之中"。但俄国人因为"新疆与印度有唇齿辅车之势,一旦称兵构衅,英必出而干预其间"。作者全面分析了新疆地区的现实状况,认为欲彻底解决新疆地区的危机,中国应该利用英俄之间的矛盾,提出"自古外交与内治相辅而成,均为国家之政的""惟有内修政治,以备绸缪未雨之谋,外结强邻,以联休戚相关之谊。"因而提出在西北地区的"联英制俄"策略,"一面整饬内治,一面结好于英,密订合从摈俄之约"③,以保护中国领土不被侵略。

　　王树楠基于对新疆社会现实而提出的策略,其实并没有深入认识到列强之间的分合实质。"一战"前夕,英、俄两国为了与同盟国对抗保护自身利益,于 1907 年英、俄协调了双方在中亚地区的殖民矛盾,暂时达成共识,形成侵略上的一致,私分帕米尔疆界则是极好的证明。《新疆图志》成书是在一战之前,这正是英俄勾结时期,"以英制俄"策略显然是无法实现的。

　　成书后的《新疆图志》具有首创之功,是一部清末由新疆通志局修纂的较为完备的官修通志,是对有清一代史地学的总结,为巩固新疆地区的经济、政治、文化建设起重要作用,具有价高的史料价值和学术价值,为后人研究西域历史、新疆地域史以及中俄关系史的重要资料,对后人学术影响和贡献较大。

二、王树楠与河北地方志编纂

　　王树楠非常关心家乡地方志建设,多次参与或主持河北地方志的编纂和整理,所参与或主持撰修的《畿辅通志》《冀县志》《新城县志》《民国河北通志稿》,是河北省重要的社会

①　袁大化,王树楠.新疆图志(卷 60)[M].台北:成文出版社,1965:2165.
②　袁大化,王树楠.新疆图志(卷 63)[M].台北:成文出版社,1965:451-452.
③　王树楠.近代稗海(12 辑)[M].成都:四川人民出版社,1988:386-388.

历史文化资料,具有较高的学术价值和史料价值。

(一)《畿辅通志》

1874 年直隶总督李鸿章在保定开设畿辅通志馆,延聘黄彭年为总纂。黄彭年与王树楠为师徒关系,于是黄彭年聘请王树楠为分纂撰修通志。"在志局,辑《畿辅方言》二卷。子寿师见于曰:即以此作入通志中,以备一门。"①但与光绪《畿辅通志》对照,书中却无方言部分,王树楠虽参与修纂通志工作,因成书《畿辅通志》无此部分,有待于以原稿相印证。

(二)《冀县志》

《冀县志》又称为《冀典志》。1920 年,李备六、赵衡等人请王树楠担任总纂撰修冀州志。他接受邀请后,于 1923 年"设局于畿辅先哲祠……一年成书,都二十卷"②。有民国十八年(1929)线装铅印本,后由河北省冀县地方志编纂委员会编 1993 年版本。《冀县志》在体例、叙事等方面深受学界褒扬,叙述源流甚详,对人物善恶并书,并首有议论,是一部质量上乘的方志著述,记述自西汉高帝六年(前 201)建信都县于冀县起至民国止冀县的历史沿革。仿照《广陵通典》体例,编年以提其要,按年叙述,不分门类,隶事类从,注中夹注,淹穿古往政教官治沿革,考镜得失,"在方志中体例标异,一空前人"③。

(三)《新城县志》

河北新城县为王树楠桑梓之地,1933 年王树楠被聘请为总纂,重修《新城县志》。王树楠不顾自己年老多病,依然还是尽职尽责地为家乡重修县志,显示出其热爱家乡、积极为家乡做贡献的精神。王树楠以深厚的文化底蕴,认真负责的态度撰修志稿,成书后的《新城县志》更加完善,得到学界肯定。《新城县志》为 24 卷,首有凡例,体例同《冀县志》。

(四)《河北通志稿》

1931 年河北省成立志馆,设局修史志。馆长先后有刘善锜、瞿宣颖、高凌尉等人,王树楠因其曾经参与撰修过多种史志,成就较为突出,世人有所瞩目,被聘请为总裁。乱世编修志书,人员多次变迁,经费难以保障,修志之业举步维艰。1936 年,总纂王树楠逝世,通志编纂更受影响。1937 年 7 月,通志编纂不得不被迫停止。《河北通志》因是一部未成志稿,后人称为民国《河北通志稿》。

王树楠在其 83 岁高龄参与撰修通志,此时年事已高,但依然还是尽职尽责,当时曾经参与修志的傅振伦先生就曾高度评价王树楠在撰修史志中的贡献。王树楠完成方言志两卷,水道篇四卷。1935 年《河北月刊》曾登载过《河北通志》中的《水道篇》,署名王树楠,分别为大清河、永定河、滹沱河、北运河、蓟运河、滦河六篇,详载大清河、永定河等水系源流,援引水经注、方舆纪要、一统志、畿辅志等资料记述甚详,并酌加按语。

三、王树楠与东北地方志编纂

王树楠担任东北萃升书院山长时期,曾主纂辽宁省第一部高质量的《奉天通志》,同时

① 王树楠. 近代稗海(12 辑)[M]. 成都:四川人民出版社,1988:363.
② 王树楠. 冀典序[A]. 陶庐文集(卷 18)[C]. 光绪至民国间刻本.
③ 王树楠. 冀县志[M]. 中国地方志丛书(1 辑)[C]. 台北:成文出版社,1968:7、1200.

还编纂了《东三省盐法新志》,具有较高的学术价值和史料价值。

(一)《奉天通志》

1928年,王树楠由于在编纂史志方面具有丰富经验,被奉天通志局延聘为第一总纂,负责制定与把握通志体例,总纂志稿质量,对志书进行审阅修订,并负责一些具体技术性事务,具体分工职责中,王树楠负责《礼俗志》编纂。1933年王树楠已经83岁高龄,往返于京、奉两地,受精力与体力所限,因而将撰稿任务交予年轻的金毓黻。但王树楠不掠人之美,在其文集、随年录中都没有记载自己具体编纂之事。现在图书馆中可见到1934年铅印本《奉天通志金石志》《奉天通志艺文志》署名为王树楠总纂,《奉天通志》也印有王树楠总纂之名,但在具体篇目中则不见其名。

成书后的《奉天通志》刊印于1934年,全书共260卷,约700万字。记录了上起秦汉下至清末近2000年来辽宁省的内政、外交、民事、军事等大事件,是辽宁省志书中比较完备、翔实、系统的第一部地方志,成为研究辽宁省重要资料。

(二)《东三省盐法新志》

1927年历任东三省盐运使的翟文选设局编纂盐法志,为区别辛亥旧志,称为《东三省盐法新志》。翟文选任总纂,王树楠受聘对旧志重新进行分类、搜辑、校正、补缺,共成书40卷,分为述古篇、场产篇、场产图、行政篇、法令篇、运销篇、征榷篇、缉私篇、交涉篇、精盐篇、渔盐篇、附产篇、器用篇等12篇。新志的突出特点是资料翔实,图表并用,达到存史教化之目的。各种图表的运用手段及方法更为成熟,简洁直观地提升了方志质量。

四、王树楠其他方志编纂

王树楠一生除参与撰修地方志,主纂、参与过《法源寺志稿》等专题性质的志书,具有较高的史料价值和学术价值,成为后人不可多得的资料。

(一)《法源寺志稿》

1921年,《法源寺志》撰成,共八卷,署名为新城王树楠、崇仁黄维翰同纂,实为二人合作成果,黄维翰为主要执笔人,同时在手稿中有大量按语是以"树楠案"形式出现的考证、评判。志稿分为兴建、法系、寺产、名迹上下、遗事六篇,每篇一卷,共六卷内容。分类严谨,记事周详。凡士大夫等题词、吟咏,皆附于各篇各事之下,不为另立篇目。王树楠和黄维翰皆为民国时期清遗民,他们通过追述先贤遗迹,将自唐代追缅先烈修建悯忠寺,到南宋遗民谢枋得于法源寺绝食而死,再到缅怀明代大将袁崇焕,将法源寺作为追述先哲遗贤精神和信仰之地,彰显出王树楠心中的信仰和追求,意在褒扬一种为先朝尽忠的遗民情结,成为志稿一大特色。

(二)《民国续修临邑县志》

1936年,王孟戌邀请王树楠担任《民国续修临邑县志》总纂编修县志。王树楠以85岁高龄欣然应聘,负责总纂,制定凡例和篇章结构,并为续修临邑县志撰写序。《民国续修临邑县志》于1936年铅印刊行,体例与王树楠所编纂方志基本相同,稍有不同的是将郡邑中官宦和名人改入其他门类,续志运用简洁编纂手法,真实客观地记载史实,是为质量较高的方志著述。

五、结论

王树楠对地方志编纂体现出他关心社会发展建设,尤其是与国计民生息息相关的社会大事,其主要特色有以下几点。

一是首创以地为纲原则。王树楠在修志中首创《地异篇》①,作为志书对本地区天灾、人祸进行记载,具有较高的史料价值。"志乘以地为纲……所谓地图、地事、地物、地俗、地异,皆以地冠之,实为今志乘之权舆。"②修志时以地为纲,将人、物、事纳入其下,达到"诏地事,道地异,辨地物,知地俗,以应地求"之目的。③ 王树楠所撰方志编写结构一般分为地图、地事、地物、地俗、地异五部分,地图篇下列舆图、疆域、河道、村区,地事篇分列建置、赋役、学校,地物篇分为选举、人物、金石、物产,地俗篇分为礼俗和方言,地异篇分为天灾和人祸,这样就将整个社会错综复杂的人文与自然纳入整体框架之中,方志编纂中充分做到人与自然、人与社会发展的有效结合。

二是宜详可鉴原则。从方志渊源看,"《周礼》土训掌道地图,诵训掌道方志,必诏地事,道地异,辨地物,知地俗,以应地求。此即后世图志之准绳,故志者,志其地之所有事也。"④地方志是为保存史料而撰修,以"存信史"为原则。《奉天通志》奉行省志为"一方之全史"原则,"修志为取裨政治之用,自宜以翔赡为主,但亦稍具剪裁"⑤,力求翔实可用。《东三省盐法新志》认为旧志过于简略,主张保存地方史料,因而保留了旧志中征榷、督销、转运、缉私、交涉等重要门类,同时重新划分归类,使其更加系统、合理,增加了许多材料,翔实记录了奉天盐业发展状况,真正起到保存史料作用。

三是图表简约原则。王树楠志稿一大特色是注重图表并用,体现在所撰写各方志中,尤其是《新疆图志》中的《国界志》《山脉志》,有专门地图表明中国山脉及国界详细位置,具有明确的国家主权意识。旧《临邑县志》志书中没有图,续修志书时专列《区乡镇村图》和《临邑县县城图》地图两幅,采用当时最新的地图,为民国二十五年(1936)临邑县政府第四科测绘原图印制的临邑县行政区划地图,方便后人阅读,体现简约特色。同时王树楠在修志中对篇章结构的重新排列,体现出其简约特色。重新对志书内容进行编排,如将原来的坛庙、寺观、古迹附在城乡一目,川渎、桥梁附在村区之下,诗文、著述附在传主名下,尽量做到文笔减省,提高志书质量。

四是爱国反侵略意识。《东三省盐法新志》编纂在民本思想基础上,体现出强烈反对外来侵略、发展本国民族经济的爱国思想意识。日本人占据金州之后,利用在中国取得的一系列特权,勾结内部奸商共同走私,危害奉天盐业发展。在执掌盐政如同守土理念下,奉天盐政以维护国家利益为重,按照《中日通商章程》同日本人据理力争,通过订立章法以

① 陈光贻.中国方志学史[M].福州:福建人民出版社,1998:189.
② 崔公甫,王树楠,王孟成纂.民国续修临邑县志[M].中国地方志集成·山东府县志辑(15辑)[C].南京:凤凰出版社,2004:374.
③ 王树楠.冀典序[A].陶庐文集(卷18)[C].光绪至民国间刻本.
④ 王树楠.冀典序[A].陶庐文集(卷18)[C].光绪至民国间刻本.
⑤ 王树楠,吴廷燮,金毓黻.奉天通志卷首凡例[M].沈阳:沈阳古旧书店,1983.

约束日本人的走私行为。"精盐之制造,原为重民食,挽利权。"①向盐务署呈请招商创办精盐公司,抵制日盐在中国销售。设立缉私关卡,切断日本人从金州贩运私盐通道;动员组织中国爱国商人、百姓自觉抵制日本精盐在中国销运,鼓励销售中国盐,打击日本人私盐入侵,注重发展民族加工工业,以经济发展抵制日本人对中国利益的侵害。

总之,王树楠所撰地方志反映出他关心国计民生及社会现实问题,同时又将地方志的"资治、教化、存史"功能溶入撰述中,体现经世致用目的。其地方志著述具有较高的史料价值、学术价值和文化价值,为加强西北和东北等边疆地区建设,发展当地经济政治文化建设,强化国人对边疆地区的国家主权意识,加强我国边疆地区民族团结,为巩固国家主权统一做出贡献。这对我们大力推进中国特色社会主义建设,实现中华民族伟大复兴中国梦,尤其是对当代边疆地区的社会发展与文化建设具有重要的历史借鉴和现实意义。

（摘自刘芹《王树楠史学研究》,天津人民出版社 2012 年版,第 147～200、311～318 页。内容有所删节、改动。）

---

① 辽宁税收历史资料选编(1840—1948)[M].沈阳:辽宁人民出版社,2000:452.

激活高校思想政治理论课实践教学"微模式"

张文卿

（山东理工大学 马克思主义学院，山东淄博 255000）

摘 要：增强大学生政治素养，提高大学生分析社会现象能力是思想政治理论课实践教学的一项重要任务。当前，"微媒体"已经成为思想政治理论课实践教学的有机组成部分。在这样的背景下，厘清"微媒体"背景下思想政治理论课实践教学面临的机遇与挑战，加强"微媒体"背景下思想政治理论课实践教学路径研究，成为"微时代"的新课题。

关键词：激活；思想政治理论课；实践教学；微模式

高校思想政治理论课实践教学要利用时间和空间的耦合，形成有利于思想政治理论课实践教学的时空情景，使思想政治理论课实践教学像氧气一样无处不在、无时不有，不可或缺。微博、微信、微电影等媒介的快速涌现标志着人类社会已进入"微媒体"时代。"微媒体"给人与人之间的交流提供了更为便捷的渠道，"微媒体"具备快捷、高效、广泛特性的同时，其消息传播的裂变性、渗透性往往对思想政治理论课实践教学构成困扰。厘清"微媒体"背景下思想政治理论课实践教学面临的机遇与挑战，加强"微媒体"背景下思想政治理论课实践教学路径研究，探索"微媒体"背景下思想政治理论课实践教学新方法，是实现其无所不在、无时不有、不可或缺的重要抓手。

一、"微媒体"背景下思想政治理论课实践教学面临的机遇与挑战

信息开放程度高、资源共享度高、传播门槛低是对"微媒体"的概述。"微媒体"为思想政治理论课实践教学带来机遇的同时，也带来了严峻挑战。

"微媒体"作为思想政治理论课实践教学舆论宣传的新兴渠道，主动担负起了思想政治理论课实践教学新兴载体的重担。思想政治理论课实践教学只有有机融入大学生的学习和生活，才能真正被大学生理解和接受。以微博、微信为代表的沟通交流方式，已成为校园信息交流、专业知识获取、个人情感表达的重要手段。据统计，截至 2017 年，"'微博'活跃用户已经达到 3.76 亿"[①]，"'微信'活跃用户已超过 10 亿"[②]。积极推进思想政治理论课实践教学与"微技术"的时空耦合，是把思想政治理论课实践教学贯穿于大学生生活和学习的重要途径。

"微媒体"高歌猛进的同时，校园"微屏障"建设却相对滞后，"微媒体"信息屏障缺失，对思想政治理论课实践教学构成困扰。每个大学生都是"微媒体"的享有者，他们在信息

---

① 微博活跃用户规模突破 3 亿 商业化效率超华尔街预期［EB/OL］. 新浪. http://tech. sina. com. cn/i/2017-02-23/doc-ifyavvsh6008752. shtml. 2017-02-23.

② 马化腾：微信全球月活跃用户数首次突破十亿［EB/OL］. 网易. http://news. 163. com/18/0305/13/DC4VJRE800018AOQ. html. 2018-03-05.

制造者与传播者等多重角色间轻易转换,造成了信息以几何倍数爆炸性传播的事实,可以轻易影响他人的思想意识与言行。这就给思想政治理论课实践教学消极情绪留下了传播空间。然而,相对于"微媒体"的迅速进驻校园,高校相关制度建设还比较滞后,缺乏明确的、专门针对思想政治理论课实践教学的制度引导。一些对思想政治理论课实践教学持不同意见的学生,往往利用"微媒体"传播"微情绪"、宣扬"微观点",冲击了思想政治理论课实践教学的有序开展。

二、"微媒体"背景下思想政治理论课实践教学路径

增强"微媒体"背景下思想政治理论课实践教学实效性,行政、文化、教育、科技等手段必不可少。加强"微制度"、强化"微监督"、加快"微管理"、追踪"微情绪"、净化"微环境"、形成"微协同"、守好"微阵地"、搭建"微平台"、开展"微活动"、积蓄"微合力"、传播"微影响"、学习"微知识"、培育"微素养"、建立"微对话"、构建"微文化"、依靠"微渗透",形成全员高质参与的良好局面。

加强"微制度"建设。思想政治理论课实践教学需要用制度构筑一道消极情绪的屏蔽门。要进一步健全"微媒体"管理的"微制度"体系,加强对现有制度适用"微媒体"管理的延伸工作,杜绝思想政治理论课实践教学不良信息传播。强化"微监督"落实,落实思想政治理论课实践教学指导教师责任,加强大学生自律机制建设,强化个体言行责任,全面推进思想政治理论课实践教学内容管理、过程管理,真正做到参与学生有据可查、不参与学生责任自负。加快"微管理"进程,主动追踪思想政治理论课实践教学消极"微情绪",使符合思想政治理论课实践教学的言行得到鼓励、违背思想政治理论课实践教学的行为受到制约,净化思想政治理论课实践教学"微环境"。

高校、学生、社会形成"微协同",共同守好思想政治理论课实践教学"微阵地"。积极搭建"微平台",体现价值导向,加强正面引导,形成"微合力"。加强"微知识"培训力度,进一步提高带队领导和指导老师的"微素养",增强预见性和前瞻性,掌握驾驭思想政治理论课实践教学的本领和能力。大学生要自觉树立大局意识、全局观念,自觉抵制思想政治理论课实践教学消极情绪。要在思想政治理论课实践教学过程中与群众广泛开展"微对话"活动,着力培育理性声音,积极推动人民群众对思想政治理论课实践教学态度的转变。

以具有中国气派的校园"微文化"为引领,抢占"微时代"校园文化传播高地。积极推动校园文化与"微技术"的创新融合,实现校园文化的有机再生。结合"微媒体"传播特点,赋予校园文化新时代内涵,使之与思想政治理论课实践教学相适应,成为思想政治理论课实践教学的涵养平台。同时,要通过政策、资金引导,强化思想政治理论课实践教学人才队伍建设,促使思想政治理论课实践教学人才队伍提质升级,用正面形象和校园文化抢占思想政治理论课实践教学制高点,通过无处不在的"微渗透",生动形象地开展思想政治理论课实践教学,促进思想政治理论课实践教学融入学生心灵,增强思想政治理论课实践教学实效。

总之,思想政治理论课实践教学是一项艰巨的创新性、系统性工程,必须理论联系实际,不断突破原有方法,才能确保工作开展扎实有效,有效提升思想政治理论课实践教学的凝聚力、感召力,促进大学生政治素养增强,分析社会现象能力提高,激活高校思想政治理论课实践教学"微模式"。